国家社科基金后期资助项目
出版说明

后期资助项目是国家社科基金设立的一类重要项目，旨在鼓励广大社科研究者潜心治学，支持基础研究多出优秀成果。它是经过严格评审，从接近完成的科研成果中遴选立项的。为扩大后期资助项目的影响，更好地推动学术发展，促进成果转化，全国哲学社会科学工作办公室按照“统一设计、统一标识、统一版式、形成系列”的总体要求，组织出版国家社科基金后期资助项目成果。

全国哲学社会科学工作办公室

国家社科基金
GUOJIA SHEKE JIJIN HOUQI ZIZHU XIANGMU
后期资助项目

生态环境监督过失犯罪主体拓展研究

A Study of Expanding the Scope of the Subject of the Crime of Negligent Supervision over Ecological Environment

刘期湘 著

法律出版社
LAW PRESS·CHINA
——北京——

图书在版编目（CIP）数据

生态环境监督过失犯罪主体拓展研究 / 刘期湘著.
北京:法律出版社,2024. -- ISBN 978 -7 -5197 -9246 -6

Ⅰ. D922.684

中国国家版本馆 CIP 数据核字第 2024HW2709 号

生态环境监督过失犯罪主体拓展研究
SHENGTAI HUANJING JIANDU GUOSHI FANZUI ZHUTI TUOZHAN YANJIU

刘期湘　著

策划编辑 孙　慧　余群化
责任编辑 孙　慧　余群化
装帧设计 李　瞻

出版发行 法律出版社
编辑统筹 司法实务出版分社
责任校对 李慧艳　裴　黎
责任印制 胡晓雅
经　　销 新华书店

开本 710 毫米×1000 毫米　1/16
印张 16　　**字数** 262 千
版本 2024 年 10 月第 1 版
印次 2024 年 10 月第 1 次印刷
印刷 北京虎彩文化传播有限公司

地址:北京市丰台区莲花池西里 7 号(100073)
网址:www.lawpress.com.cn
投稿邮箱:info@lawpress.com.cn
举报盗版邮箱:jbwq@lawpress.com.cn

销售电话:010 - 83938349
客服电话:010 - 83938350
咨询电话:010 - 63939796

书号:ISBN 978 -7 -5197 -9246 -6　　**定价**:64.00 元

凡购买本社图书,如有印装错误,我社负责退换。电话:010 - 83938349

基金项目
国家社会科学基金后期资助项目，项目批准号：20FFXA003

前　言

尊重自然、顺应自然、保护自然，是全面建设社会主义现代化国家的内在要求。党的十八大以来，我国坚持以最严格制度最严密法治保护生态环境，为生态文明建设提供了坚实可靠的法治根基。然而，环境监管失职罪作为环境监督领域刑法规制的主要罪名，其犯罪主体目前只聚焦于国家机关工作人员，对于我国早期形成的“先污染，后治理”的发展模式未能起到实质性的治理作用，具体表现为对生态环境监督过失犯罪主体规制的缺位、遗漏，以及行刑衔接不畅等治理困境。为了适应中国式现代化语境下的环境治理要求，回归生态环境权利本位的法治要求，促使企业在环境领域绿色健康发展，通过多维度、多层次、多视角对生态环境监督过失现状进行审视，可以发现，我国当前在环境刑法领域的监督过失犯罪主体拓展具有厚实的理论基础与现实需求。在理论层面，人与自然生命共同体理念、环境正义、生态文明等环境法治理论能够正确指引生态环境监督过失犯罪主体拓展的广度与深度，为生态环境监督过失犯罪主体拓展提供了具有合法性、合理性、合目的性的哲学依据。在现实层面，环境刑法治理正逐渐开始由人类中心主义观向生态的人类中心主义观转变，生态法益成为刑法所保障的独立性法益，而宽严相济刑事政策也为生态环境监督过失犯罪主体拓展可能造成的“犯罪圈”扩大问题提供了政策依托。

坚持以法治思维和法治方式拓展生态环境监督过失犯罪主体需明确拓展的基本原则。一般而言，生态环境监督过失犯罪主体拓展是以刑法中的过失理论为基底，明确生态环境监督过失犯罪主体的注意义务构造，以及适用范围应属于主体拓展的前置性原则，细化生态环境监督过失犯罪主体拓展的标准、因果关系以及基本面向属于主体拓展的认定原则。并且，为了保证刑法谦抑性，还需明确主体拓展的限制性原则，包含主体排除性原则、支配关系内涵以及横向纵向监督的支配权地位等内容。而在生态环境监督过失犯罪主体如何拓展方面应从刑法理论中的自然人犯罪、单位犯罪、共同犯罪三个维度展开：其一，拓宽生态环境监督过失犯罪主体的自然人范围。当下，环境监督方面的罪名以环境监管失职罪为主，其主体限定在国家机关工作人员，属于典型的自然人主体，针对环境监管失职罪的主体拓展,笔者主要有以下几点提议:一是扩宽“环境监管”的监管范围,将各类环境行政监管纳入该罪的规制范畴中;二是对“监管失职”中“失职”的内涵进行扩宽,明确“严重不负责任”的具体含义;三是要将环境监管失职罪中的“国家机关工作人员”拓展为“国家工作人员”。其二,将生态环境监督过失犯罪主体由自然人主体拓展为单位主体,注重对企业环境监督过失的刑法规制,明确各类单位犯罪直接责任的规制思路,并将环境数据采集与监测的单位主体纳入生态环境监督过失犯罪的规制范畴,但也不能忽略刑法谦抑性,要划清生态环境监督过失单位犯罪的范围。其三,将生态环境监督过失犯罪拓展至共同犯罪之中,对生态环境监督过失犯罪中共同制造不被允许的风险的行为与共同实现不被允许的风险的行为进行系统性规制。

目　录 Contents

导 言

一、研究背景及意义

（一）研究背景

推进生态文明建设事关中华民族永续发展的根本大计。只有实行最严格的制度、最严密的法治，才能为生态文明建设提供可靠保障。[①] 在此方面，我们取得了全方位、开创性、历史性的成就。党的二十大报告进一步提出，要“站在人与自然和谐共生的高度谋划发展”[②]，“全方位、全地域、全过程加强生态环境保护，生态文明制度体系更加健全，污染防治攻坚向纵深推进，绿色、循环、低碳发展迈出坚实步伐，生态环境保护发生历史性、转折性、全局性变化”[③]。

自2018年《宪法》将“生态文明”和“生态文明建设”纳入其中以来，我国逐步形成了一套量质并举、务实管用、重点突出的生态环境法律规范体系，为实现生态环境保护的目标保驾护航。其中，生态环境执法是法治护航绿色发展的重中之重，建设生态文明需要把握好“监测”与“管理”两大重点环节。[④] 但从生态环境监督环节存在的诸多问题来看，我国已然建成的法律规范体系似乎并不完善，生态保护面临的技术性难题与风险隐患仍在不断挑战我国传统的治理范式。[⑤] 近年来，生态环境渎职类案件的数量急剧增长，仅2020年上半年，检察机关查办危害生态环境渎职犯罪案件高达849件，1070人被查处。最高人民检察院公布的广西龙江河镉污染事

---

① 参见习近平：《论坚持人与自然和谐共生》，中央文献出版社2022年版，第34页。

② 习近平：《高举中国特色社会主义伟大旗帜　为全面建设社会主义现代化国家而团结奋斗——在中国共产党第二十次全国代表大会上的报告》，载《中华人民共和国国务院公报》2022年第30号。

③ 习近平：《高举中国特色社会主义伟大旗帜　为全面建设社会主义现代化国家而团结奋斗——在中国共产党第二十次全国代表大会上的报告》，载《中华人民共和国国务院公报》2022年第30号。

④ 参见刘期湘、贺晓曈：《在法治轨道上推进绿色发展》，载《湖南日报》2022年11月25日，第9版。

⑤ 参见刘期湘、刘翔：《强化现实问题导向　完善生态法治机制》，载《湖南日报》2023年4月6日，第7版。

件、河南洛阳“红河谷”事件、福建紫金山金铜矿事件等重大生态环境污染案件皆与环境监督直接相关。从表面来看，发展过程中所出现的环境事故问题似乎是由企业和自然人实施的直接污染环境行为所引起，但深入挖掘，不难发现此种情况的产生与具有环境监督管理职责的国家工作人员或企业内部对生产经营负有监管职责的人员甚至是其他监管主体的严重不负责之间存在密切联系，仅通过现行刑法的规定显然无法实现有效规制。鉴于当前的社会现实情况，我们需要反思既有环境监管失职罪所呈现的生态环境“一元监督模式”所存在的种种弊端，并借此探寻一种强调公权力与非公权力共同参与治理的“二元监督模式”。在此之前，我们首先需要对我国生态环境治理的相关历程进行一个简单的梳理、总结，并对今后进行展望，为本书后续研究的展开奠定一个良好的开端。

1. 新时代下习近平生态文明思想与生态文明建设目标

党的十八大以来，为实现中华民族的永续发展，生态文明建设目标在新时代中国特色社会主义事业中的重要地位和战略意义得以不断重申，并推动生态文明在理论、实践以及制度等多个维度上实现创新，创造性地提出了一系列富有中国特色、体现时代精神并能够引领全球人类文明实现发展进步的新理念、新思想、新战略，为新时代我国实现生态文明建设目标提供了根本遵循和行动指南。习近平生态文明思想是习近平新时代中国特色社会主义思想的重要组成部分，是马克思主义基本原理同中国生态文明建设实践相结合、同中华优秀传统生态文化相结合的重大成果，为建设人与自然和谐共生的现代化提供了根本遵循和行动指南。[①] 习近平生态文明思想科学回答了新时代生态文明建设的重大理论和实践问题，丰富和发展了马克思主义关于人与自然关系的思想，坚持以科学的世界观和方法论指导生态文明建设。

这一思想系统阐述了人类与自然、保护与发展、环境与民生以及国内与国际等多种关系，从理论与实践两个角度，全面回答了我国在新时代生态文明建设中如何针对基本原则、核心理念、宗旨要求、制度保障以及全球倡议等问题进行回应，并对新形势、新情况下的生态文明建设战略定位、目标任务以及总体思路等方面作出系统说明和科学决策，是实现生态文明建设目标的总方针、总依据和总要求。这一思想具有完整的系统体系，内部逻辑十分周延，既讲了是什么、为什么的问题，又讲了怎么看、怎么办的问

① 参见习近平生态文明思想研究中心：《建设人与自然和谐共生现代化的行动指南（深入学习贯彻习近平新时代中国特色社会主义思想）》，载《人民日报》2023 年 6 月 5 日，第 9 版。

题，是关于生态文明建设的认识论、价值论和方法论，从历史逻辑、理论逻辑与实践逻辑三个层面，深刻揭示了生态文明建设的新时代使命。同时，这一思想开放包容、海纳百川，既源自中国实践和理论创新，也能够积极借鉴全球的先进优秀成果；既能够立足中国本土，又能够放眼世界格局；既扎根于实践，又能反过来指导实践，并在实践过程中不断更新发展，呈现螺旋式上升的良好趋势。党的十八大以来，在习近平生态文明思想指引下，我国生态文明建设发生历史性、转折性、全局性变化，美丽中国建设迈出重大步伐，展现出这一思想的真理力量和实践伟力。①

习近平生态文明思想的核心要义为“六项原则”，其是科学自然观、绿色发展观、基本民生观、整体系统观、严密法治观和全球共赢观的集大成。

一是坚持人与自然和谐共生。人与自然和谐共生是人与自然和谐发展、共生共荣的存在状态，这是核心，也是根本。新时代生态文明建设是通过实现人与自然的和谐来促进人与人、人与社会关系的和谐，实现人类的生产方式、生活方式、消费方式与自然生态系统相互协调，最终实现人类社会的可持续发展。二是坚持“绿水青山就是金山银山”。这实质上是经济发展与生态环境保护的关系。经济发展要坚持在发展中保护、在保护中发展，实现经济社会发展与人口、资源、环境相协调，要把经济活动、人的行为限制在自然资源和生态环境能够承载的限度内，给生态环境留下休养生息的时间和空间，实现经济社会发展和生态环境保护协同共进。三是坚持良好生态环境是最普惠的民生福祉。良好的生态环境意味着清洁的空气、干净的水源、安全的食品、宜居的环境，让良好生态成为最普惠的民生福祉，源自我们党全心全意为人民服务的根本宗旨，将解决突出生态环境问题作为民生优先领域，以满足人民群众对生态环境质量提高的热切期盼。四是坚持山水林田湖草是生命共同体。生态文明建设是一个系统工程，必须按照生态系统的整体性、系统性及内在规律，统筹考虑生态环境各要素，进行整体保护、宏观管控、综合治理，全方位、全地域、全过程开展生态文明建设，增强生态系统循环能力，维护生态平衡。五是坚持用最严格制度最严密法治保护生态环境。对于破坏生态环境的行为，不能手软，不能下不为例。加快制度创新，强化制度执行，尤其是在创新生态补偿、生态文明考核评价、资源生态环境管理等制度方面，抓好制度的执行和落实。六是坚持共谋全球生态文明建设。人类是命运共同体，保护生态环境是全人类面临

---

① 参见习近平生态文明思想研究中心：《深入学习贯彻习近平生态文明思想（深入学习贯彻习近平新时代中国特色社会主义思想）》，载《人民日报》2022 年 8 月 18 日，第 10 版。

的共同挑战和共同责任。国际社会唯有携手合作,才能有效应对气候变化、海洋污染、生物保护等全球性环境问题,实现联合国 2030 年可持续发展目标。中国要深度参与全球环境治理,增强在全球环境治理体系中的话语权和影响力,积极引导国际秩序变革方向,形成世界环境保护和可持续发展的解决方案。①

2. 生态环境保护领域中的最新法治成果

"用最严格的制度、最严密的法治保护生态环境"②"让制度成为刚性的约束和不可触碰的高压线"③。习近平生态文明思想与习近平法治思想都是习近平新时代中国特色社会主义思想的重要组成部分,二者相辅相成,相互促进,习近平法治思想显然在生态文明建设目标实现中扮演着重要角色。当前,在习近平法治思想与习近平生态文明思想的共同指引下,我国生态文明法治建设取得了一系列成就。

首先,体现在我国《宪法》当中。2018 年《宪法》修正时,"生态文明"首次被写入《宪法》,并进一步将"推动物质文明、政治文明和精神文明协调发展,把我国建设成为富强、民主、文明的社会主义国家"完善为"推动物质文明、政治文明、精神文明、社会文明、生态文明协调发展,把我国建设成为富强民主文明和谐美丽的社会主义现代化强国,实现中华民族伟大复兴"。

其次,体现在我国的法律法规等规范性文件当中。自党的十八大以来,我国一直不断推进和完善生态文明领域的有关制度规范建设,其中既包括制定《生物安全法》,也包括修订《环境保护法》《野生动物保护法》《固体废物污染环境防治法》等一系列法律。此外,我国还制定和印发了中共中央、国务院《关于加快推进生态文明建设的意见》以及《生态文明体制改革总体方案》等 40 余项有关生态文明建设的改革方案,从指导思想、基础理念、整体要求以及核心目标等多个层面对相关问题进行系统阐述,以此试图将生态文明建设目标纳入法治化、制度化、系统化、常态化的发展轨道。总体来说,目前我国已经制定、修订了 31 件相关法律、100 多件行政法规以及 1000 余件地方性法规。可以说,我国在生态环境领域开展的

---

① 参见李成茂:《科学把握习近平生态文明思想的时代内涵》,载光明网,https://theory.gmw.cn/2019-08/20/content_33093229.htm。

② 中共中央宣传部、中华人民共和国生态环境部:《习近平生态文明思想学习纲要》,学习出版社、人民出版社 2022 年版,第 84 页。

③ 中共中央宣传部、中华人民共和国生态环境部:《习近平生态文明思想学习纲要》,学习出版社、人民出版社 2022 年版,第 85 页。

立法工作已然取得了不俗的成效，即基本形成了严密严格的生态环境保护法律体系。与此同时，国家研究并制定了生态环境部办公厅《关于进一步强化生态环境保护监管执法的意见》以及《中央生态环境保护督察工作规定》等文件，[①]并定期开展中央生态环境保护督察以及回头看行动，始终坚持依法依规监管，彰显了对环境监管的重视。国家以行政手段全面覆盖督企、督政，督企强化了督查巡查，督政包括环保督察、专项督察，以及约谈、限批、通报、挂牌督办等，且相关执法活动应用了遥感、在线监控、大数据等技术手段。在督察进驻期间，共问责各级党政领导干部1.8万余人，解决群众关心的环境问题8万余个，不仅使地方党政干部真正意识到生态环境保护的重要性，更重要的是彰显了党中央保护生态环境的坚定意志。在推进治理体系和治理能力现代化的过程中，全党全国贯彻绿色发展理念的自觉性和主动性显著增强，忽视生态环境保护的状况明显改观。

3. 关于我国环境治理历程的回顾

回顾我国环境治理的整体历程，呈现如下特征：

第一，传统的“八项制度”[②]是我国防治污染、治理环境政策体系的开端，经过几十年的不断调整，该体系已逐步趋于完善。1979年所确立的项目环境影响评价制度初步建立了环境影响评价体系，通过从源头对污染进行把控，使污染控制在环境所能吸收的范围；[③]同年，我国确立了排污收费管理制度，通过收费制度来倒逼企业进行排污处理；之后，我国在总结数十年来环境管理实践经验的基础上，提出了“三同时”制度[④]。这一制度具有主体的全面性、范围的广泛性、实施的科学性、社会的公益性的特征，能够有效防止新污染的产生，保证环境保护设施与主体工程同时设计和建设，确保了生产经营活动与污染治理同步进行，提升了污染治理效果。随着党的十八大的召开，“绿色”概念被写进了新发展理念之中，一系列相关制度再次获得了突破发展，如将之前成效甚微的排污收费制度改为环境税制度，并且进行环境影响评价改革、排污许可改革等。党的二十大报告提出，

---

① 参见生态环境部：《2018年中国生态环境状况公报》，第4页。

② 所谓“八项制度”，是指“环境影响评价”“三同时”“排污收费”“环境保护目标责任”“城市环境综合整治定量考核”“排污申请登记与许可证”“限期治理”“集中控制”。

③ 参见李飞：《建设项目环评制度中社会许可法权化探究》，载《华东理工大学学报（社会科学版）》2019年第1期。

④ “三同时”制度是建设项目环境管理的一项基本制度，是我国以预防为主的环保政策的重要体现，即建设项目中环境保护设施必须与主体工程同步设计、同时施工、同时投产使用。

“中国式现代化是人与自然和谐共生的现代化”[①],生态环境保护工作将成为未来建设中国式现代化的核心工作内容。党的二十大报告提出,要“加快发展方式绿色转型”“深入推进环境污染防治”“提升生态系统多样性、稳定性、持续性”“积极稳妥推进碳达峰碳中和”[②]。关于如何推动绿色发展,促进人与自然和谐共生,党中央从上述四个方面作出了系统全面部署,指明了生态环境保护工作的发展方向。在新发展理念的引领下,我国防治污染、治理环境的政策体系拉开了全面升级的新篇章。

第二,我国环境影响评价标准体系逐渐形成并得到显著改善。《工业“三废”排放试行标准》的施行具有里程碑意义,这不仅标志着我国环保工作从无到有,同时代表着国家对于环境问题予以高度重视。可惜该项标准自 1973 年颁布后一度阻滞,直到 1989 年才重新进入依法管理的轨道。如今,我国的环境影响评价标准在历经几十年发展后已然初具规模,不仅建立了“两级五类”的标准体系,而且现行有效的环境影响评价标准达到近两千项。在“十三五”期间,我国开始大力推进污染源达标排放,发展绿色生产模式、推广绿色生活方式、创新生态环境治理模式。而在“十四五”期间,国家实施可持续发展战略,完善生态文明领域统筹协调机制,构建生态文明体系,推动经济社会发展全面绿色转型,实现人与自然和谐共生。

第三,我国环境监管与执法的制度化、法治化、规范化程度不断提高。环境影响评价标准步入正轨,与标准相配套的执法手段也需不断提高。只有将标准实行好了,才能更好地防治污染、治理环境。环境行政执法的发展从 1991 年开始,以《环境监理工作暂行办法》[③]为标志,我国的环境执法程序在有关环境保护主管部门的统一协调下逐渐得到发展。此后,关于环境执法程序的多项部门规章在国家环境保护主管部门的统一部署下不断出台,如《环境监理人员行为规范》[④]《环境监察办法》等。我国关于环境监督的执法程序得到飞速发展,并且与环境影响评价标准紧密结合,真正做到了标准与执行的协调一致。随后,为响应党中央提出的关于行政执法的相关要求,国家环境保护主管部门于 2014 年陆续出台了关于规范行政执

① 习近平:《高举中国特色社会主义伟大旗帜　为全面建设社会主义现代化国家而团结奋斗——在中国共产党第二十次全国代表大会上的报告》,载《中华人民共和国国务院公报》2022 年第 30 号。

② 习近平:《高举中国特色社会主义伟大旗帜　为全面建设社会主义现代化国家而团结奋斗——在中国共产党第二十次全国代表大会上的报告》,载《中华人民共和国国务院公报》2022 年第 30 号。

③ 该部门规章现已废止。

④ 该部门规章现已废止。

法的四个配套法规,使环境执法程序得到进一步的发展。在此过程中,环境保护主管部门也开始探索"双随机、一公开"等新的环境监管制度,我国环境执法程序不断朝着制度化、法治化、规范化的方向发展,进入全新发展阶段。

第四,公众监督和污染标准、环境影响评价标准等信息公开制度的逐步建立发展与完善。其一,以国家环境保护总局于2003年发布的数个关于环境影响评价信息公开制度的文件为标志,我国初步建立起了环境信息公开制度,并在此后的数年间不断深入发展;2007年,环境影响评价信息公开制度新条例的发布,标志着我国环境信息公开制度的进一步发展,并逐渐步入正轨;此后,环境保护部门关于环境信息公开制度陆续出台了数个规范性文件,进一步强调环境信息公开的必要性与重要性,从而规范政府和企业环境信息公开的工作,以此保证人们对于环境信息相应的知情权,并在侧面发挥自然人的监督作用。据此,我国环境信息公开制度体系已基本形成。其二,公众监督制度的发展源于1989年。1989年《环境保护法》中规定了单位和个人保护环境的义务,并且单位和个人拥有举报的权利。这是我国法律第一次规定公民对于环境问题的监督权利,使公民对于环境问题的监督有了法律依据;2002年,环境保护部门再次对公民参与环境监督相关问题进行了调整,通过颁布新的法律对于公民参与环境监督作出一些原则性规定,使公民参与环境监督更有积极性。在随后的几年中,环境保护部门继续发布新的规章制度,完善了公民参与环境监督所享有的具体权利,并对如何参与监督、如何行使权利等程序性事项进行进一步规范,使公众监督制度更加规范化、具体化和制度化。

4. 关于我国环境治理工作的展望

2020年5月28日,全国人民代表大会表决通过了《中华人民共和国民法典》,该法典以绿色原则为指导,规定了许多具体的制度内容,如《民法典》侵权责任编明确规定了环境污染惩罚性赔偿以及生态修复等具体规则。这些内容作为"人与自然和谐相处"人文观的集中体现,对于研究环境犯罪相关问题具有重大意义,同时体现了人性民法与物性刑法融合发展的大趋势。[①] 展望未来,环境犯罪防治的关键一环仍然在于生态环境监督机制,因此在环境刑法领域,既要设置环境污染型犯罪,也要继续调整环境监督类犯罪的罪名设置,即基于当前多元主体参与环境治理的需求,进一步调整生态环境监督过失犯罪的主体范围。我国的环境治理工作得到切

① 参见刘艳红:《人性民法与物性刑法的融合发展》,载《中国社会科学》2020年第4期。

实关切,环境治理实况得到持续改善。当前,我国环境治理工作的总体状况与未来趋势如下:

第一,对环境治理工作的持续监督与监督工作的持续改善使环境治理实效得到切实提升。从1978年《宪法》第一次将环境保护纳入宪法规定开始,我国环境保护工作历经40余年,获得了丰富成果,但也存在一些尚未解决的问题。由于前期对于发展速度的刻意追求,导致对于环境保护重要性的忽视,使我国环境污染物的排放量超过了环境容量。尽管我国污染物排放量已达拐点,但因问题积累过多,污染物的总体体量依然超过环境容量。因此,我们不能因为污染物的排放已达拐点而放松警惕,我国环境治理工作的当务之急仍然是尽最大努力削减排放物总量。只有坚持污染物排放的源头控制与源头治理,才能实现环境质量的根本性提高。环境污染治理工作既是攻坚战也是持久战,当前防污形势仍然较为严峻和复杂,必须保持做好持久战准备的心态,夯实环境污染治理长期战斗的工作准备。我国国情特殊,受人口密度、经济发展阶段和生产生活方式等因素的影响,对于环境污染物排放的严格监管与严格处理依然是今后乃至更久远的时间内有效减少污染物排放的必然选择。当然,我们不能一味地参照国际范围内的环境治理经验与标准,只有结合我国国情,综合考虑我国经济发展指标与环境保护目标,因时制宜、因地制宜地制定环境治理工作相关的政策法律与体制机制,才能有效提升我国环境治理效能,才能尽早使我国环境质量得到根本性提高,实现“双碳”目标。

第二,不断推进环境监督管理体系改革,通过改革提高监管效率。环境监督管理体系集“预防与惩治”于一体,有利于推动对生态环境的源头治理、系统治理、综合治理。但是,环境监督管理体系作为上层建筑部分,由当前的经济基础决定其体系样态,随着经济基础的不断发展,经济发展目标的不断调整,我们必须及时对该监督管理体系予以因时制宜的完善,不断总结社会经济发展进程中环境监督管理所面临的切实问题,推动环境监督管理体系监督效能的有效提升。当前,我国正处在深化改革的“攻坚期”,环境监督管理体系的改革亦处于“深水区”,现阶段改革的核心目标是提高环境监管效能,推动企业和自然人形成“常态化守法”的法治习性。因此,如何提高监管效能是该体系改革的关键。其一,在环境监督管理体系改革中应当抓住“减少污染物的排放”这一主要矛盾,兼顾“完善环境监督管理体系”这一次要矛盾。完善环境监督管理体系需要加强对监管人员的管理,必须防止监管人员对于环境监管工作产生懈怠,统筹推进环境保护责任体系和问责机制。其二,要推动环境保护督察制度化、法律化、规范化,及时出台相关的法律法规对环境保护督察中难以解决的问题以及争议较大的问题予以回应,做到不搁置问题,积极解决问题,及时化解执法机构与企业、自然人之间的矛盾,使企业和自然人真正养成"常态化守法"的法治习性。其三,要处理好机构之间的协作关系,环境监督管理往往涉及数个机构之间的关系,协调好机构之间的关系有利于环境监督管理工作顺利开展,有利于推动公众参与环境监督管理体系。

第三,环境保护的分工体系与责任体系更加明确,形成多元治理格局。党的十九大报告提出,"构建政府为主导、企业为主体、社会组织和公众共同参与的环境治理体系"。这里特别强调了环境治理体系应以企业为主体,以社会组织和公众为基础。换言之,并不是构建了多元参与体系就需要对政府治理进行"去中心化"的操作,政府依然处于环境治理的主导地位。政府具有强大的公权力,能为多元参与的环境监督管理体系提供强有力的保障。当前的环境监督管理体系改革很大程度上是为了弥补政府的监管不足,多元参与可有效解决单极主体监管不力的问题。

第四,不断提高公众参与积极性,确保环境信息公开的及时性与真实性。公众参与对于环境监督管理体系的效率起着至关重要的作用。进入新时代,我们国家的主要矛盾已经转变,人们对于物质生活有着更高的追求,已经不满足于温饱生活,开始追求实现全面均衡发展和精神世界的富足。所以,环境保护对于公众美好生活的追求来说也显得至关重要。公众参与环境监督管理体系的广度和深度随着经济发展而不断拓展,同时随着环境公益诉讼由局部试点到全面铺开,届时社会组织以及公众对于环境公益诉讼的参与会更加积极,多元环境治理的局面会更加和谐。

(二)研究意义

作为生态环境监督过失的上位概念,监督过失问题由来已久,自 20 世纪 60 年代日本最初提出该概念至今,其已逐渐从高危行业拓展至环境领域、经济领域和互联网领域等领域。就环境领域而言,我国自进入经济高速发展时期以来,与之相伴的环境成本也逐渐提高,天津港"8·12"重大爆炸案、大连原油泄漏、云南曲靖铬渣污染等事件让人们越来越意识到保护环境的重要价值。然而,"当大的灾难事故发生时,被结果的重大危害迷住双眼,仅让眼前的行为人背负一切责任,是对从事这一社会有用性行为的人科以的最大责任,还会对行为的社会性使命的履行造成妨碍,不是一种正确的方向"①。风险逐渐成为现代社会的重要特征,其规模、性质和程

① 藤木英雄『过失犯的理论』(有信堂,1969 年)60~61 頁。

度远远超过以往任何时代，改变着现代社会的运行逻辑与规则架构，人类社会的价值理念、行为方式正处于系统化的重构之中。① 环境风险相比其他风险来说，具有潜伏期长、破坏力强等特征，为有效保障国民的健康和安全，必须强化企业与国家监管者的责任负担内容，使环境监管者不再局限于国家公职人员范畴，即使在商事领域之中，也必须追究其应承担的环境监管失职的刑事责任。

研究生态环境监督过失犯罪主体拓展问题，契合了风险社会时期预防性刑法理念的要求，也符合刑法谦抑性原则的时代内涵。生态环境监督过失犯罪的主体拓展将原本并不属于刑法处罚范围的相关主体纳入刑法处罚范围，扩张了生态环境监督过失犯罪的犯罪圈，容易引发社会各界尤其是刑法学者的担忧和质疑，认为犯罪主体拓展过多地服务于安全目的，造成谦抑性不足而损害人权保障功能。但是，本书认为生态环境监督过失犯罪主体拓展不仅没有违背刑法谦抑性原则，反而有利于社会风险治理，具体理由如下：

其一，我国已从传统的古典刑法向预防性刑法转向。目前，我国正处于社会转型阶段，威胁社会稳定的因素不断增加，安全风险问题频发，刑法不得不及时调整、修订相关内容，从消极的事后惩治模式向积极的事前预防模式转向。因此，在风险社会时代，尽管刑法的任务仍是保护法益，但刑法的谦抑图像正发生结构性转变，逐渐成为全新的综合性安全框架的一部分，②从而使作为社会安全强化机制的预防性刑法获得了茁壮成长的契机。相较于传统古典刑法，预防性刑法更强调对安全的关注，着重防范潜在的法益侵害危险，从而实现有效的社会控制。通过强化刑法积极的预防机能，展示现代刑法对规范结果的综合调整。针对人们日益不安的情绪，控制风险以安抚民众成为现代社会压倒性的政治需要。③ 法律作为一种由国家强制力保障实施的公共政策，其本身所具有的意义就是国家通过风险管控维护公共安全。所以，相较于以保守性和谦抑性为特征的传统刑法，预防性刑法不仅可以向国民更有力地展示刑法的担保功能，满足国民对安全的渴望，还能向国民展示国家对民众负责的形象，从而赢得国民对

---

① 参见范如国：《“全球风险社会”治理：复杂性范式与中国参与》，载《中国社会科学》2017 年第 2 期。

② 参见［德］汉斯·约格·阿尔布莱希特：《安全、犯罪预防与刑法》，赵书鸿译，载《人民检察》2014 年第 16 期。

③ 参见劳东燕：《风险社会中的刑法：社会转型与刑法理论的变迁》，北京大学出版社 2015 年版，第 33 页。

国家的支持，获得民主政治上的合法性。因此，可以认为刑法的预防性转向是社会法律整体价值立场转换的一个具体面向，具有一定的时代特征，满足风险社会时代背景下社会的现实需求，是不可避免的时代趋势。而对于生态环境监督过失犯罪主体范围的拓展来说，其将本不属于犯罪主体的相关人员纳入犯罪圈，符合预防性刑法理念的要求。众所周知，环境污染事故具有隐蔽性强、潜伏期长、危险性大的特点，若不扩张生态环境监督过失犯罪的主体范围，仍以国家机关工作人员为犯罪主体，不仅不利于预防污染环境行为的发生，更难以敦促企业内部或相关国家工作人员履行监督管理职责。

其二，我国已进入积极立法时期。从我国 1997 年对《刑法》进行大规模修订之后，十二个刑法修正案逐步呈现出刑事处罚的早期介入、大量处罚抽象危险犯和犯罪预备行为的特征，明显扩张了犯罪圈。例如，《刑法修正案(五)》规定妨害信用卡管理罪，将信用卡诈骗和伪造、变造金融票证罪的预备行为作为实行行为；《刑法修正案(八)》增设危险驾驶罪(抽象危险犯)，将生产、销售假药罪以及污染环境罪调整为抽象危险犯；《刑法修正案(十一)》新增高空抛物罪，对仅可能造成危害结果的行为用刑法予以规制。对生态环境监督过失犯罪主体进行拓展同样具有可以参考的历史经验。例如，《刑法》第 253 条之一所规定的侵犯公民个人信息罪原本的行为主体为国家机关或金融、电信、交通、教育、医疗等单位的工作人员，属于特殊犯罪主体，但《刑法修正案(九)》第 17 条删除了其中关于犯罪主体的表述，使该罪成为一般主体犯罪，扩大了侵犯公民个人信息罪的主体范围。因此，一方面，生态环境监督过失犯罪主体拓展仅要求拓宽主体，并未更改有关犯罪形态的规定，相较于立法而言，其扩张程度有限，且拓展主体是为了更好地规避环境风险，与预防恐怖活动犯罪相类似。在积极立法时代，生态环境监督过失犯罪的主体拓展并未超过必要限度，不会违背刑法谦抑性原则。另一方面，犯罪主体拓展有先例可循，既然侵犯公民个人信息罪的主体拓展并未违背刑法谦抑性原则，那么生态环境监督过失犯罪的主体拓展也不会违背刑法谦抑性原则。除此之外，这一议题的研究还具有丰富的理论意义与实践意义。

1. 生态环境监督过失犯罪主体拓展研究的理论意义

生态环境监督过失犯罪主体拓展研究应从理论、立法与司法实践三个层面分析论证监督过失理论在生态环境领域运用的可行性和必要性。通过全面梳理国内外监督过失理论的发展现状及监管模式，以全球视角对国际、国内的刑事立法与司法实践进行宏观的横向对比研究以及微观的纵向定量分析研究，进一步深化我国过失犯罪理论体系，凝练出具有中国特色的生态环境监督过失犯罪主体理论体系，为生态环境监督过失犯罪主体拓展提供坚实的理论支撑，推动人与自然和谐共生理论建设，明确渎职犯罪主体到生态环境监督过失犯罪多元化主体拓展路径的范围和标准。同时，借鉴德国、日本、美国等国对该问题研究的最新理论成果，如主体犯罪过失中断、射程范围理论等，完善我国过失犯罪理论体系，确认生态环境监督过失犯罪主体的支配权，判断横向监督主体与纵向监督主体的协助与配合义务程度，统一责任追溯合理性、合法性证成，并通过不同规范调整环境监管的配合与衔接，厘清生态环境监督过失违法行为与犯罪行为的界限。

2. 生态环境监督过失犯罪主体拓展研究的实践意义

“法律的生命在于实施，法律的权威也在于实施。”环境监管权的实施能有效发挥环境法律效能，而监管主体范围的扩大有利于环境监管权的实现。首先，为环境监督主体认定提供具体拓展路径，保证在追究直接责任人的同时对监管者一并追责。明确行政法与刑法中监管者的范围，为法律提供思考。其次，明确生态环境监督主体的环境责任义务，推动环境企业规范化经营的进程，明确环境监督职能部门与责任人，确保环境监管职责落实到最直接的监管人员手中。最后，为政府部门制定生态环境监管政策提供决策支持，有效预防和惩处生态环境监督过失犯罪，做到发现相关安全隐患时及时对责任人进行追责处理，以及重大环境责任事故发生后追究相关责任人的刑事责任，保证预防与惩治的罪责刑的统一。

二、国内外相关研究及述评

（一）国内研究现状

国内对生态环境监督过失犯罪的研究始于21世纪初，主要受刑法规范变动与重大典型案例的推动，自环境监管失职罪设立后，部分学者才开始对生态环境监督过失犯罪主体进行研究。随着对生态环境监督过失犯罪基础理论及环境监管权研究的不断深入，有关研究正呈现从研究环境犯罪直接责任人责任转换到研究环境监督者刑事责任的趋势。具体梳理如下。

1. 生态环境监督过失犯罪主体认定基础理论研究

（1）生态环境监督过失犯罪主体认定的价值导向变迁。环境保护主体认定最初以人本主义观为指引，为了人的生存发展可以恣意让渡环境生态的安全与平衡（王秀梅，2004；白平，2007）；随后，生态环境问题的频发引起了人们关于人本主义观的反思，生态本位观演变为主流价值理念，强调绿色、健康、可持续发展，生态环境的重要性被提升到前所未有的高度（冯军，2010；焦艳鹏，2017）；在现实需求与政治引领的双重作用下，人类中心主义重新回归，但与最初纯粹人类中心的人本主义观有所区别，强调以人类利益为主、环境利益为辅的主次有序的生态环境理念（刘艳红，2015；曹炜，2019；侯艳芳、于一飞，2022）；2017 年，党的十九大报告提出“必须树立和践行绿水青山就是金山银山的理念”，造就了生态学的人类中心主义观，强调绿水青山就是金山银山，是关于环境治理理念的再一次革新（张明楷，2018；陈伟，2018）。

（2）生态环境监督过失犯罪主体认定的整体性机制变迁。最初的研究将规制重点集中于对生态环境的监管之上（吕忠梅，2009），主张通过建立统一的环境管理体制预防环境监管犯罪（武珊珊，2013），明确各主管部门之间的层级监管职责（王哲，2018）；随后，由于环境污染问题日益频发，有学者主张环境问题的刑事治理应实现从“监管者之法”到“监管监管者之法”的变迁，主张加强对环境监管主体的监督（周光权，2017），环境监管应加强刑法之前的部门法防线，实现定罪的明确化（刘艳红，2015），环境监管渎职犯罪具有双重违法性，对环境监管失职人员进行行政处分可作为刑事处罚的前置性要求（秦悦涵，2017）。在环境犯罪治理中，存在“追究自然人犯罪多，追究单位犯罪少”的现象，所以有必要建立污染环境单位犯罪刑事案件事实认定的推定机制，并且健全和优化被告单位诉讼代表制度（谢登科，2021）。国家机关工作人员系监督过失的最大处罚主体，其他具有管理地位的管理者次之，也包含一般公民被认定为监督过失主体的情况（姜涛，2021）。

（3）生态环境监督过失犯罪主体规制由刑事依附性向刑事独立性转变。我国早期对于环境类犯罪主要是依照环境行政法中的生态修复、土地复垦、增殖放流等方式加以治理（蒋兰香，2018）。但是，环境监管失职行为具有独立的刑法法益内容，具有独立的犯罪构成，应该专门在刑法中设置独立的罪名，以实现生态环境监督过失犯罪主体规制的刑法独立性（易益典，2010）。

2. 生态环境监督过失犯罪主体认定条件研究

合理界定生态环境监督过失犯罪的主体范围，是追究生态环境监督过失犯罪刑事责任的前提（杜琪，2012）。监督过失的主体除了要具有刑事责任能力，还必须处于监督者地位（韩玉胜，2007）。监督过失犯罪主体的认定在单一的监督管理关系中相对简单，但在监督关系逐渐走向复杂的现代社会，认定存在难度。例如，在事故范围内的监督过失责任（冯殿美，

2009；王珏，2016）。目前，生态环境监督过失犯罪中相关主体的认定应从以下几方面着手：

（1）生态环境监督过失犯罪主体注意义务的认定。生态环境监督过失犯罪主体只有违背其注意义务，才能成立生态环境监督过失犯罪（刘期湘，2009；秦悦涵，2017；马荣春，2022）。其中，预见对象是主要的注意义务（钱叶六，2010；马品懿，2011）。有学者认为，生态环境监督过失中的预见仅包括对被监督者实施违法行为的预见（王安异，2005；李国庆、秦鹏，2017）；有的学者则认为，预见对象是以被管理的物或者直接行为人的违法行为为中介的危害结果（王良顺，2010）；还有学者认为，预见对象不仅包括被监督者的违法行为，还包括严重的法益侵害后果（侯艳芳，2016）。

（2）生态环境监督过失犯罪主体因果关系的认定。一般来说，刑法上的因果关系是判断主体行为与结果之间的关系，因果关系的判断是认定犯罪主体的前提（张明楷，2021），在监督过失犯罪问题当中，因果关系的判断还不够精密化（姜涛，2021）。有学者认为，基于环境污染问题的复杂性，运用一般的因果关系原理，难以准确认定生态环境监督过失犯罪的主体（王良顺、胡玉川，2014）。对此，早期学者主张，要看环境监管人员在执行公务时依照法规是否对所发生的环境污染事故具有防止义务（尹常庆、尹常健，1999；黄慧，2010；贺思源，2015）；也有学者认为，应当采取“因果关系推定原则”，基于因果关系的高度盖然性作出判断（文永辉，2010；舒子贵，2011）；还有学者认为，应当以危惧感说为基础，即当发生严重的环境污染后果时，只要行为人对结果有预见，便能判断生态环境监督过失犯罪主体与结果之间具有因果关系（殷榕榕，2021）。

（3）厘清负有环境监管职责的主体范围。我国环境监管主体的设定具有多元化特征，大致包括了政府、企业、民众、社会组织等（韩德培，2012；陈忠林，2017），使实践中环境监管主体的监管权限与责任划分较为困难，涉案的具体“环境监管主体”也难以认定（蒋云飞，2018）。

3. 生态环境监督过失犯罪主体责任形式研究

（1）1979 年《刑法》对危害环境行为没有专门罪名规制。有学者认为，《刑法》中需单列一章“危害环境罪”直接规制环境犯罪（马骧聪，1986；马婵娟，2020），首次提出应考虑生态环境监督过失主体刑事责任（储槐植，1994）。

（2）1997 年《刑法》在第九章渎职罪中设立“环境监管失职罪”，从此便开始独立对环境监管主体的责任形式做研究。监管不力或失职的定罪标准更应注重监管失职造成生态破坏和资源浪费的责任者的刑事处罚（莫神星,2002;齐晔,2006)。

(3)2004 年全国首例"环境监管失职案"推动了刑法学界对环境监管职责刑事责任理论的研究。由于我国环境监管犯罪存在处置滞后问题(廖华,2006;董长山,2014),所以出现重大环境事故时,具有具体事项最终支配权的上级责任人员应当承担环境监管过失责任(田国宝,2019;张霞、陈宇霄,2019),而增设必要数量的环境监管渎职犯罪和拓展刑事责任的路径同样符合刑法谦抑性,值得肯定(周光权,2017)。

(二)国外研究现状

1. 生态环境监督过失犯罪主体认定的指导理念研究

(1)保证人理念的提出。生态环境监督过失犯罪主体认定的核心在于特定环境法益侵害结果的发生,意指将符合构成要件该当性且应负有法律责任但未防止危害结果发生的行为视为积极的作为而加以处罚,以保证人理念为指引来规制环境监督过失犯罪(Armin Kaufmanny,1988)。(2)传统人类中心主义理念呈现多重走向。在人与自然的关系考量中,虽然出现了强调人类主体价值的人类中心主义理念,但是人类中心主义内部却应分为强人类中心主义与弱人类中心主义,弱人类中心主义应考量自然本体价值(Bryan Norton,1984);环境犯罪治理以维护社会秩序为终极目标,应坚持人类中心主义(大谷实,2000)。(3)后期生态中心主义的勃兴。生态环境保护的重要性日益增加,生态环境监督过失犯罪主体的认定应以生态中心主义为指导,甚至为了生态环境的保护可以牺牲部分短期经济发展的利益(Piers Beirne,2007;Rob White,2008);但是生态中心主义忽略了人的主体地位(高橋佑佳,2013);应以修正的人类中心主义为指导认定生态环境监督过失犯罪,实现人主体性地位的限定提升(三枝有,2014;Helen Kopnina,2018)。

2. 生态环境监督过失犯罪主体认定的行为标准研究

监督过失理论在大陆法系中研究颇多,但其发源于日本且在日本刑法理论中较为系统。具体而言,生态环境监督过失犯罪主体认定标准如下:

(1)具有过失的实行行为。过失实行行为不像故意实行行为那样最初便获得理论界的一致认可,而是随着过失理论的发展经历了一个认识上的转变。关于过失犯,以前把它理解为结果犯时,并不发生实行行为的问题,但是近年普遍承认基于过失的实行行为(大塚仁,1993;佐藤文哉,1988),并且生态环境监督过失犯罪主体不同实行行为的量刑模式可以存在"绿色"差距(M. Pournouri,2018)。(2)注意义务的违反。注意义务违反说在日本刑法界是一种极为有力的观点,这也不可避免地影响了实务部门，司法上对该观点也广为认可，认为只有违背注意义务才能承担监督过失责任（大谷实，2003）。但是，德国则主张客观归则理论是监督过失犯罪主体认定的规则（Claus Roxin，2005）。（3）因果关系的认定。日本学界认为，监督过失犯罪主体的不作为行为需与法益侵害具有直接因果关系（日高义博，1983）；监督者违反监督义务而未防止被监督者的不当行为，无论危害结果是不是由第三人的过失所导致，监督者可成立监督过失（佐藤文哉，1988）。（4）预见义务的判断。监督者对他人过失行为有无预见性是承担责任的关键，须预见到"具体的结果以及因果关系的重要部分"（前田雅英，2006）。

3. 企业环境监管人员刑事责任研究

从20世纪40年代开始，学界对"监督"的理解开始由公权力的政府视角转向"政府—非政府"合作视角。企业作为其中的重要参与主体之一，得到学界广泛关注。

企业参与社会治理的身份已经发生转变。20世纪中期，欧美发达国家在环境监督领域开始尝试引导多方主体参与，并逐渐形成政府主导、企业自治、公众参与的多元治理格局（Jens Newig，2010；R. T. Selvan，2020）。企业的角色开始从被监督者转变为监督者。就此意义而言，生态环境监督是一个多方参与、多方合作、协同共治的系统机制，而企业生态环境监督过失主体责任也须由行政制裁转向刑事制裁（筑紫圭一，2014）。

（三）已有成果述评

综上所述，国内外学者在指导理念、注意义务及环境监管主体刑事责任等生态环境监督过失犯罪主体领域的研究，为本书研究提供了一定的研究基础。但是，自1995年至今，我国专门针对生态环境监督过失犯罪主体方面的研究文献极为稀少，反映中国刑法学对于相关问题理论回应不深，造成了理论研究无法与司法实践难题呼应的困境。也正因如此，本书研究的空间和价值得以显现，并尤为体现在以下方面：

第一，当前我国生态环境监督过失犯罪主体的范围仍然偏窄，环境治理工作的主体向度偏弱。其中，对于环境监管权的享有主体是否局限于国家行政机关，企业、社会以及检察机关等多重主体的参与可能性，以及多重监督主体的刑事责任分配等问题均存在论述不详的缺点。

第二，对于生态环境监督过失犯罪主体的认定原则和标准有待进一步明晰。其中，学界对于信赖原则、符合性原则以及排除性原则对生态环境监督过失犯罪主体研究的重要性的论述极为鲜见，对于能否考量监督者注意义务的责任程度的分析也存在明显不足。

第三，在研究范式上，未能对环境法规范与刑事法规范之间的关系进行系统性、整体性的研究。从我国既有的相关文件来看，对于环境监管者的主体责任问题论述不深，尤其缺少对环境监管主体衔接问题的讨论；而对于环境监管主体“行政执法与刑事责任追究”衔接等问题的研究更是鲜有问津。

三、研究思路与研究方法

（一）研究思路

本书基本按照“生态环境监督过失犯罪主体现状考察与问题分析—主体拓展价值与依据—主体拓展原则—主体拓展路径”的逻辑思路展开研究，系统分析生态环境监督过失犯罪主体拓展的必要性和可行性；从理论上把握环境监管的整体性刑法保护向度，探寻生态环境监督过失犯罪主体拓展路径。具体研究思路如图 0－1 所示。

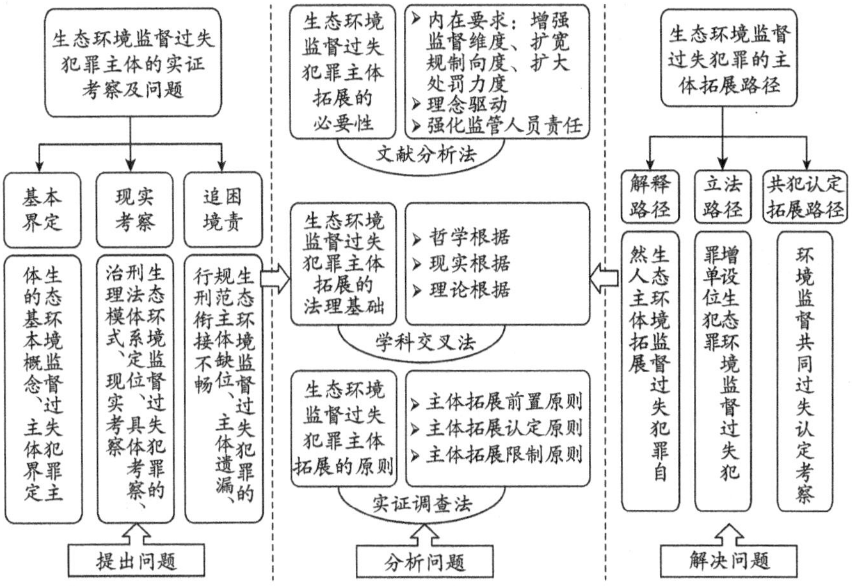

图 0－1　研究思路

其中：

第一章主要涉及生态环境监督过失犯罪主体拓展、主体界定及现实考察研究。站在“监督”视角对“生态环境监督”的概念予以阐释，从“监督过失”的内涵延展至生态环境监督过失的基本概念，并对生态环境监督过失犯罪主体进行基本界定；通过比较政府、企业和社会三类主要主体类别，厘清各主体间的相互关系，并对主体的界定标准、认定条件和分类标准等要素进行把握；通过宏观考察我国生态环境监督过失犯罪的适用状况，分析其在刑法体系中的实体定位和罪名体系，通过微观考察生态环境监督过失犯罪的基本构造、行为样态及其特殊性，并结合我国生态环境监督过失犯罪的治理模式，勾勒其在我国司法环境中的实践图景；通过分析生态环境监督过失犯罪主体的规制范围局限性、单位犯罪遗漏的体系局限性以及行刑衔接局限性，提出“主体范围狭隘”是生态环境监督过失犯罪追责困难的核心问题。

第二章主要涉及生态环境监督过失犯罪主体拓展的必要性研究。生态环境监督过失犯罪主体拓展研究坚持贯彻关于推进中国式现代化的要求，具有强化多元主体治理理念、拓宽环境治理监督向度、加大环境治理处罚力度等多重价值。一方面，生态环境监督过失犯罪主体的拓展有赖于生态环境中心理念的推动。由人类中心主义向人与自然生命共同体理念迈进，是新时代环境刑法立法理念的必然抉择；而在风险理论的指导之下，风险防控成为刑法的第一要务，引发了刑法前置化的趋势，生态权利本位思想得以确立。另一方面，生态环境监督过失犯罪主体拓展要坚持多元治理理念，强化企业内部环境监管人员的刑事责任。长期以来的环境监管失职的刑事打击对象局限于具有行政职责的政府人员，对企业内部负有监管职责人员的长期忽略导致了生态环境治理效能无法得到有效发挥，我们亟须以实质刑法观为指引，坚持污染者治理、破坏者恢复、受益者补偿等基本原则，实现对生态环境监管商事主体拓展的需要。

第三章主要涉及生态环境监督过失犯罪主体拓展的法理基础研究。“法理”可谓法之哲学、科学，具有丰富的内涵。本章基于研究需要，着重挑选哲学、现实与理论三个维度展开论述。在哲学维度，重点研究人与自然生命共同体理念，重点研究环境生产力、环境正义等概念，并从中寻求我国生态文明哲学与刑法保障机制之间的内部共生性。在现实维度，重点研究我国生态环境治理的理念转向，把握“宽严相济”刑事政策的时代内涵，并基于环境监管工作的开展情况，精准洞察生态环境监督主体拓展的现实需求。在理论维度，重点研究协同治理理论，为后文展开主体拓展工作提供理论支撑；重点研究监督过失理论、过失的共同犯罪理论，从“共同的过失态度”“共同的注意义务”“共同的过失行为”三个方面着重分析，为解决生态环境监督过失犯罪中的重点难点问题提供可行思路。

第四章主要涉及生态环境监督过失犯罪主体拓展的原则研究。本章在坚持刑法谦抑性的前提之下，重点把握前置原则、认定原则以及限制原则对生态环境监督过失犯罪主体拓展的指导性作用。其中，前置原则以注意义务为核心内容，对各级监督主体的监督注意义务进行有效的规范与判定；认定原则是对法定生态环境监督主体的符合性、直接危险性等因素进行判断的标准，通过对生态环境监督主体进行类型化的分析，综合分析生态环境监督主体的单位拓展与法益拓展的主要面向；限制原则是杜绝主体无限扩张的限缩性手段，以过失判断与信赖事由为依据，对监督主体的保证人地位进行合理界定，确定其对生态环境监督过失犯罪的支配力，以此对不恰当主体进行否定与排除。

第五章主要涉及生态环境监督过失犯罪主体拓展的路径研究。本章主要是从三个角度展开研究。其一，拓宽生态环境监督过失犯罪主体的自然人范围。围绕环境监管失职罪进行主体拓展，主要包括以下三个部分：一是扩宽“环境监管”的监管范围，将各类环境行政监管纳入该罪的规制范围中；二是拓宽“监管失职”中“失职”的内涵，明确“严重不负责任”的具体含义；三是将环境监管失职罪中的“国家机关工作人员”拓展到“国家工作人员”。其二，基于刑法谦抑原则，将生态环境监督过失犯罪主体由自然人主体拓展至单位主体，注重对企业环境监管过失的刑法规制，明确各类单位犯罪直接责任的规制思路，并划清生态环境监督过失单位犯罪的范围。其三，将生态环境监督过失拓展至共同犯罪之中，对生态环境监督过失犯罪共同制造不被允许的风险与共同实现不被允许的风险进行系统性规制。

（二）研究方法

1. 历史与比较研究方法。制度的演进具有自身独特的规律，梳理事物的历史发展轨迹，有利于我们认识事物的发端和渊源。本书选取纵向与横向相结合的双重研究视角，运用历史研究方法探寻中国与西方环境监管职责刑事定罪处罚制度，分析环境监管权的起源和变迁路径，对比西方国家的制度与运行机制，如美国的私人总检察长制度、德国的检察公益代表人制度，深入研究比较英美法系和大陆法系相关制度的优劣，并结合本土资源，探寻适合中国国情的环境法治发展道路。

2. 案例分析与实证研究法。实证与案例素材既是学术研究的对象，也是学术研究的基础。鉴于已有研究成果对实证研究的忽视，加强实证素材的收集、分析、论证成为本书尤为重视的研究环节。本书充分考察生态环境监督过失犯罪主体范围的立法现状与司法实践，大量收集、整理近年来司法实务中存在的生态环境监督过失犯罪相关典型案例，通过对生效判决的数量、罪名、刑罚等情况进行类型化分析，为生态环境监督过失犯罪主体拓展路径的完善与运行提供数据支撑。

3. 文献分析与归纳演绎法。针对生态环境监督过失犯罪主体拓展的依据、原则以及实现路径等章节的撰写工作，进行大量的文献分析、归纳以及演绎工作，探索构建生态环境监督过失犯罪主体的拓展路径，为完善生态环境监督过失犯罪理论新体系尽到绵薄之力。

4. 大数据分析与要素量化评估法。针对生态环境监督过失犯罪主体拓展的必要性及构建生态环境监督过失犯罪主体拓展路径等章节的撰写工作，运用深度学习、大数据赋值等大数据分析方法，对生态环境监督过失犯罪主体拓展的必要性及路径进行关联分析，实现指标优化与量化评估。

四、主要创新点

第一，深刻洞察生态环境监督过失犯罪主体拓展的现实困境。法律概念是认识法律与表达法律的认识之网上的纽结。[①] 本书将环境治理与监督过失理论相结合，创造性地提出生态环境监督过失犯罪理论。为此，本书首先明晰了“生态环境监督”和“生态环境监督过失”的基本概念，并对生态环境监督过失主体进行简要介绍；从宏观、微观和治理模式三个层面对生态环境监督过失犯罪的刑法体系定位予以阐释，为司法适用现状的分析奠定基础；通过在裁判文书网收集相关案例，巧用图表的形式表现与生态环境监督过失犯罪相关联的案件，考察生态环境监督过失犯罪的具体适用现状；基于实证分析，生态环境监督过失犯罪领域中的追责困境显现，本书从主体范围、单位犯罪和行刑衔接三个角度对追责困境予以探讨，为完善生态环境监督过失犯罪提供研究方向。

第二，充分论述生态环境监督过失犯罪主体拓展的重大价值。本书立足中国式现代化语境，将中国式现代化置于生态环境问题的微观治理之中，使中国式现代化由抽象的治理蓝图转化为具体的治理方针，切实提高生态环境问题治理的政治站位，强化生态环境问题治理的政治担当，尽量做到见微知著、微著相宜；在生态环境监督过失犯罪主体拓展必要性的论述中引入多元治理理念，以多元治理理念为切入点，指出生态环境的治理需要扭转传统的行政式管理治理模式，强调构建政府、企业、公众等多主体参与的多元治理格局；从实质刑法观的角度突破形式逻辑的束缚，基于法益实质保护，对生态环境法益的保护予以切实回应，对生态环境监督过失犯罪主体进行实质性拓展。

第三，着重夯实生态环境监督过失犯罪主体拓展的法理基础。本书通

① 参见张文显主编：《法理学》（第5版），高等教育出版社2018年版，第113页。

过认识和理解我国关于生态环境的哲学思想，为生态环境监督过失犯罪主体拓展研究提供精神指引。基于人与自然共命运、环境正义观等理论，明确人之于自然生态系统的角色定位，赋予有关主体进行生态环境监管工作的正当地位；通过分析近年来生态环境监督过失犯罪的适用困境，把握"宽严相济"刑事政策的时代内涵，整合生态环境监督过失刑法规制的成功经验，从而凸显出生态环境监督过失犯罪主体拓展的现实价值；通过运用协同治理理论、监督过失理论、过失的共同犯罪理论，疏通监督者、被监督者等相关纵向或横向主体之间的刑事责任分配通道，解决生态环境监督过失犯罪领域的重点难题。

第四，科学归纳生态环境监督过失犯罪主体拓展的原则依据。本书对生态环境监督过失犯罪主体拓展进行体系化的论证，从生态环境监督过失犯罪主体拓展的依据，到主体认定，再到主体限制，较为全面地论述拓展的基本原则；以责任原则为核心，廓清现场监督主体、中层监督主体、高层监督主体、政府监督主体的注意义务，对生态环境监督主体规范的效力与层级作出合理的论述，实现了主体拓展与规范、理论、实践的有效结合，凸显了生态环境监督过失犯罪主体拓展原则的具体化，把握生态环境监督过失治理的中国问题，提出解决这一问题的中国方案。

第五，细致规划生态环境监督过失犯罪主体拓展的路径方向。本书将监督过失理论与环境监管实践活动相融合，对如何拓宽环境监管失职罪的主体进行了具有整体性、系统性、全面性的探索。以法教义学视角对现有刑法中环境监管失职罪的主体进行拓展，既扩大了环境监管失职罪中自然人主体的范围，也保证了环境监管失职罪主体拓展在司法实践中的可操作性；以单位犯罪理论为基点，探索对企业中具有生态环境监督过失的责任主体进行惩治，并创设性地提出要对环境数据监管主体进行刑法规制；以共同过失理论为基础，对生态环境监督共同过失判定的正当性考察以及具体可能出现的风险点进行规制。

第一章　生态环境监督过失犯罪主体界定及现实考察

党的二十大报告提出，“中国式现代化是人与自然和谐共生的现代化”①。这一报告全面系统总结了党的十八大以来我国生态文明建设取得的举世瞩目重大成就、重大变革，深刻阐述了人与自然和谐共生是中国式现代化的中国特色之一，对“推动绿色发展，促进人与自然和谐共生”作出重大战略部署。② 党的二十大报告提出“中国式现代化是人与自然和谐共生的现代化”③，提出“推进美丽中国建设，坚持山水林田湖草沙一体化保护和系统治理，统筹产业结构调整、污染治理、生态保护、应对气候变化，协同推进降碳、减污、扩绿、增长，推进生态优先、节约集约、绿色低碳发展”④。因此，我们应当以习近平生态文明思想为指导，进一步准确理解与把握促进“人与自然和谐共生”的重大意义和重点任务，推进美丽中国建设。

在我国，“生态文明”已经写入《宪法》，“把我国建设成为富强民主文明和谐美丽的社会主义现代化强国”被纳入《宪法》规定。在我国，环境刑法应以实现国家目标、落实国家任务和责任为使命，必须站在促进“人与自然和谐共生”的高度，加强中国特色刑事法治理论与实践研究，提升环境刑法的研究能力和水平，为建设中国特色环境法治体系提供有力的理论支撑。在刑法轨道上推进生态文明建设，必将为环境治理带来一场深刻的法治革命，也对刑事法治提出了新的要求。尤其是环境犯罪问题一直是我国面临的现实挑战，早期为了促进经济发展，形成了一种“先污染、后治理”

---

① 习近平：《高举中国特色社会主义伟大旗帜　为全面建设社会主义现代化国家而团结奋斗——在中国共产党第二十次全国代表大会上的报告》，载《中华人民共和国国务院公报》2022 年第 30 号。

② 参见孙金龙：《促进人与自然和谐共生（认真学习贯彻党的二十大精神）》，载《人民日报》2023 年 1 月 10 日，第 9 版。

③ 习近平：《高举中国特色社会主义伟大旗帜　为全面建设社会主义现代化国家而团结奋斗——在中国共产党第二十次全国代表大会上的报告》，载《中华人民共和国国务院公报》2022 年第 30 号。

④ 习近平：《高举中国特色社会主义伟大旗帜　为全面建设社会主义现代化国家而团结奋斗——在中国共产党第二十次全国代表大会上的报告》，载《中华人民共和国国务院公报》2022 年第 30 号。

的发展模式，虽然经济得到了快速的发展，但也付出了沉重的环境代价。在这种模式下，环境监督管理主体“窄化”所产生的负面效应也逐渐凸显出来。其一，在非国家工作人员监管缺位时，环境污染者很容易形成“以罚款代刑”的错误认识，认为当污染环境之后只要向主管行政部门缴纳相应罚款，便可不再受到其他处罚。其二，单一化的环境监督机制导致监管者监督意志与监督能力弱化。一方面，由于生态环境污染领域广泛且案件数量多，而国家生态环境监管工作人员人数与精力方面又较为有限，使很多具有监督义务的国家工作人员“有心无力”。另一方面，环境犯罪行为不同于其他类型的犯罪，其行为对象是自然环境，通常都是由群众举报或者监督者主动发现，如果现有的生态环境监督过失主体仍局限于国家机关工作人员，则环境监管会成为一种“形式监管”，很难发挥环境法治的实质效能。因此，要适当考虑进一步扩大生态环境领域监督者的刑事责任，并厘清相关犯罪的定罪基础、主体范围、归责路径等，为建设美丽中国、推进人与自然和谐共生的现代化提供扎实的刑事法保障。

第一节　生态环境监督过失犯罪主体的基本界定

生态环境监督过失犯罪的主体拓展依赖于监督过失理论，但首先需要对环境监督权进行廓清，监督是管理学与法学领域中的重要概念，具有特定内涵和外延，外延的明晰性又直接关系政府部门的职能定位和机构设置。这一节将重点对相关概念进行界定，为后期研究的展开做好理论准备。

一、生态环境监督过失犯罪的基本概念

（一）“生态环境监督”的概念

现代环境治理体系需要“构建一体谋划、一体部署、一体推进、一体考核的制度机制”，强调了环境治理体系的一体化、协调性和系统性特征。结合推动我国生态文明建设迈上新台阶的现实需要，明晰生态环境监督的基本概念，有助于提升我们对生态环境监督过失理论的研究，帮助我们系统建构生态环境监督安排，构建现代环境治理体系的统筹方案。

1.“监督”的内涵及其视角

“监督”一词最早见于东汉。《周礼·地官司徒·乡师/比长》中云：“乡师之职……大丧用役，则帅其民而至，遂治之。”郑玄注曰：“治，谓监督其事。”可见监督有监察督促之意。南朝范晔所著《后汉书·郑孔荀列传》

中有载:“臣闻古之遣将,上设监督之重,下建副二之任,所以尊严国命,谋而鲜过者也。”意指在派兵遣将时任命监军一职督察军事,可以避免或减少过失、防止出现问题。① 由此可见,“监督”主要是从公共利益维度,强调公权力所实施的对公权力的检查、督导和惩戒的活动,从而奠定了现代监督的基本概念。

现代意义的“监督”大致有两类观点:其一,从权力角度看,监督就是对权力的监察和督促。监察和督促又可解释为监理、察看、督导。所谓监理,就是在现场进行巡查和监管;所谓察看,就是按照一定的尺度考察和评价;所谓督导,就是在视察的基础上加以督促和引导。当然,也有人认为,监督是为了达到使权力沿着正确的轨道运行的目的,监督主体运用法律和纪律等赋予的权力和手段,对客体即国家机关及其公职人员行使权力所进行的检查、评议、督促等活动。② 其二,从权力运行角度看,“监督是一个综合的动态过程,是一种特殊的管理活动,是在社会分工和共同劳动条件下产生的一种管理职能,是人们为达到某种目标而对社会运行过程——体现为各种具体活动——实行的检查审核、监察督导和防患促进活动”③。有的人认为,所谓监督,主要是指人们为了达到政治、经济、军事、司法方面的某种目的或目标,仰仗一定的权力,通过对社会公共治理中若干事务的内部分工约束或外部民主参与控制等途径,针对公共权力的资源、主体权责、运作效能等而相对独立地开展的检查、审核、评议、督促活动。

在法学领域,“监督”可以理解为维护公共利益,法定监督主体依法对国家机关及其公职人员行使公共权力的行为实施检查、督导和惩戒的活动。如果将之应用在环境领域,“生态环境监督”行为便可解释为:为了维护社会环境的利益,法定监督机关及其公职人员所实施的检查、督导或者惩戒活动。但是,如果跳出单一“公权力”视角,可以发现,不仅公权力主体有监督生态环境的目的或者义务,其他非公权力主体,如非政府组织、企业、社会第三方均有参与环境污染治理,促进实现建设美丽中国、实现人与自然和谐共生的义务。因此,需对“生态环境监督”这一概念进行进一步理解。

2. “生态环境监督”的提出

从 20 世纪 40 年代开始,对于“监督”的理解开始由政府权力角度转向

---

① 参见曹呈宏:《“监督”考》,载《华东政法大学学报》2008 年第 5 期。

② 参见宋小海:《法律监督考》,载《浙江学刊》2014 年第 3 期。

③ Michele M. Betsill & Harriet Bulkeley, *Transnational Networks and Global Environmental Governance: The Cities for Climate Protection Program*, 48 International Studies Quarterly 471(2004).

“政府—非政府”合作的角度，即监督是一个综合的动态过程，是特殊的管理活动，是在社会分工和共同劳动条件下产生的一种管理职能，是人们为达到某种目标而对社会运行过程——体现为各种具体活动——实行的检查审核、监察督导和防患促进活动。

具体至生态环境领域，政府（非政府）实现所实施的、旨在改变与环境有关的激励、知识、制度、决策和行为，被称为“生态环境监督”，具体包括为行动设计的系统管理程序、机制、组织建设等影响环境的行为，这套管理程序、机制和组织就被称为“环境监督”。而政府所做的“制度安排”，如修改法律、机构变革、颁发各类环境政策、实施环保行为，就是法律意义上的“环境监督”。其中，政府、政府间组织、非政府组织、大型集团、私人部门和民间社团等在其中扮演着重要角色。①

20 世纪中期开始，欧美发达国家已采取多种环境监督措施并取得一定经验。在转变政府监管职能方面，欧盟引导多方参与，迄今已发展成一个决策权可以在不同层级之间共同分享的多层级政体，采用相互调整、政府间协商谈判、超国家等级、共同决策以及公开协调五种模式。欧盟委员会以能源效率指令为依托，要求所有成员国的大型公司强制执行能源审计。② 绿色债券被视为公司对环境承诺的可靠信号，企业绿色债券在美国和欧洲尤其普遍。③ 在促进社会公众参与方面，欧美发达国家注重政府监管手段与生活方式的融合。美国是世界上第一个将环境公益诉讼付诸实践的国家，环境运动呈现从精英参与到大众参与和政社合作的转变。④ 伦敦则将城市绿色基础设施、自然资本评估为资产，通过举办国家公园城市节、构建“公园之友”网络等活动吸引社区、公众参与到以建设“公园城市”为目标的环境治理当中。⑤

从主要研究成果看，企业缺位、社会监督力量薄弱、地方政府激励不足、治理手段单一等是导致区域环境治理难以取得成效的主要因素。⑥ 当

---

① See Jens Newig & Oliver Fritsch, *Environmental Governance: Participatory, Multi - level - and Effective?*, 19 Environmental Policy and Governance 197(2010).

② See Ramadoss T. Selvan & Seeram Ramakrishna, *Environmental, Social and Governance—Introduction*, World Scientific Book Chapters 54(2022).

③ See Duncan French, *Finding Autonomy in International Environmental Law and Governance*, 21 Journal of Environmental Law 255(2009).

④ See Rebecca Bates, *Global Environmental Governance: Law and Regulation in the 21st Century*, 26 Journal of Environmental Law 161(2014).

⑤ See Joe McMahon & Joanne Scott, *Law and Environmental Governance in the EU*, 5 International & Comparative Law Quarterly 996(2002).

⑥ 参见杜群：《环境法体系化中的我国保护地体系》，载《中国社会科学》2022 年第 2 期。

前，我国亦存在类似的情况。其一，司法力量参与度低，尤其是刑事司法参与生态环境治理的“权利—义务”关系的程度不足；其二，监督手段尚不完善，以质量提高为导向的环境激励政策尚未完全建立；其三，技术运用存在争议。例如，因垃圾焚烧所排放的剧毒物质而出现的“邻避”现象，技术手段对环境治理只能发挥有限作用，由于过于重视工具理性而忽视了人的能动性等。因此，世界各国普遍将环境治理目标的理念从政治化转向非政治化，通过扩大环境治理主体的范围而实现系统治理，并以构建相对自洽的主体关系作为支撑。因此，如果将环境治理问题归结为“政府监管失灵”或是“市场监督失灵”，在本质上是对环境治理主体关系的忽视，片面强调单一主体的作用，从而导致各主体之间关系不协调、不对称、不稳定，进而损害多元共治的基础。就此意义而言，生态环境监督是一个多方参与、多方合作、协同共治的系统机制。由此，本书所确定的“生态环境监督”的概念呼之欲出，可定义为：为实现国家生态文明建设的发展目标，政府、企业、社会组织和公众等监督主体所实施的环境检查、环境督查、环境督促或者环境惩戒等活动。①

（二）“生态环境监督过失”的概念界定

1.“监督过失”的基本内涵

随着现代工业文明的高速发展，灾害事故、公害案件频发，危害结果也越来越严重。这类事故多数是行为人的过失导致的。但是，除了直接行为人的过失，往往还存在组织者、领导者的过失行为。根据刑法责任主义原则，行为人只对自己的行为负责，因此实践中往往行为人的职位越高，其对具体业务操作流程的了解程度越低，而责任越小，不符合权利义务相统一的原则。因此，刑法提出了监督过失理论，即负有监督职责却监管不力，或者消极懈怠没有履行充分的指挥和监管义务造成刑法上不法后果的犯罪行为。

所谓监督过失，首先不是直接过失，是一种管理过失，其源于德日刑法的过失理论和实践，并大致经历了传统过失论、新过失论和新的新过失论三个发展阶段，分别对应的是“预见结果义务”、“结果避免义务”以及修正结果避免预见可能性判断标准的“危惧感”三个核心点。新的新过失论是在社会风险不断加大的背景下，为适应新犯罪态势的惩治需要而扩大过失认定范围的努力。新的新过失论认为，不要求行为人注意义务判断中的结果避免预见可能性是具体的，只要存在危惧感或者不安感即可，较之于新

---

① See Robert L. Glicksman, *Environmental Protection: Law and Policy*, 9th ed., Aspen Publishing, 2023, p. 1.

过失论，其扩大了过失认定的范围。由这一理论衍生出监督过失理论，并经由日本的“森永公司奶粉中毒案”确立。① 如今，理论上一般认为，监督过失是指具有指挥、领导、监督、管理等职责的监督者，在因自身或者被监督者的行为可能产生危害后果的场合，因疏忽大意(疏忽过失)或者已经预见而轻信能够避免(轻率过失)，从而承担过失责任的行为，这一概念具有以下两个核心概念：

一是监督义务。监督义务在理论上被称为注意义务，从行为规范角度来说，刑法面向全体公民，具有指引公民尊重、遵守、忠诚于刑法规范的功能。就此而言，成文的刑法规范、前置法的规则指引乃至不成文的法律习惯都是公民应该遵守的义务，如果违背此义务，便符合刑法规范要求的犯罪成立的积极要素。因此，注意义务的来源是认定监督过失的前提性要件，只有行为人具有注意义务，才可能成立监督过失。②

二是预见的可能性。认定监督过失主体必须以“能够预见到被监督者有实施违法行为的征兆”作为前提。其中，受信赖原则的影响，行为人首先应该遵守注意义务，基于社会组织和分工之间的责任感，在互相信赖的范围内，参与人即便实施了不当行为，也不承担过失责任。就此而言，具有环境监督责任的企业要承担监督过失责任，就必须对直接的行为人的过失行为具有预见可能性，主观上存在该过失行为实施的征兆(工人技术不成熟、过分劳累、缺乏规则管理等导致容易出错)，否则，基于可以信赖行为人不犯错误的心理，可以否定预见可能性。③ 在具体的市场经营活动中，企业对自己的行为负责是基本的社会共识。

党的十八大以来，精简审批事项、将市场能解决的事情留给市场自行解决，成为行政体系改革的重要目标。依据党和国家的部署，监管部门应该充分信赖广大商事主体能够合法经营，简政放权，降低企业的市场准入门槛、放宽经营范围、减少审批流程，为企业“松绑”。那么，基于信赖原则，环境保护部门便缺乏预见企业存在违法性的可能性。因此，对于没有

① 1955 年发生在日本的因砷污染食品而引发的中毒事件，病儿分布在以日本冈山县为中心的西日本一带。由于森永乳业德岛工厂出售的奶粉中混入砷化合物，婴儿服用后发生砷中毒现象，出现发烧、咳嗽、水样或血性腹泻、皮肤色素沉着、肝肿大、贫血等症状，且有死亡病例。检验证实该奶粉中含有高浓度的砷。同年 8 月停止出售该奶粉后，病例遂中止。根据 1956 年 2 月日本厚生省发表的统计资料，该事件导致婴儿中毒共有 12159 人，死亡 131 人。中毒婴儿长到几岁后，又出现痴呆、畸形、残疾等病症，其家庭又遭灾难。参见钟书毓、单珊：《日本森永砒霜奶粉中毒事件——每年支付超十亿日元以上的巨额赔偿》，载《现代班组》2020 年第 11 期。

② 参见[日]山口厚：《刑法总论》(第 2 版)，付立庆译，中国人民大学出版社 2011 年版，第 242 页。

③ 参见李瑞生、热依木江、徐疆：《当代经济刑法学》，中国人民公安大学出版社 2013 年版，第 39 页。

能力预见经营主体可能存在违法行为的,原则上可阻却监督过失的成立。

2."生态环境监督过失"的理解

承前所述,监督过失是一种新型的过失犯罪形式。那么,发生在生态环境领域的监督过失行为便可称为"生态环境监督过失",并可以定义为:在生态环境领域具有环保指挥、领导、监督、管理等义务的监督者,因自身或者被监督者的过失,而疏忽大意(疏忽过失)或者已经预见而轻信能够避免(轻率过失),须承担过失责任的行为。① 由于监督过失中作为监督者的个人本身没有直接引起危害结果的发生,所以有必要限制监督者责任的成立条件。只有行政作为义务的现实化或特定化,才可能成为生态环境监督过失的客观基础。在被监督者违背信赖原则但监督者并未失察的情况下,不能追究监督者的责任。

值得注意的是,负有生态环境监督义务的主体有很多,包括党委、政府、企业、社会公众、第三方等。其中,党和国家直接被我国党的章程、宪法、人民代表大会组织法、人民政府组织法、行政法等规范确立具有依法监督的职责,其负责的监督对象、事项也纷繁复杂,其无论是监督强度、监督频次、监督的直接性,还是发现被监督者可能违法犯罪的可能性,均不如企业内部的负责人、领导者、实质经营者、投资人等。因此,刑法在考虑设计监督过失责任时,公职人员的刑事责任更加轻缓。也就是说,在同样的生态环境过失犯罪中,企业的实际指挥者、领导者、经营者的监督过失责任可能更重,这是因为公职人员的监督过失是更加间接的过失。例如,对于某厂排放的生成废水是否达到国家的环保标准,实际经营者、指挥者完全可以通过每月一次的检查方式加以监督,这种监督是企业日常的经营活动。但是,对于公职人员而言,其没有绝对的精力与能力对所在辖区范围内的所有企业的环保标准进行全程的监管。② 尽管我们在理论上可以借助监督过失理论进行定罪归责,使处于远端的监管者被纳入刑事法网,但这一类似于条件因果关系说的归责原理面临理论上的挑战,即可能因为扩大犯罪圈导致没有罪过(狭义的责任)的人受到刑罚的惩处。③ 因此,刑法在考虑监督过失犯罪时,需要合理地划定监督过失的主体范围,采取限定而非放任的进路,否则便违背了刑法的补充性。

---

① 参见周振杰:《日本刑法思想史研究》,中国法制出版社 2013 年版,第 215 页。

② See Richard J. Lazarus, *The Making of Environmental Law*, 2nd ed., University of Chicago Press, 2022, p. 13.

③ 参见刘明祥主编:《过失犯研究:以交通过失和医疗过失为中心》,北京大学出版社 2010 年版,第 138 页。

总的来说,生态环境监督过失犯罪是一种特殊类型的过失犯罪,需以监督者违反特定的法定义务、具有预见结果发生的可能性为前提。在确定生态环境监督过失犯罪的主体范围时,需在特定作为义务与具体考虑之间建立联系,如果具体条件不成立或者存在差异性,现实作为义务便发生变化,影响最终的过失责任成立。下文便就生态环境监督过失犯罪的主体范围进行进一步考察。

二、生态环境监督过失犯罪的主体界定

(一)生态环境监督过失犯罪的一般主体

1. 生态环境监督过失犯罪主体的观察视角

对生态环境犯罪负有监督、管理责任的主体,均有成立过失犯罪的可能性。因此,生态环境监督过失犯罪的主体可以理解为在环境治理体系中具有管理职能或者职责的主体,包括政府、企业、社会公众等主体。这是因为,实现生态文明建设目标是中国共产党长期坚持的战略方向,与四个全面的战略布局、国家的长治久安高度统一,休戚与共,是国家治理的新理论、新观点、新思想,政府、企业、社会组织以及公众均是生态文明建设的主要责任主体。[①] 刑法作为国家治理体系的重要组成部分,其对环境犯罪追责的本质是实现生态文明的路径。因此,本书将在生态建设文明建设的层面理解生态环境监督过失犯罪的主体。[②]

首先,在法治国家、法治社会和法治政府的建设中,中国共产党的领导是推动法治中国建设的保障和前提。中国环境治理体系也必须突出党的领导的保障作用。

其次,对于本国优秀文化的守正和创新。随着社会经济的发展,以及我国人口的结构性变化(老年人口持续上升,新生人口逐年下降),污染、破坏社会环境的行为日益成为国家治理的核心问题,围绕环境治理领域的政治、经济、文化、制度等方面的建设相继开展。与西方发达国家不同的是,我国在环境治理过程中应当吸收优秀的传统文化,在借鉴西方治理成果的基础上,实现向外和向内的双向扩展。向内,不断延伸中国传统文化中"人与自然和谐共生"的生态智慧。向外,拓展中国特色的环境治理体系。

最后,生态环境的治理进程应该与时俱进,不能落后于时代发展需要,更不能超越当下的历史发展阶段。党的二十大报告提出"人与自然和谐共

---

① 参见沈坤荣、金刚:《中国地方政府环境治理的政策效应——基于"河长制"演进的研究》,载《中国社会科学》2018 年第 5 期。

② 参见唐代兴:《环境治理学探索》,人民出版社 2017 年版,第 4 页。

生”的现代化概念。当下正值国家体制改革和打好污染防治攻坚战的关键时期，我国正在把碳达峰、碳中和等气候变化领域的重点问题纳入经济发展大格局，中共中央、国务院在2021年9月22日出台《关于完整准确全面贯彻新发展理念做好碳达峰碳中和工作的意见》，最高人民法院也在2023年2月16日公布《关于完整准确全面贯彻新发展理念 为积极稳妥推进碳达峰碳中和提供司法服务的意见》，为坚持生态保护优先、绿色低碳的高质量发展道路提供政策支持和司法保护。因此，环境刑事治理也需要适应当前社会发展的新阶段，要让环境刑法的基本理论、基本原则和基本方法，与“人与自然和谐共生”的建设目标、人民对生态环境的美好向往相匹配。

综上所述，从生态环境治理主体的角度看，我国生态环境治理的特征是中国共产党领导下的以政府为核心的多元共治。在系统性、全局性、长期性的生态环境保护框架下，多维的价值冲突和矛盾几乎很难依靠单一的政府主体来解决，需要采取多主体参与的协同治理解决一元治理所产生的各种失灵的行为：其一，环境治理主体的广泛性。认同环境治理体系的主体多样性以及因此产生的差异性，并加以规范和整合，发挥各类主体的监督保障作用，对提升环境治理能力、提高环境治理效率、完善环境治理体系的平台和渠道的搭建具有重要理论和实践意义。其二，环境治理方式的拓展性。现代环境治理，不仅要依靠以传统行政管理为基础的市场竞争和社会沟通、协商，还要依赖现代的行政、市场和社会化手段，加上现代化的信息技术、大数据平台，扩充环境治理的空间和手段，通过提高环境治理的有效性，增加各类主体在环境治理上的主动性、自觉性。① 其三，治理手段的融合性，环境治理需要综合施策，打出一套“组合拳”，既要在刚性的依法执政、依法监督的基础上增加一点柔性，也要强化多元共治下的不同主体对生态环境之间的适应，确保“主体间”生态环境治理的共识和互动。②

2. 生态环境监督过失的主体类型

政府、企业、社会公众构成了我国环境治理的主要主体。具体而言，政府一般包括中央政府和地方政府；企业可以划分为国有企业、民营企业、外商投资企业等；社会公众的外延则较为广泛，包括社会团体、民办非企业单位、基金会、行业协会、媒体等。在法学领域，以上主体大致对应着特别法人、法人、非法人组织以及自然人。其中，特别法人属于我国民法确立的特殊法人主体，有别于依法从事营利性活动的商事主体或者非营利性活动的

---

① See Aseem Prakash & Matthew Potoski, *Racing to the Bottom? Trade, Environmental Governance, and ISO* 14001, 50 American Journal of Political Science 350(2006).

② 参见徐春：《环境治理体系的主体间性问题》，载《理论视野》2018年第2期。

民事主体,具有一定的行政属性,但又参与到民商事法律关系中。在我国,最为典型的特别法人就是政府机关、农村集体经济组织、基层群众性自治组织。需要注意的是,我国民法对于特别法人与法人、非法人组织的划分并不截然相对,其在现行的环境法律制度中呈现"交叉"和"立体"的结合关系。[①] 中共中央办公厅、国务院办公厅《关于构建现代环境治理体系的指导意见》提出,贯彻落实党的十九大部署,构建党委领导、政府主导、企业主体、社会组织和公众共同参与的现代环境治理体系,以更好动员社会组织和公众共同参与为支撑,实现政府治理和社会调节、企业自治良性互动,完善体制机制,强化源头治理,形成工作合力,为推动生态环境根本好转、建设生态文明和美丽中国提供有力制度保障。结合我国生态环境监督理论,本书进一步确定生态环境监督的各主体如下。

(1)政府:生态环境监督的主导主体

在生态环境可持续发展的目标上,各级党委和政府无疑发挥着最为重要的监督和管理职能,这是由环境治理的公共属性所决定。在一国的环境治理系统中,政府具有规划、统筹、引导和规范的多种职能,须充分运用多种手段,监督和管理其他主体的生态环境违法犯罪行为。然而,生态环境问题归根结底是发展方式的问题。[②] 政府的主要职能还体现在实现生态环境保护和生态文明建设的价值平衡,将这种平衡纳入环境治理体系,从而为其他环境治理体系的主体提供激励。当前,我国建立了独具特色的生态环境监督制度体系。依据中共中央办公厅、国务院办公厅在 2019 年 6 月 6 日颁布的《中央生态环境保护督察工作规定》,中央在生态环境领域设立专职督察机构,对省、自治区、直辖市党委和政府,国务院有关部门,以及企业等主体开展专门性、定期性、长期性的生态环境保护督察工作,确保各领域、各方面的环保责任落实,实实在在地转为治理效能。

(2)企业:生态环境监督的重要主体

企业作为同社会经济发展高度一致的利益群体,其生产行为会对社会经济和生态环境问题产生密切影响,故属于生态环境监督体系中的重要主体。与政府不同的是,企业在生态环境监督的过程中体现出个体性、行业性和社会性的特点。其中,个体性是指企业依法要治污减排,约束高耗能生产,保护生态环境,并接受社会的监督,履行最基本的生态环境治理职责。[③] 行

① 参见吕忠梅:《中国生态法治建设的路线图》,载《中国社会科学》2013 年第 5 期。

② 参见詹国斌、陈建鹏:《走向环境治理的多元共治模式:现实挑战与路径选择》,载《政治学研究》2020 年第 2 期。

③ 参见包智明、石腾飞:《牧区城镇化与草原生态治理》,载《中国社会科学》2020 年第 3 期。

业性则是指企业具有践行绿色生产职责、从事环保生产、加强全过程管理、推动全行业甚至上下游周边生产经营活动绿色化的义务。可能有人认为,赋予企业过多的监管职能可能有损于企业的经济发展。但是,本书认为,坚持在企业自身业务范围内赋予其环保生产、全过程监管的职责,并不属于赋予其过高的职责。相反,这符合权利义务相匹配的基本原则,有利于企业的长期经营和发展。

(3)社会组织与公众:生态环境监督的参与主体

社会组织与公众作为环境治理最不可或缺的参与者,在数量上占到绝大多数。尽管社会组织和公众具有绝对数量的优势,但在生态环境监督体系中的组织水平和意见表达渠道有限。当前,我国公众的环保意识显著加强,但距离真正意义上的环境治理参与、"共治共享"的局面仍有一定差距,尤其是在面临经济发展的压力时,对政策的反应肯定有所欠缺。因此,自我提升、团体动员、社会评测是激励公民提升环保意识、参与环境治理、履行监督职责的三个重要方面。就公民个体而言,强化宣传教育、加强理论学习与组织培训,是提高公民生态环境素养、形成自觉履行生态环境保护责任的重要方式。团体动员是沟通个体与社会组织之间的桥梁,可以在组织体内部产生共鸣,形成监督合力。社会评测就是社会对生态环境监督效果的评价和反馈,加强社会舆论的监督、探索生态环境公益诉讼等方法,有助于强化公民对生态保护的参与意识,拓展意见表达渠道。如今,纯粹的政府或者市场监管,根本无法满足生态环境建设可持续化的目标,必须纳入企业、社会公众等主体,弥补政府监督的"短板"或者市场监督的"失灵"。①

总之,在生态环境领域,政府、企业、社会公众这三类主体均发挥着不同程度的生态环境监督和治理作用,三者都不可或缺。其中,政府是生态环境监督的主导主体,企业是生态环境监督的重要主体,公民个人、社会组织则是生态环境监督的参与主体。在生态环境监督失职的场合,前两者都有划入生态环境监督过失犯罪主体范围的可能性,而公民个人与社会组织与生态环境犯罪的距离较远,虽有监督义务,但不足以在刑法教义学上成为犯罪主体。下文则进一步考察各类主体间的关系。

3. 生态环境监督过失的主体间关系

生态环境监督过失的主体间关系有着不同的类型,直接影响了其与生态环境监督过失犯罪的距离。一般而言,距离越近,责任越大。距离越远,

---

① See Ramon Sala-Garrido, Manuel Mocholi Arce & Maria Molinos et al., *Monetary Valuation of Unsorted Waste: A Shadow Price Approach*, 325 Journal of Environmental Management 116668 (2023).

责任越小。因此，厘清各主体之间的关系，是合理界定生态环境监督过失责任的前提。

政府、企业、社会组织与公众这几类主体之间，呈现价差和循环的关系。如图1－1所示。

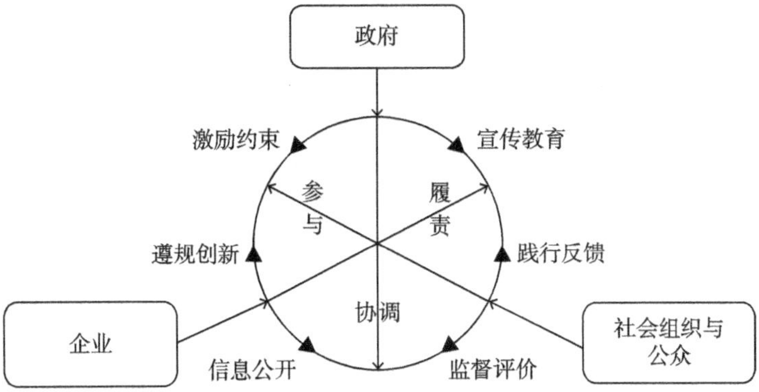

图1－1 政府—企业—社会组织与公众"主体间"关系

接下来，本书将对这三类主体之间的关系进行具体分析。

（1）政府—企业关系

在政府—企业关系中，政府往往以激励、约束等方式与企业建立联系，具体方式是采取行政手段和市场手段引导、干预企业的生产经营行为，目的是依法监督企业是否践行生态环境保护责任。① 企业在其中的主要责任是遵守生态环境保护的法律规范，在此基础上，提升自身参与环境治理的效率，加强和其他生态环境监督主体之间的联系。之所以区分政府与企业之间的主体地位，是因为在生态环境犯罪中，政府往往不是犯罪行为的直接实行者，它是隐藏在生态环境犯罪背后的主体，只要充分突出政府对企业的激励、引导和监督管理职能，法律就有可能在合理范围对其归责，实现从源头治理向环境指导的转变，在夯实政府治理职责的同时加强政府主体与企业主体间的互动性。② 总之，企业如果没有遵守法律所规定的监督职责，那么公众对绿色生活方式的践行以及区域生态环境治理效果的反差便会加大，向政府的负面反馈便会相应增加，并降低其他企业践行绿色生产方式的意愿。具体而言，在政府—企业关系中，如果企业是污染环境类犯罪的直接责任主体，那么政府便很可能成为该起犯罪行为的监督过失主体，从而负

① See Rosemary Rayfuse, *Research Handbook on International Marine Environmental Law*, 2nd ed., Edward Elgar Publishing, 2023, p. 23.

② 参见昌敦虎、白雨鑫、马中：《我国环境治理的主体、职能及其关系》，载《暨南学报（哲学社会科学版）》2022年第1期。

有监督过失责任。

(2)政府—社会组织与公众关系

社会组织与公众对环境保护义务的履行,是政府—社会组织与公众关系的基石。政府在引导公众履行环境保护义务的同时,要适当建构社会组织与公众参与环境治理的渠道,从而帮助社会组织与公众更好地了解和遵守法律所设置的注意义务,尤其是刑法上的禁止性义务。在常态化的生态环境监督过程中,政府应该积极制定法律法规,督促社会组织与公众遵守法律,达成“人与自然和谐共生”的目标。同样地,如果政府对社会组织与公众(包括自然人)的污染环境犯罪行为负有监督过失责任,也需要承担监督过失责任。①

(3)企业—社会组织与公众关系

企业—社会组织与公众关系的核心是环保治理。由于个人的力量往往较小,需要借助社会组织(公益诉讼制度)来实现其诉求。由于生态环境破坏与污染环境行为之间的关系很难量化,企业与社会组织与公众往往各执一词,要求社会组织与公众承担严苛的监督过失责任并不合理。因为从企业内部来看,社会组织与公众对企业的经营行为知之甚少,要求社会组织与公众对企业的污染环境行为承担监督过失责任,既不现实,也过分扩大了刑事犯罪圈。合理的做法是,加强企业环境信息公开、构建生态环境企业信用体系,从而在企业和社会组织与公众之间组成“企业生产行为—环境治理—社会公众认知”的信息渠道。总之,在企业或者自然人从事生产经营或者实施危害生态环境的犯罪行为时,如果社会组织与公众没有及时举报、监督,不应负有监督过失责任,不构成刑法上的过失犯罪。②

(二)生态环境监督过失犯罪的主体限定

在生态环境监督过失犯罪中,负有监督职责的政府、企业(包括企业内部直接领导者)均有可能构成生态环境监督过失犯罪的主体。但是,这仅是立足于我国生态环境治理主体职责的角度而言,是否构成规范意义上的犯罪,仍需从刑法教义学的角度进行考察。依据监督过失理论,政府、企业及其内部的领导者、负责人要对生态环境犯罪承担过失责任,需要具备以

① See Moses C. Liando, Victorina Z. Tirayoh & Lady D. Latjandu, *Analysis of Environmental Accounting Application of Waste Management Operational Costs at RSU Gmim Kalooran Amurang*, 2 Jurnal Ekonomi Dan Bisnis Digital 143(2023).

② See Shirong Fang & Binglin Tan, *Response of Administrative Law to Climate Change*, in Shirong Fang & Binglin Tan, On the Administrative Law of China in Addressing Climate Change, Springer Nature Singapore, 2023, p. 1 – 24.

下两个条件：其一，具有环境监督义务。其二，具有预见的可能性。

首先，对于环境监督义务既要从形式上判断，也要从实质上把握。形式标准包括法律、法规为监督者设置的注意规则，即阻却他人实现危害生态环境法益行为的义务，具体包括宪法、法律、规则、指导性文件、内部管理性规定、临时性文件。例如，我国《环境保护法》就明确县级以上人民政府对环境保护予以监督的责任。[①] 再如，我国的《海洋环境保护法》、《固体废物污染环境防治法》、《大气污染防治法》、《环境影响评价法》和《水法》针对不同对象，在不同领域确立了环境保护主管部门的监管职责，可以视为环境监督义务的重要义务来源，详细情况见表 1－1。

表 1－1　生态环境监督管理机关典型注意义务来源

法律名称	新近修改时间	岗位监管职责	层级监管职责
《海洋环境保护法》	2023 年 10 月	明确规定环境保护行政主管部门、海事行政主管部门、渔业行政主管部门、军队环境保护主管部门等以及沿海县级以上地方人民政府等的监管职责	
《固体废物污染环境防治法》	2020 年 4 月	明确规定环境保护行政主管部门、住房和城乡建设主管部门、自然资源主管部门、交通运输主管部门等和县级以上地方人民政府环境卫生行政主管部门、县级以上人民政府经济综合宏观调控部门及同级人民政府以及海关等的监管职责	对于环境监管主体违反监管职责的，本级人民政府或者上级人民政府有关行政主管部门责令改正，对负有责任的主管人员和其他直接责任人员依法给予行政处分（第 101 条）
《大气污染防治法》	2018 年 10 月	明确规定生态环境主管部门及其环境执法机构、县级以上人民政府经济综合主管部门、海关、能源主管部门、认证认可监督管理部门、市场监督管理部门、海事管理机构、渔业主管部门、国务院机动车生产主管部门、公安机关交通管理部门以及住房城乡建设主管部门等的监管职责	

① 参见白洁：《环境监管渎职犯罪相关问题探讨》，载《环境保护》2016 年第 23 期。

续表

法律名称	新近修改时间	岗位监管职责	层级监管职责
《环境影响评价法》	2018 年 12 月	明确规定生态环境行政主管部门的监管职责	对违反监管职责的环境监管直接负责的主管人员和其他直接责任人员，上级机关或者监察机关依法给予行政处分(第 29 条)
《水法》	2016 年 7 月	明确规定县级以上人民政府水行政主管部门、流域管理机构和县级以上地方人民政府经济综合主管部门等的监管职责	

这里需要注意的是临时性环境监管单位或者单位内部规定的文件，如生态环保工程中因实际需要而临时设置的监管单位或者企业部门负责人签署的环保责任状等。如果没有直接意义上的监督义务来源，临时性的监管单位和企业部门负责人便难以成为生态环境监督过失犯罪的主体。简言之，没有直接义务来源的这些主体，便不具备构成监督过失的基本条件，自然不会要求其承担过失责任。①

其次，生态环境监督过失犯罪中，有过失是认定犯罪的前提，在刑法教义学上便集中表现为“预见可能性”的问题。这是因为监督过失犯罪具有特殊性，监督者(政府、企业)既要预防自身的行为可能危害生态环境，也要预防被监督者从事危害生态环境的行为。因此，生态环境监督中，监督者能否预见到被监督者的过失行为便成为认定监督过失犯罪的关键。其中，预见对象及其预见程度的具体判断问题，则成为“预见可能性”的争议焦点。本书的第三章会进行详细的论述与分析。

总之，在系统治理生态环境、实现“人与自然和谐共生”现代化建设的愿景下，政府、企业都有监督他人遵守生态环境法律法规、践行保护生态环境理念的职责，政府与企业都是生态环境监督过失行为的一般主体。但是，是否构成过失犯罪，仍需进一步考察监督者是否具有形式或者实质的监督义务来源，以及对危害结果的发生是否具有预见的可能性。由此，我们划定了生态环境监督过失犯罪的主体范围。

---

① 参见李国庆、秦鹏：《环境监管失职罪归责的规范分析》，载《北京理工大学学报(社会科学版)》2017 年第 6 期。

（三）生态环境监督过失犯罪的主体分类

生态环境监督过失的主体究竟有哪些类型？这一问题的阐释，有助于我们更好地理解监督过失理论，也为后文的具体规则确立、划定生态环境监督过失的处罚范围奠定基础。对此，除了通说的“疏忽过失”和“自信过失”的分类外，具有实践意义的分类标准，大致有以下几种。

1. 业务监督过失与公务监督过失

这种分类方式大致对应生态环境监督过失发生的领域。所谓业务监督过失，是指在“业务”范围内因为没有履行监督注意义务而发生的生态环境危害结果的行为。其中，“业务”是指基于社会分工和协作实施的日常性行为，无论是基于营利性还是基于非营利性活动。[①] 例如，企业的正常生产经营、从事矿山开采等活动。所谓公务监督过失，是指国家机关在从事公职活动过程中，因为没有履行好生态环境监督责任，而致使环境污染犯罪出现。典型的是我国刑法上的环境监管失职罪、玩忽职守罪等渎职类犯罪。对于何谓“公务”，《全国法院审理经济犯罪案件工作座谈会纪要》进行了明确解释，从事公务是指代表国家机关、国有公司、企业、事业单位、人民团体等履行组织、领导、监督、管理等职责，主要表现为职权范围内的监督、管理国有财产的活动或者是公共事务。以上两种监督过失的区别在于主体是否具有公权力属性，是不是国家工作人员。[②] 实践中，大致对应着企业有关人员的监督过失和公职人员的监督过失。

2. “危险制造型”、“危险促进型”和“危险未防止型”的监督过失

根据监督过失行为在生态环境监督过失犯罪中所起的作用，大致可分为三类：“危险制造型”、“危险促进型”和“危险未防止型”。[③] 其中，“危险制造型”监督过失是指被监督者的行为并没有直接违反注意义务，但是监督者的指挥、命令则促使被监督者实施了危害生态环境、造成严重后果的行为。从监督者的主观认识角度来看，这种类型的过失具有以下两个特点：一是监督者认为被监督者从事的生产、经营行为没有违反法律规范的注意规定，二是监督者指挥和指导被监督者实施违反注意义务的规定属于典型的过失心态。“危险促进型”监督过失则是监督者发现被监督者正在

---

① See Nguyen Binh An, *Mitigation of CSR Issues and the Shadow of Hard and Soft Law*, in Nguyen Binh An & Phan Thong Anh eds. , Laws on Corporate Social Responsibility and the Developmental Trend in Vietnam, Springer Nature Singapore, 2023, p. 13 – 25.

② 参见刘军、江雪：《损害结果归责于监督者是如何可能的？——以公共安全风险预防为视角》，载《山东大学学报（哲学社会科学版）》2023 年第 2 期。

③ 参见罗雨荔：《以过失实行行为为核心的监督过失认定》，载《甘肃政法大学学报》2022 年第 6 期。

实施可能危害生态环境、造成严重后果的行为，但没有及时制止和干预，反而进一步指示其危险行为，导致最终危害结果的发生。“危险未防止型”监督过失则是监督者已经发现被监督者已经有违反注意义务规定的迹象后，却没有采取任何制止或者纠正行动，导致危害结果的发生或者扩大。这三种监督过失的分类标准，表明监督者预见可能性的时间和范围，直接影响生态环境监督过失者的过失责任“量”的评定。①

3. 监督过失与管理过失

除了上述主要分类外，理论上还有其他比较重要的分类方式。根据监督过失的外延，可以将生态环境监督过失分为监督过失和管理过失。

监督过失，是指监督者自己并没有亲自从事危险行为，但是对该危险行为具有监督、管理的义务，由于监督者在危险结果发生之时没有尽到合理的注意义务而应当承担的过失责任。管理过失，是指在可能具有危害结果发生的场合，为了防患于未然，监督者也应该采取事前的防范措施或者积极地阻却损害结果的扩大，否则便属于管理上的过失行为。监督过失不应该包括管理过失，主要的原因有以下几点：首先，监督过失与管理过失在因果关系方面的表达方式不同。监督过失是过失犯罪的特殊情况，监督者的行为并不直接影响危害后果发生，其并非直接行为人，在这种情形下监督者与引起危害后果的实行行为之间存在一定的因果关系，主观上仅有间接的过失。因此，借助传统的因果关系理论并不能合理解释监督过失犯罪。② 其次，监督者之所以承担刑事责任是因为违反注意义务，即指挥、监督直接行为人遵守注意义务，但因错误的指示还是发生了危害结果。然而，对此之所以认定为监督过失主要是因为监督者未建立健全安全的管理制度体系或者未及时采取防止损失扩大的措施。例如，在矿难安全生产活动中，一大部分事故发生的原因就是经营者没有依法配备充足的安全设备或者安排安全施工人员。③ 可见，此时管理者由于直接违反了《矿山安全法》等规范，其行为就属于制造危险的实行行为，将其认定为故意或者过失犯罪完全符合刑法的理论和刑法条文的规定。

---

① 参见姜涛：《监督过失的限缩适用方案》，载《清华法学》2021 年第 6 期。

② 参见刘军：《监督过失责任：公共安全事故预防的一种特殊指向》，载《政法论丛》2021 年第 5 期。

③ See Hao Yueyang, Zhizhao Wang & Zechun Huang et al. , *Development and Validation of Diffusion – Controlled Model for Predicting Polycyclic Aromatic Hydrocarbons from Baking – Free Brick Derived from Oil – Based Drilling Cuttings*, 325 Journal of Environmental Management 116497 (2023).

4. 横向监督过失与纵向监督过失

这种分类的依据是监督者与被监督者的关系。监督过失理论主张监督过失仅能出现在纵向的监督关系中，即在生态环境监督过失犯罪中，监督者与被监督者（实行人）之间具有领导或者从属关系，即生态环境监督过失犯罪实质上就是领导责任。① 显然，此种观点立足于传统公权力视角，主张监督是公权力机关履行监督、检查职务的行为。事实上，随着生态环境治理观念的转变，政府、企业、社会公众均是生态环境治理体系的重要主体，均具有预防生态环境违法犯罪、维护生态环境的义务，因此监督过失既包括领导者与被领导者之间的纵向监督过失，也包括平等主体之间的横向监督过失。例如，从事生产经营的企业与环保公益组织之间很难说具有领导或者从属关系，但是环保公益组织依然有监督企业合法排污的义务。② 由此可见，监督过失在从属关系和平行关系中都可能出现。

第二节　我国生态环境监督过失犯罪的现实考察

监督过失问题普遍出现在环境治理、食品安全、医疗、建筑工程等众多领域中，重大环境事故中存在着处罚范围不当扩大、责任推诿等现象，需厘清责任、增强风险意识和防微杜渐。刑法理论提供的监督过失理论，主要是为了解决实践中的监督者责任问题。但是，我国刑法是否承认监督过失？监督过失在我国刑法中又是何种定位？典型的罪名是哪种？我国生态环境领域的监督过失犯罪又包括哪些罪名？实践中，我国生态环境监督过失犯罪的运行情况又是如何？以上是本书需要讨论的重要问题。

一、我国生态环境监督过失犯罪的刑法体系定位

（一）生态环境监督过失犯罪的实体定位

1.“东升西降”：监督过失理论的命运

监督过失是一种较为特殊的过失。日本学者指出，所谓监督过失，是指在现场作业人员因失误而引发事故之时，本应该为了不出现这种过错而加以指导、训练、监督，并且如果履行此监督义务本可以避免结果的发生或者结果的扩大，属于对为防止事故的安全体制确立之义务的违反。可见，监督过失理论的产生与企业事故有着密切联系，它为追究与企业事故发生

---

① 参见李紫阳：《监督过失型污染环境犯罪因果关系的判断》，载《河北法学》2019 年第 8 期。

② 参见耿佳宁：《污染环境罪单位刑事责任的客观归责取向及其合理限制：单位固有责任之提倡》，载《政治与法律》2018 年第 9 期。

有监督关系者的过失责任提供了法理根据。① 监督过失理论的提出，与危惧感说有着密切关系。危惧感说虽未被学界所认可，但在监督过失理论的形成过程中却发挥了重要作用。例如，在日本1955年发生的森永奶粉事件中，法院判决指出：预见可能性不要求具有必须预见到具体的因果关系的可能性，而是要求为了规避结果的发生就要采取适当的行动，而这种行动又必须建立在能够预见结果发生的基础上，因而不仅需要把这种预见的可能性提高到预见义务的高度上来，而且应该把结果的预见可能性作为结果规避义务的前提加以考虑。在这一判决中，强调了预见可能性并不是必须预见到具体的因果关系的可能性，而是强调预见可能性是将过失建立在危惧感的基础之上。但是，刑法理论也注意到危惧感的问题。因为对于普通过失（包括业务过失），要求较为具体的结果预见义务是合理的，但如果将危惧感说适用于普通过失案件，确实存在过于扩张过失范围之虞。所以，监督过失理论在西方并不得宠，逐渐式微。

事实上，危惧感说是在日本于20世纪60年代至70年代为应对频发的企业事故而创造的一种过失理论。20世纪80年代以后，日本等发达国家的社会经济发展进入较为平稳的阶段，各种企业安全法规与制度得以健全、完善，企业事故大幅度减少，危惧感说也就完成了它的历史任务。但是，目前我国处于经济起飞时期，各种企业事故频发，死伤人数多，财产损失大。例如，三鹿奶粉事件以及其他矿山安全事件、药品安全事件，在社会上引起了极大震动。在此背景下，有必要让危惧感说复活，将监督过失理论引入并适用于我国的刑事司法实践。

2. 我国刑法中的监督过失犯罪应用

相较于日本，我国并没有确立业务过失犯罪。“业务”是较为宽泛的概念，包括职务、职业、营业等各种社会活动。但是，我国刑法则依据不同业务种类，分别设置了各种业务过失罪名。而且，我国刑法还根据主体身份设立了职务上的过失犯罪，包括玩忽职守罪等。日本刑法学者之所以创立监督过失理论，是为了使被监督者、被管理者与监督者、管理者共用一个罪名。例如，在业务过失致人死亡的情况下，行为人对死亡结果具有预见可能性，构成本罪当然没有问题。但是，就监督者与管理者而言，其与死亡结果的关系是较为间接的，预见可能性也并不明确。在这种情况下，才有必要适用监督过失理论，使监督者与管理者入罪。从我国的刑事立法和刑

---

① See Frank B. Friedman, *Practical Guide to Environmental Management*, 8th ed., Environmental Law Institute, 2003, p. 23.

事司法来看,在很多领域都承认监督过失理论。[①]

其一,在重大责任事故犯罪中,司法解释主要通过扩张主体的方法使监督者、管理者入罪。例如,2000 年 11 月 15 日最高人民法院《关于审理交通肇事刑事案件具体应用法律若干问题的解释》就规定,单位主管人员、机动车辆所有人或者机动车辆承包人指使、强令他人违章驾驶造成重大交通事故,以交通肇事罪定罪处罚。在此规定中,交通肇事罪的主体从直接肇事人员扩大到单位的主管人员、机动车辆所有人和机动车辆承包人。

其二,2007 年 2 月 28 日最高人民法院、最高人民检察院《关于办理危害矿山生产安全刑事案件具体应用法律若干问题的解释》[②]第 3 条将《刑法》第 135 条规定的重大劳动安全事故罪的主体界定为对矿山安全生产设施或者安全生产条件不符合国家规定负有直接责任的矿山生产经营单位负责人、管理人员、实际控制人、投资人,以及对安全生产设施或者安全生产条件负有管理、维护职责的电工、瓦斯检查工等人员。这一规定把目前争议较大的实际控制人、投资人等纳入刑事追责的范围,导致这两类并不直接参与事故的人员需要承担刑事责任。之所以要处罚这类主体,主要是因为根据《安全生产法》等法律法规,实际控制人与煤矿企业负责人一样,对预防煤矿生产安全事故负主要责任;投资人对劳动安全设施或者安全生产条件的投入和维护负有资金投入义务,基于投资权益,投资人享有生产经营管理权,理应对生产安全事故负责。

其三,从行政问责的角度看,监督过失广泛应用于官方的行政追责问责。典型的就是生态环境领域。党的二十大报告提出:"深入推进中央生态环境保护督察。"开展中央生态环境保护督察,是中共中央、国务院推进生态文明建设的一项重大制度安排。从 2015 年年底在河北省试点开始,中央生态环境保护督察实现对 31 个省(自治区、直辖市)和新疆生产建设兵团的两轮全覆盖,第二轮督察还把国务院有关部门以及有关中央企业纳入督察范围。从开始试点以来,环境监督机关受理转办群众生态环境信访举报 28 万多件,已经问责上万名党员和领导干部。[③] 依据 2023 年 2 月开展的第二轮生态环境保护督察披露的数据,截至 2023 年 2 月 20 日,吉林、

① See David Walker, Michael Pitt & Urmila J. Thakur, *Environmental Management Systems: Information Management and Corporate Responsibility*, 5 Journal of Facilities Management 49(2007).

② 该司法解释现已废止。

③ 参见聿木:《八省区公开第二轮中央生态环保督察整改落实情况 558 项整改任务已完成 356 项》,载《中华环境》2023 年第 3 期。

广东、黑龙江、贵州、陕西、宁夏6省区已有88名厅局级、282名县处级、428名乡科级及以下干部被问责。①

由此可见,从我国刑事立法、司法解释以及行政问责等角度看,我国对监督过失理论持肯定态度。

(二)生态环境监督过失犯罪的罪名体系

环境犯罪,严格来说是一个犯罪学上的概念,在我国《刑法》中,其既不是具体罪名,也不是类罪名,而是指《刑法》第六章第六节"破坏环境资源保护罪"所包含的全部犯罪。从这个意义上说,环境犯罪是指违反环境资源保护法规,污染或破坏生态环境,依法应受刑罚处罚的行为。该节共设置了11个条文,涵盖了17个具体罪名和1个总括性的单位犯罪。这17个具体罪名可以划分为污染环境型犯罪与破坏环境型犯罪。污染环境型犯罪包括污染环境罪、非法处置进口的固体废物罪、擅自进口固体废物罪与走私废物罪;破坏环境型犯罪包括非法捕捞水产品罪、非法狩猎罪等13种罪名。可见,生态环境犯罪是一类犯罪的集合。那么,依据本书对监督过失的解释,如果企业、政府等监督者对生态环境领域的犯罪行为未尽到监督责任,则有构成生态环境监督过失犯罪的可能性。因此,考察生态环境监督过失犯罪的罪名体系,就是考察我国生态环境的罪名体系。这一点,对于理解生态环境监督过失犯罪的主体具有重要意义。因此,本书对生态环境罪名体系构建所经历的阶段梳理如下。

1. 建章立制:生态环境罪名体系的初创阶段(1979年至1997年)

1979年颁布的《刑法》不仅是我国的第一部刑法,也是第一部涉及生态环境的刑法,但这部刑法的生态环境刑事条款较为分散,散见于部分罪名和条款中,环境保护理念并不明晰。

2. 初具轮廓:生态环境罪名体系的发展阶段(1997年至2001年)

我国生态环境犯罪罪名体系较为全面的规定出现在1997年《刑法》中,该法第六章"妨害社会管理秩序罪"中专门设立一节"破坏环境资源保护罪",涵盖14个罪名,集中对污染环境,非法处置或进口固体废物,非法猎捕、收购、运输、出售野生动物等行为作出明确规定,积极回应了社会经济发展以及民众保护环境的客观需要,基本确立了现行生态环境罪名体系的基本轮廓,后续的几次《刑法》修订也主要在此框架下进行罪名的增加和调整。②

---

① 参见黄鑫、于法稳、胡晓燕:《县域涉农生态环境整治的实践困境与优化路径——基于第二轮中央生态环保督察若干典型案例的分析》,载《中国农村经济》2023年第3期。

② 参见李希慧主编:《刑法修改研究》,武汉大学出版社2011年版,第61页。

3. 全面深化:生态环境罪名体系的修改和完善(2001 年至 2011 年)

1997 年《刑法》颁布后,全国人大常委会先后颁布三个刑法修正案,对生态环境犯罪的相关规定进行了大刀阔斧的修改。首先,《刑法修正案(二)》修改了非法占用耕地罪,将犯罪对象从“耕地”扩展到“耕地、林地等农用地”,将罪名重新确定为“非法占用农用地罪”。《刑法修正案(四)》则对《刑法》第 339 条第 3 款进行修改,在“固体废物”中,增写“液态废物”和“气态废物”的内容。其次,扩大“非法采伐、毁坏植物”的对象,将“珍贵树木”扩大为“珍贵树木或者国家重点保护的其他植物”。① 最后,对《刑法》第 345 条第 3 款进行修改:一是删除了语义模糊的“在林区”的行为发生区域的限制;二是删除了“以牟利为目的”的行为目的的限制;三是增加了明知是盗伐、滥伐的林木而“运输”的行为。《刑法修正案(四)》的出台使我国环境犯罪罪名增加至 17 个。《刑法修正案(八)》则是进一步的全面修改,其主要特点有:(1)行为对象扩展。也就是说,将《刑法》第 338 条污染环境罪的犯罪对象扩大为“有放射性的废物、含传染病病原体的废物、有毒物质或者其他有害物质”。(2)行为空间扩大。也就是说,扩大了污染环境罪的地域、空域,将“排放、倾倒或者处置”行为的空间扩大至不限于“土地、水体、大气”的环境系统中。事实上,《刑法修正案(八)》后,环境犯罪虽没有增加罪名,但基本已经涵盖到环境领域的方方面面,极大地严密了环境刑事法网,生态环境犯罪已渐成体系。②

4. 守正创新:生态环境罪名体系的创新发展(2011 年至今)

党的十八大以来,我们一直坚持以“最严格制度最严密法治”保护生态环境,中央巡视组在对生态环境部的巡视环节中也提出了相关要求。2020 年 12 月 26 日,十三届全国人大常委会通过《刑法修正案(十一)》,这标志着生态环境罪名体系得以建成,并在原罪名体系基础上进一步创新和发展。该修正案既将环境影响评价、环境监测机构“弄虚作假”的行为首次纳入《刑法》;又对《刑法》原有的“污染环境罪”的适用情形提高了处罚档次,同时补充了在自然保护区非法进行开发活动、非法引入外来物种两类新的犯罪。这些重要修改值得各级生态环境部门高度关注。③

---

① 石聚航:《刑事政策司法化:历史叙事、功能阐释与风险防范》,载《当代法学》2015 年第 5 期。

② 参见王曦:《规范和制约有关环境的政府行为——为〈环境保护法〉修改建言》,载《环境保护》2013 年第 16 期。

③ 参见关海玲、王玉、张华玮:《政府、企业、公众三者间的演化博弈——基于环境规制视角》,载《商业研究》2022 年第 1 期。

《刑法》第229条实际上确定了两个具体罪名：一是“提供虚假证明文件罪”，二是“出具证明文件重大失实罪”。《刑法修正案（十一）》将环境影响评价机构、环境监测机构的造假行为纳入《刑法》的规制范围。近年来，天津港“8·12”重大爆炸案、江苏响水“3·21”特大爆炸案等事件频发，并且在环境影响评估过程中也经常会曝出各种安全评价中介组织弄虚作假的问题，严重影响了国家机关工作人员对生态环境的日常监督工作的开展。

针对这些新情况，《刑法修正案（十一）》在现行六类中介组织（资产评估、验资、验证、会计、审计、法律服务组织）之外，将近年来频繁出现重大造假丑闻的四类中介组织（上市保荐、安全评价、环境影响评价、环境监测）纳入刑事制裁范围。该修正案生效后，作为中介组织的环境影响评价机构、环境监测机构，在接受委托提供出具环境影响评价文件、监测报告的中介服务时，如果弄虚作假，将受到严厉的刑事制裁。①

此外，《刑法修正案（十一）》提高了污染环境罪的刑罚档次，并进一步修改了生态环境犯罪的具体罪状，尤其是针对罪名适用的具体问题。例如，“有毒物质”“其他有害物质”的具体范围如何确定，“严重污染环境”的认定情形如何把握，“排放、倾倒或者处置”污染物的不同位置具有不同环境功能的如何区别对待。

最高人民法院、最高人民检察院在2013年6月颁布了《关于办理环境污染刑事案件适用法律若干问题的解释》（法释〔2013〕15号），最高人民法院、最高人民检察院、公安部、司法部、生态环境部于2019年2月颁布了《关于办理环境污染刑事案件有关问题座谈会纪要》，对相关具体问题提出了明确的指导意见。随着党和国家对生态环境保护工作的日益重视和社会公众环保意识的日益提高，污染环境犯罪的处罚力度越来越不能适应生态环境保护工作的实际需要。立法机关对污染环境罪实际做了三点修改：一是增加了特别严重情形；二是相应增加了更高的刑罚；三是补充了法条竞合及从一重处罚规则。②

总而言之，绿水青山就是金山银山，生态环境是最普惠的民生福祉。针对祁连山保护区破坏案、秦岭违建别墅案等典型案件暴露出来的突出问题，生态环境罪名体系虽得以建立，但是隐藏在背后的环境监管人员却一直是处罚的漏洞，隐藏在生态环境犯罪罪名体系的“角落”中。为此，立法机关

---

① 参见林荫茂：《单位犯罪理念与实践的冲突》，载《政治与法律》2006年第2期。

② 参见蒋兰香：《生态修复的刑事判决样态研究》，载《政治与法律》2018年第5期。

还在刑法修改过程中精细设计了专门条款，下文对其进行细致的考察。

二、我国生态环境监督过失犯罪的具体考察

在最高人民检察院于1987年8月30日公布的《关于正确认定和处理玩忽职守罪的若干意见（试行）》[①]中，归纳了13个方面、64种具体的玩忽职守行为，并专门作出了“违反环境保护法规，致使严重污染和破坏环境，引起人员伤亡或者造成农、林、牧、副、渔业重大损失行为，构成玩忽职守罪”的规定。修订后的《刑法》第408条设置了对于有关环境保护法规中关于环境保护监督管理人员滥用职权、玩忽职守，构成犯罪的，“依照”或“比照”玩忽职守罪追究刑事责任的条款，将这种情况规定为独立的犯罪“环境监管失职罪”，它是玩忽职守罪的一种特别规定。[②] 该罪名首次被纳入渎职罪的刑事规制范围是在1997年，到2006年7月26日与28日，最高人民检察院、最高人民法院分别颁布了两部司法解释对环境监管失职罪进行了更为细致的规定，将其刑事责任的追究标准提高到与结果犯一样的水平。从上述环境监管失职罪的发展历程中，我们可以看到环境监管失职罪一直是用来规制环境监管领域渎职犯罪的罪名，其属于渎职罪中的过失犯罪，主体是具有特殊身份的国家机关工作人员，一般是指对环境保护负有监管职责的国家机关工作人员。至此，生态环境监管类犯罪的基本形态已经成形，即是属于具有特殊身份的主体的过失犯罪。[③]

（一）我国环境监管失职罪的基本构造

立足于环境监管失职罪的构成要件，这一犯罪的最终对象是“环境”，“污染”“损失”“伤亡”是构成要件的结果。其中，“重大”“严重”是本罪构成要件的结果程度要素，“严重不负责任”是主观罪过要素，“负有环境保护监督管理职责”与“严重不负责任”表示二者之间的因果关联，“环境保护监督管理职责”是本罪的客观注意义务（义务来源）。当负有环境保护监督管理职责的人员因为不履行或者不认真履行其承担的环境监管职责，致使被监督者的过失行为引起“重大”“严重”的后果，即可将其不认真履职的行为评价为环境监管失职罪。具体而言，我国环境监管失职罪的基本构造如下。

---

① 该司法解释现已废止。

② 参见陈海嵩：《生态环境治理现代化中的国家权力分工——宪法解释的视角》，载《政法论丛》2021年第5期。

③ 参见朱军、杜群：《党内法规视域下生态环境保护法律责任与政治责任的功能协同》，载《理论月刊》2021年第10期。

1. 行为人负有环境保护监督管理职责

本罪的不法本质是监督者违反了客观的注意义务,行为人负有相应的职责,这是构成“失职”的前提性条件。具体到本罪名而言,行为人须承担环境保护的监督管理职责。根据《环境保护法》第2条的规定,该法所称环境,是指影响人类生存和发展的各种天然的和经过人工改造的自然因素的总体,包括大气、水、海洋、土地、矿藏、森林、草原、湿地、野生生物、自然遗迹、人文遗迹、自然保护区、风景名胜区、城市和乡村等。根据该法第10条第1款的规定,国务院环境保护主管部门及县级以上地方人民政府环境保护主管部门对相应行政区域内的环境保护工作实施统一监督管理。此外,根据其他规定,具有环境保护监督管理职责的主体并不仅限于环境保护主管部门的工作人员,也应当包括其他有关部门和军队生态环境保护部门的工作人员等。详细情况可见表1-2。

表1-2　有关生态环境监督管理主体的现有规范

法规名称	级别	具体条款	环境保护监管部门
《中国人民解放军环境保护条例》	军事法规	第33条	环境保护委员会、环境保护科
《海洋环境保护法》	法律	第4条	生态环境主管部门,自然资源主管部门,交通运输主管部门,渔业主管部门,发展改革、水行政、住房和城乡建设、林业和草原等部门,海警机构,军队生态环境保护部门,沿海县级以上地方人民政府
《广东省实施〈中华人民共和国海洋环境保护法〉办法》	地方法规	第5条	沿海县级以上人民政府的环境保护主管部门、海洋行政主管部门、渔业行政主管部门
《水污染防治法》	法律	第9条	环境保护主管部门,交通主管部门的海事管理机构,县级以上人民政府水行政、国土资源、卫生、建设、农业、渔业等部门以及重要江河、湖泊的流域水资源保护机构
《生态环境部职能配置、内设机构和人员编制规定》	党内法规	第6条	生态环境部所属华北、华东、华南、西北、西南、东北区域督察局,长江、黄河、淮河、海河、珠江、松辽、太湖流域生态环境监督管理局

续表

法规名称	级别	具体条款	环境保护监管部门
《土壤污染防治法》	法律	第 7 条	生态环境主管部门,农业农村、自然资源、住房城乡建设、林业草原等主管部门
《森林法》	法律	第 9 条、第 33 条	林业主管部门、扩林组织、护林员
《草原法》	法律	第 8 条	草原行政主管部门
《野生动物保护法》	法律	第 7 条	国务院草原、渔业主管部门,县级以上地方人民政府
《矿产资源法》	法律	第 45 条	负责地质矿产管理工作的部门
《自然保护区条例》	行政法规	第 8 条	环境保护行政主管部门,林业、农业、地质矿产、水利、海洋等有关行政主管部门,县级以上地方人民政府
《固体废物污染环境防治法》	法律	第 9 条	发展改革、工业和信息化、自然资源、住房和城乡建设、交通运输、农业农村、商务、卫生健康、海关等主管部门
《放射性污染防治法》	法律	第 8 条	环境保护主管部门卫生行政部门和其他有关部门
中央机构编制委员会办公室《关于放射源安全监管部门职责分工的通知》	部门规章	第 1 ~7 条	环保部门(核安全主管部门),卫生部门,公安部门,商务部门,海关,铁路、交通、民航部门,邮政部门

2. 行为人不履行或不正确履行职务的行为需要达到“严重”的程度

目前,环境监管失职罪的罪状中没有明确规定“严重”程度的具体行为表现,司法解释也没有把关注点放在“严重不负责任”的划定上。因此,行为人不履行或不正确履行职责是否达到“严重”的程度,是认定是否构成作为入罪条件的“失职”的关键。对于是否达到“严重不负责任”,可以参照下述两个标准:第一,寻找基准行为,即确立“负责任”的职责应该是什么样的。第二,考察行为人的行为与基准行为的偏离程度,如果行为人的行为与基准行为有较为严重的偏离,即应视为行为人不履行或不正确履行职责达到了“严重”的程度。通俗而言,通过对司法实践中最为常见的失职行为进行归纳总结,可以发现行为人放弃履行职责或不正确履行职责，导致重大隐患未被及时发现，或发现隐患未予纠正、未采取有效措施，应认定为“严重不负责任”；对应当预见的情况未能预见，或者虽已预见但轻信能够避免而未采取有效措施，造成了重大损害结果的发生等，应认定为“严重不负责任”。

3. 行为人的“失职”与重大环境污染事故的损害结果之间具有因果关系

刑法中的因果关系是追究刑事责任的前提，是犯罪行为与犯罪结果之间的一种客观联系。只有证明犯罪行为与犯罪结果之间具有刑法上的因果关系，才可以追究刑事责任。环境监管失职罪的追诉往往涉及较为复杂的专业知识和证据认定，所以相对其他犯罪的因果关系而言，环境监管失职罪的因果关系具有较大的复杂性：其一，大多数环境污染事故的损害结果并不是单纯的一个主体或一个行为所致，而是多个主体或多个行为综合作用导致；其二，污染环境行为导致的损害结果在时间上往往具有滞后性，加大了从损害结果回溯至原因行为的难度。

如果负有环境保护监管职责的国家机关工作人员没有履行或没有正确履行监管职责，违反了法律赋予的强制性义务，制造了法律所不容许的风险，则该行为具有应受惩罚性。进一步而言，在环境监管失职罪中，“失职”行为与重大环境污染事故的损害结果之间是一种间接因果关系，两者之间有一个或者若干个介入因素，这些介入因素中有的是导致危害结果发生的直接原因，有的是间接原因，从而造成多因一果的复杂局面。在这样的情形下，必须明确造成重大环境污染事故危害结果的直接原因相对于行为人的“失职”行为是否具有独立性，如果没有“失职”行为就不会有危害结果发生，那么就可以认为直接原因是依赖于“失职”行为而存在的，行为人的“失职”行为亦与重大环境污染事故的损害结果产生了刑法意义上的因果关系。

（二）我国环境监管失职罪的行为样态

在确定行为人具有环境保护监督管理职责的基础上，还需要考察行为人是否存在不履行或不正确履行职责的行为。[①] 从理论上看，作为与不作为是犯罪的基本行为样态。那么，环境监管失职罪是作为还是不作为，还是二者的结合？本书认为，从本罪的罪状表述看，“失职”“严重不负责任”可以表现为负有保证人义务的行为人不履行其义务，也可表现为未正确履行其义务，还可表现为负有环境监管职责的行为人错误地让被监管者实施

① 参见张霞：《生态犯罪案件中恢复性司法应用研究》，载《政法论丛》2016年第2期。

了导致环境事故发生的行为。尽管本罪的具体表述没有要求必须具有行为人违反禁止性规定的后果，但仍然难以从构成要件的表述上排除此类行为的发生。[①]

实践中，本罪通常表现为不正确履行职责。不正确履行职责，即行为人虽然履行了一定职责，但是不遵照法律法规、上级单位或者本单位内部的规章制度对其职责的要求去做，通常表现为草率行事、敷衍应付等。在这种情形下，行为人因违反了法律赋予的履行法定义务的规定，进而在刑法上具有了可谴责性，具体包括：(1)不符合行政许可条件准予行政许可的；(2)对环境违法行为进行包庇的；(3)依法应当作出责令停业、关闭的决定而未作出的；(4)对超标排放污染物、采用逃避监管的方式排放污染物、造成环境事故以及不落实生态保护措施造成生态破坏等行为，发现或者接到举报但未及时查处的；(5)违反法律规定，查封、扣押企业事业单位和其他生产经营者的设施、设备的；(6)篡改、伪造或者指使篡改、伪造监测数据的；(7)应当依法公开环境信息而未公开的；(8)将征收的排污费截留、挤占或者挪作他用的。[②]

(三)我国环境监管失职行为的特殊性

1. 我国环境监管失职行为的行政从属性

所谓环境刑法的行政从属性，是指依据环境刑法条文规定，其可罚性取决于环境行政法或基于环境行政法所发布的行政处分。[③] 由此可见，刑法中的环境监管失职罪的主体主要是依照环境行政法的相关规定来确定，但刑法作为最严厉的法律，应该作为环境行政法的补充，即当环境行政法不能解决问题时，就适用刑法。对于行政法上亟待规制却还未作出规定的环境违法行为，刑法可及时作出规定，填补行政法对于环境严重违法行为规制的漏洞。[④]

2. 我国环境监管失职行为的领域特殊性

环境监管领域的职务犯罪属于渎职犯罪，其监管领域范围涉及面极广，包含对矿产资源、土地、水资源、大气等的监管。环境监管领域渎职犯罪存在于以下两个环节：

---

① 参见李国庆、秦鹏：《环境监管失职罪归责的规范分析》，载《北京理工大学学报(社会科学版)》2017 年第 6 期。

② See Timothy O'Riordan eds., *Environmental Science for Environmental Management*, 2nd ed., Routledge, 2014, p. 13.

③ 参见文宇、竺乾威：《农村生态环境共生治理：机理、演进及挑战》，载《广西大学学报(哲学社会科学版)》2021 年第 5 期。

④ 参见王哲：《论环境监管失职罪与环境法的衔接》，载《中国刑事法杂志》2018 年第 5 期。

一是存在于申请、审批环节。对环境资源进行开发前需要到相关部门办理申请手续,需要在得到批准后才能进行环境资源开发。但是,在这个环节中就有少数负责审批的国家机关工作人员滥用职权或者玩忽职守,对于申请材料不仔细审查或者故意不审查申请人是否具有环境资源开发的资质;此外,有收受贿赂的行为、超越职权发放许可证的行为、批准非法矿产资源开采的行为等。这些滥用职权或者玩忽职守的行为,会对环境资源造成极大的破坏,一些地区正是因此出现超额开采、超限开采、错误开采、违法开采等行为,对我国的环境建设造成了阻碍。因此,需要我们运用环境保护的相关法律法规对申请、审批环节进行规制,做到申请人在申请时遵守相关法律规定,不做违反法律法规规定的行为;审批人在审批时依照法律法规的规定,对符合条件的申请人发放许可证,对不符合条件的申请人不予发放许可证。

二是存在于日常监管环节。倘若承担监管职责的国家机关在监管过程中没有履行监管职责,就会对环境资源的保护造成间接伤害。环境资源保护管理部门需要定期巡查或者不定期抽查所管辖区域,对于所管辖区域中发生的环境资源的滥用、破坏行为,应该及时予以制止,对其予以行政处罚。当破坏环境资源的行为构成犯罪时,应该移交司法机关处理。① 对于监管不力的行政机关工作人员,应该对其作出行政处罚,当破坏环境资源的行为极其严重、威胁公众利益时,则构成渎职罪。少部分国家机关工作人员对破坏环境资源的行为予以保护,充当其破坏资源行为的"保护伞",使犯罪分子攫取非法利益。对于此种行为,应以环境监管失职罪论处。

三、我国生态环境监督过失犯罪的治理模式

司法实践的基本样态是刑事犯罪模式的反映。刑事政策从严,则犯罪数量多,刑事政策趋缓,则犯罪数量较小。因此,在分析生态环境监督过失犯罪的基本样态、主要原因时,需要梳理我国生态环境监督过失犯罪的主要刑事治理方式及其历史演进,进而更全面地分析现行生态环境监督过失犯罪治理的症结所在。

(一)生态环境监督过失犯罪治理模式的主要类型

既有研究在讨论生态环境犯罪的治理方式时,倾向于从宏观的刑事政

① See Tomas M. Koontz et al. ,*Collaborative Environmental Management: What Roles for Government*, 2nd ed. ,Routledge, 2010,p. 133.

策角度出发，得出我国生态环境犯罪治理经历了从事后到事前，从运动式治理到常规化、常态化治理的转变。[①] 这种分析视角为我们分析生态环境犯罪治理模式的演进提供了一定的框架和思路。然而，这种宏观刑事惩处的分析视角，系从单一的政府管理角度出发讨论司法权力的运行，忽视了政府、企业、社会组织与公众“主体间”的互动性。在本书看来，可以从监督主体的视角分析我国生态环境监督过失犯罪的治理模式。基于类型化的思维，大致可以分为国家积极干预型、国家激励引导型、国家协商共治型，这几种治理模式已经接受或者正在接受时代的检验。[②]

1. 国家积极干预型

在环保意识不强、环保习惯起步阶段，生态环境逐渐恶化，使人们对环保问题产生了政治诉求，强烈要求国家履行干预污染的职能。在 20 世纪 50 年代至 60 年代的西方，政府便采取积极的干预态势，以“命令—控制”的方式干预人们的行为，通过刑事立法、行政管制、行政问责等手段，形成威慑，提高环境违法者的违法成本并加重其刑事责任。

在 20 世纪 90 年代的我国，国家干预模式体现在刑事政策上就是“严打”，并广泛地应用于环境犯罪领域，“严打”政策要求在明确污染环境行为参与人刑事责任的同时，发挥行政执法、刑事立法和司法的主动性，从重从快治理环境污染行为，对污染犯罪行为“零容忍”，从而树立起违法必究的高墙。显然，国家积极干预型是一种运动式的治理模式，强调法律的刚性、威慑性，多快好省地解决既有的生态环境违法问题。[③]

2. 国家激励引导型

20 世纪 80 年代，随着经济学的发展，西方发达国家的环境治理政策逐步由政府主导转向市场自由竞争，环境治理制度也开始强调以市场机制为核心，通过政策激励、税费机制、价格信号等方式，调动企业、公众等环境主体积极治理环境。[④] 这一模式的理念就是引入市场化的机制，促进企业环境污染治理的内部化。除了构建生态环境的刑事责任制度，还进一步将环境责任延伸到生产经营领域，通过税收、奖金等政策激励，鼓励企业从源

---

① 参见郝诗楠、李明炎：《运动式治理为何“用而不废”——论作为一种治理工具的运动式治理》，载《探索与争鸣》2022 年第 10 期。

② 参见张万洪、胡馨予：《“美丽中国”的实现迫切需要对环境犯罪匹配生态修复责任》，载《河南社会科学》2021 年第 7 期。

③ 参见焦艳鹏：《污染环境犯罪的司法效能提升与多元治理机制构建》，载《中州学刊》2021 年 12 期。

④ See Yefei Yang et al. ,*Efficacy of China's Strategic Environmental Management in its Institutional Environment*,39 International Journal of Operations & Production Management 138(2019).

头上控制犯罪,并且反映出当前生态环境治理模式正从运动式的治理转向常态化的制度激励,刑事法网不断严密,刑事责任日益严格,抽象危险犯逐渐增多,生态环境领域的刑罚逐渐呈轻缓化趋势。

3. 国家协商共治型

20世纪80年代以来,“环境—人类中心主义”强调以合作治理、协同共治的理念解决生态环境问题,构建政府、企业、社会组织与公众之间的信任和合作关系,以契约、自治的方式,实现环境污染治理的自主和自觉。这一理念逐步被刑事体系吸收,成为生态环境“恢复性理论”的重要思想基础。① 在这一模式下,企业、社会组织与公众不仅是生态环境的参与者,也是生态环境污染行为的监督者,刑法以治理理论为基础,强调多元主体的交往、互动,通过环境保护偏好、行为习惯和价值观念,引领企业规范经营,规避“政府失灵”或者“有组织的不负责任”等行为。②

具体至刑事领域,就是刑法为企业设置了按环保规范经营的义务,不但要求企业遵守刑法上的环保义务,而且这可以成为企业涉嫌环境犯罪时的出罪事由。当前,随着我国生态环境督查的深入,企业环境违法行为逐渐暴露在公众视野中,企业由此面临重大环境风险。由此,国家协商共治型的生态环境过失犯罪治理模式逐渐兴起,开始逐渐发挥作用。

(二)生态环境监督过失犯罪治理模式的历史演进

通过观察我国生态环境犯罪有关规定的四次修订,尤其是《刑法修正案(十一)》对生态环境犯罪有关规定的修改,可以梳理出我国对于生态环境犯罪的治理模式所经历的不同阶段。具体而言,可以分为以下三个阶段。

1. 国家积极干预阶段(1997年至2011年)

从1997年《刑法》设置环境犯罪开始,经历《刑法修正案(二)》《刑法修正案(四)》《刑法修正案(八)》数次修改,我国对于生态环境监督过失犯罪采取的是积极干预和治理的理念。这种积极干预理念的思想根源是“先发展后治理”或者“边发展经济边惩治犯罪”的理念,政府既要发展经济,又要惩治生态环境犯罪,所以在刑法上就表现为积极干预的立场,扩大刑事犯罪圈,同时从重从严从快地惩处。虽然国家治理环境犯罪的理念是

---

① 参见王树义、赵小姣:《恢复性司法治理环境犯罪的澳大利亚经验与中国镜鉴》,载《国外社会科学》2020年第1期。

② See Ipek Kazancoglu, Muhittin Sagank & Sachin Kumar Mangla et al., *Circular Economy and the Policy: A Framework for Improving the Corporate Environmental Management in Supply Chains*, 30 Business Strategy and the Environment 590(2021).

积极干预的理念,但考虑到过失犯罪毕竟是刑事犯罪惩罚的例外,相较于其他暴力犯罪而言,生态环境的监督过失犯罪较少,每年的犯罪数量基本在个位数徘徊。① 原因可能是以下两点:一是我国刑事立法仍不够严密,欠缺足够的立法罪名;二是司法机关对于生态环境监督过失理论的认识仍不够深刻。

2. 国家激励引导阶段(2011 年至 2020 年)

从《刑法修正案(八)》生态环境犯罪的第一次大修到最高人民法院、最高人民检察院出台的有关生态环境犯罪的司法解释,我国生态环境犯罪的刑事治理从国家干预转向激励引导,开始强调刑法的事前介入、事后的刑罚轻缓化。简言之,就是在严密生态环境犯罪法网的同时,减轻生态环境犯罪惩罚力度。这一时期,我国的生态环境监督过失犯罪的数量逐年上升,但其刑罚的幅度、比例却在逐年下降,呈现“一升一降”的态势。② 其中的原因可能是:一方面,从《刑法修正案(八)》开始,我国生态环境犯罪领域的立法较为积极,新增加了一些环境法益,加入了一些核心犯罪行为;另一方面,受到国家激励和奖励机制的影响,对于生态环境监督过失犯罪的处理趋向轻缓。

3. 国家协商共治阶段(2020 年至今)

虽然说,早期积极的或者激励性的生态环境犯罪治理策略,确实织密了刑事法网,遏制了生态环境犯罪不断高涨的不良发展态势,为生态环境犯罪的治理赢得了时间,但这一思维仅能治标,尚不能治本。为此,在协商共治理念的影响下,我国生态环境犯罪治理出现恢复性治理、多元共治的方式。③ 早在 2014 年,最高人民法院就出台《关于全面加强环境资源审判工作 为推进生态文明建设提供有力司法保障的意见》,提出要探索建立环境修复制度。在此观念的影响下,刑事犯罪治理的重心不是在于惩治犯罪、增设新的罪名和犯罪行为种类、威慑潜在的犯罪人,而是在于去修复被损坏的生态环境关系。这一阶段在刑事司法上的表现就是:犯罪数量的不断增加,刑罚的结构更加合理,刑罚更加轻缓。

四、我国生态环境监督过失犯罪的现实考察

推进生态文明建设,将生态文明建设纳入中国特色社会主义事业的总

① 参见史兆琨:《对生态负责,就是对人民负责》,载《检察日报》2023 年 4 月 4 日,第 5 版。

② 参见刘蕊:《环境犯罪治理中刑事和解扩张适用及法律规制》,载《理论月刊》2020 年第 7 期。

③ See David R. Case et al., *Environmental Law Handbook*, 21st ed., Government Institutes, 2011, p. 23.

体布局,是我国今后相当长一个时期内的战略目标。党的二十大报告提出:“我们坚持绿水青山就是金山银山的理念,坚持山水林田湖草沙一体化保护和系统治理,全方位、全地域、全过程加强生态环境保护,生态文明制度体系更加健全,污染防治攻坚向纵深推进,绿色、循环、低碳发展迈出坚实步伐,生态环境保护发生历史性、转折性、全局性变化,我们的祖国天更蓝、山更绿、水更清。”建立健全生态环境监督体制机制是实现生态文明建设目标的必由之路,因此下文拟对我国生态环境监督过失犯罪案件予以实践考察,以期了解我国生态环境监督体制机制的运行现状。①

(一)我国生态环境监督过失案件的实践图景

在我国,生态环境监督过失归责的最大应用场域为“行政问责”,这一制度实际是在行政法和政府环保意识觉醒的双重驱动下产生的。尽管现代意义上的问责制度缘起于西方,但是我国的生态环境保护问责和督查机制显然是中国国情的产物。借助政府的生态环境问责制度,可以更好地帮助我们理解监督过失理论。

实践中,生态环境行政问责大致包括以下三种情形:一是在法律规定赋予环境行政公务人员明确义务的前提下,依法追究其法律责任,包括行政责任、刑事责任。二是在法律没有明确规定的情况下,仅因为行政机关的决策失误或环保政绩低劣,而仅追究相关官员的政治责任。三是在违法的前提下,追究行政人员的法律责任和政治责任。简言之,环境行政主体之所以要承担责任,主要是因为法律或者政治的诉求。其中,法律责任和政治责任可以并处,但不应该互相替代,应该遵循各自的问责规则。然而,从我国的生态环境监督过失归责的实践角度看,我国仅有行政问责,鲜有法律责任。例如,在2016年的深圳光明新区渣土收纳场“12·20”滑坡事故中,政府机关的日常监督失职不力是事故发生的重要原因,但滑坡事故发生后,仅对相关机构的领导者处以行政责任。再如,2018年秦岭别墅案中,虽然司法机关也事后惩处了部分监督者,但追责的理由并非失职、渎职,而是贪污、受贿等经济问题。② 可以说,生态环境保护领域的政治责任与刑事责任并没有很好地衔接。这一点,我们通过比较近年来较为重大的环境污染犯罪案件的行政问责以及环境监管过失罪的处罚就可以发现。

---

① 参见李梁:《危害性原理的解释困境及自然秩序化建构》,载《中国地质大学学报(社会科学版)》2022年第3期。

② 参见周群峰:《秦岭违建别墅引发反腐龙卷风:多名省部级落马,1000余人遭问询》,载《中国新闻周刊》总第878期。

1. 生态环境监督过失的行政问责案件

本书以2009年至2019年应急管理部公开的特别重大事故调查报告以及舆情严重的环境污染事件为线索，梳理发现，这十年内特别重大的生态环境污染事件，基本不太会对直接的相关领导、监督者处以刑事处罚。相反，更多的是处以行政处分。事实上，生态环境监督过失责任包括民事责任、行政责任和刑事责任。在严重的生态环境污染犯罪中，使负有监督义务而渎职的人员受到刑事处罚，完全符合监督过失犯罪的理论意蕴和具体规范。然而，实践中却时常忽视生态环境监督过失的刑事处罚，造成了刑罚的漏洞。具体如表1－3所示。

表1－3 2009年至2019年生态环境监督过失案件基本情况

年份	案件名称	基本情况	事故主要原因	追责情况
2009	陕西凤翔血铅事件	造成铅中毒儿童人数达600余人，其中中度或重度中毒儿童人数达100余人	企业违法排污，政府监管不到位	涉及该案的一些政府工作人员以及环保部门的负责人员受到相应的党纪处分
2009	黑龙江鹤岗新兴煤矿瓦斯爆炸事件	造成108人死亡，直接经济损失5614.65万元	企业违法生产，安全生产管理混乱；监管者监管不到位	12人被追究刑事责任；28人受到党纪、行政处分；对企业处以罚款400万元
2010	河南伊川国民煤业公司煤与瓦斯突出事故	造成44人死亡，4人下落不明，直接经济损失2728.4万元	企业安全生产管理混乱；监督者玩忽职守；司法机关失职渎职[1]	45人被追究刑事责任，32人受到党纪、行政处分
2010	福建紫金山铜矿事件	企业将生产废水直接排入河流之中，造成下游村民所养殖的水产品大量死亡，同时使河流遭受短期内不可恢复的破坏	企业减少环保资金投入，违法违章操作；监管者监管不到位	问责4名官员

续表

年份	案件名称	基本情况	事故主要原因	追责情况
2010	河南禹州平煤集团煤与瓦斯突出事故	造成37人死亡,4人受伤,直接经济损失2274万元	企业违法违章操作;监管者指导不到位	平禹四矿矿长、总工程师2人被追究刑事责任;25人受到相应的党纪、政纪处分;对企业处以罚款250万元
2011	云南师宗私庄煤矿煤与瓦斯突出事故	造成43人死亡,直接经济损失3970万元	企业违法生产,安全生产管理混乱;监管者失职渎职	19人被追究刑事责任,13人受到党纪、行政处分;对企业处以罚款500万元,责令关停
2012	四川攀枝花肖家湾煤矿瓦斯爆炸事故	造成48人死亡,54人受伤,直接经济损失4980万元	企业违法开采,技术管理缺乏,管理混乱;职能部门监管不到位	企业实际控制人自杀,不予追究责任;31人被追究刑事责任;33人受到党纪、政纪处分;对企业处以罚款500万元
2013	吉林八宝煤矿瓦斯爆炸事故	造成36人死亡(企业瞒报死亡人数7人,经群众举报后核实),12人受伤,直接经济损失4708.9万元	企业违章指挥、违法作业;职能部门监管不力	7名直接责任人因二次事故死亡免予追责;其他16人被追究刑事责任;50人受到党纪、政纪处分。 企业因事故被处以700万元罚款,因瞒报事故被处以罚款200万元,合计罚款900万元
2013	山东青岛中石化东黄输油管道泄漏爆炸事故	造成62人死亡,136人受伤,直接经济损失7.5亿元	企业隐患排查治理不彻底,现场应急处置措施不当;职能部门监管不力	15人被追究刑事责任,48人受到党纪、政纪处分;对企业处以罚款

续表

年份	案件名称	基本情况	事故主要原因	追责情况
2014	江苏苏州昆山中荣金属制品有限公司爆炸事故	共有 97 人死亡，163 人受伤，直接经济损失 3.51 亿元	企业违法违规组织项目建设和生产，管理混乱，防护措施不到位；职能部门监管不到位，其中环保部门环境影响评价工作与监管不到位	18 人被追究刑事责任；35 人受到党纪、政纪处分；对企业处以规定上限的经济处罚，予以取缔
2014	内蒙古腾格里沙漠环境污染案	一些工业园以“生态循环经济”为幌子，躲避政府监管，致使沙漠遭到工业污染的破坏	企业违法排放废气，政府与企业人员勾结，为其违法行为提供“保护伞”	8 家企业总计罚款 5.69 亿元，承担 600 万元的公益金；问责 24 名政府工作人员；被告单位明盛染化公司犯污染环境罪，判处罚金 500 万元；被告人廉某某犯污染环境罪被判处有期徒刑 1 年 6 个月，缓刑 2 年，并处罚金 5 万元
2015	天津港“8・12”重大爆炸案	事故造成 165 人遇难，8 人失踪，798 人受伤住院治疗；304 栋建筑物、12428 辆商品汽车、7533 个集装箱受损。报告公布时已核定直接经济损失 68.66 亿元，其他损失尚需最终核定。至少有 129 种化学物质发生爆炸燃烧或泄漏扩散。大气、水、土壤污染严重，320.6 吨氰化钠未得到回收	涉事企业违法违规操作；天津港（集团）有限公司在履行监督管理职责方面玩忽职守，对港区危险品仓库监管缺失；职能部门违法违规审批许可，玩忽职守，未按规定开展日常监管	49 人被追究刑事责任（涉事企业 13 人，技术与中介企业 11 人，职能部门 25 人）；123 名责任人员受到党纪、政纪处分；涉事企业被吊销证照并处罚款，主要负责人终身不得担任本行业生产经营单位的主要负责人

续表

年份	案件名称	基本情况	事故主要原因	追责情况
2015	广东深圳光明新区渣土受纳场“12·20”滑坡事故	事故共造成73人死亡,4人下落不明,17人受伤;事故还造成33栋建筑物被损毁、掩埋,导致90家企业生产受影响,涉及员工4630人	垃圾处理企业管理运营极其混乱;职能部门安全理念缺乏,缺少日常监督	53人被追究刑事责任(事故企业32人,职能部门19人,建筑设计中介公司2人);57名责任人员受到党纪、政纪处分;发包中标企业被处以罚款2000万元,吊销证照,主要负责人终身不得担任本行业生产经营单位的主要负责人;承包企业被处以罚款500万元,没收违法所得75万元,吊销证照;中介公司被没收违法所得
2016	重庆永川金山沟煤业有限责任公司瓦斯爆炸事故	事故共造成33人死亡,1人受伤,事故直接经济损失3682.22万元	涉事企业越界越层开采,安全管理制度不落实,拒不执行安全监管监察指令;职能部门缺乏有效监督管理	23人被追究刑事责任(相关企业和中介机构等14名人员分别涉嫌重大责任事故罪、非法储存爆炸物罪、非法采矿罪、出具证明文件重大失实罪,9名职能部门责任人涉嫌滥用职权罪、玩忽职守罪);28名责任人员受到党纪、政纪处分或诫勉、通报;涉事企业被处以罚款1300万元,吊销证照,企业主要负责人终身不得担任本行业生产经营单位的主要负责人

续表

年份	案件名称	基本情况	事故主要原因	追责情况
2016	内蒙古赤峰宝马矿业有限责任公司煤矿瓦斯爆炸事故	事故共造成32人遇难,20人受伤,事故直接经济损失4399万元	涉事企业越界越层开采,安全管理混乱;中介机构隐瞒实情;职能部门监督不力	34人被追究刑事责任(其中24名人员分别涉嫌重大责任事故罪、非法采矿罪、帮助毁灭证据罪、出具证明文件重大失实罪,10名涉嫌职务犯罪人员分别涉嫌玩忽职守罪、受贿罪);38名责任人员受到党纪、政纪处分和通报建议
2018	秦岭别墅事件	当地开发商与当地政府进行勾结,对山体进行大肆开采,并随意圈占林地,在建设过程中,生活污水、建筑垃圾、工业废水随意排放,导致生活用水受到污染,大批居民染上疾病,且持续15年才彻底整治	地方政府敷衍了事,形式主义走过场,官僚主义不作为,当地开发商与当地政府勾结	涉事官员受到处分,违建别墅建设者被追究刑事责任
2019	江苏响水"3·21"特大爆炸案	造成78人死亡,76人重伤,640人住院治疗,直接经济损失198635.07万元。涉事企业主要产品为间苯二胺、邻苯二胺、对苯二胺、间羟基苯甲酸、3,4－二氨基苯、对甲苯胺、均三甲基苯胺等,主要用于生产农药、染料、医药等。约600吨硝化废料自然爆炸	涉事企业违法违规贮存、处置硝化废料,企业管理混乱;中介机构弄虚作假,出具虚假失实文件,隐瞒了事故企业风险隐患,误导职能部门监管工作;职能部门监管职责履行不到位	44人被追究刑事责任;涉事企业被吊销证照,主要负责人5年内不得担任任何生产经营单位的主要负责人,终身不得担任化工行业生产经营单位的主要负责人;中介机构及其责任人员被实行行业禁入,纳入不良记录"黑名单"管理,并依法罚款没收

[1]参见河南省济源市人民法院刑事判决书,(2011)济刑初字第8号;国务院安委会办公室《关于河南省洛阳市伊川县国民煤业公司"3·31"特别重大煤与瓦斯突出事故调查处理结果的通报》(安委办〔2011〕15号)。

2. 环境监管失职罪

环境监管失职罪是1997年《刑法》新增的一种犯罪，构成此罪要求负有环境保护监督管理职责的国家机关工作人员严重不负责任，导致发生重大环境污染事故，因此其属于本书所研究的监督过失类犯罪。① 本书以“环境监管失职罪”“判决书”“刑事案件”为关键词，在裁判文书网上进行检索，共检索到2015年至2022年环境监管失职罪案件39件。其中，2015年至2022年环境监管失职罪的案件数量走势，详见图1-2。

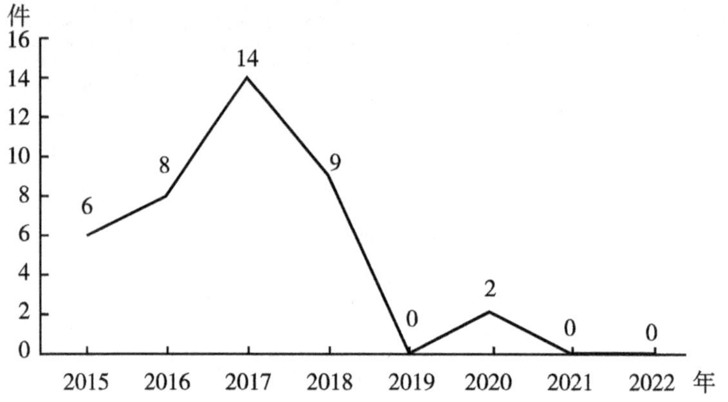

图1-2　2015年至2022年环境监管失职罪案件数量走势

此外，本书从有关案件中归纳总结出环境监管失职罪的高频行为主体，详见图1-3。

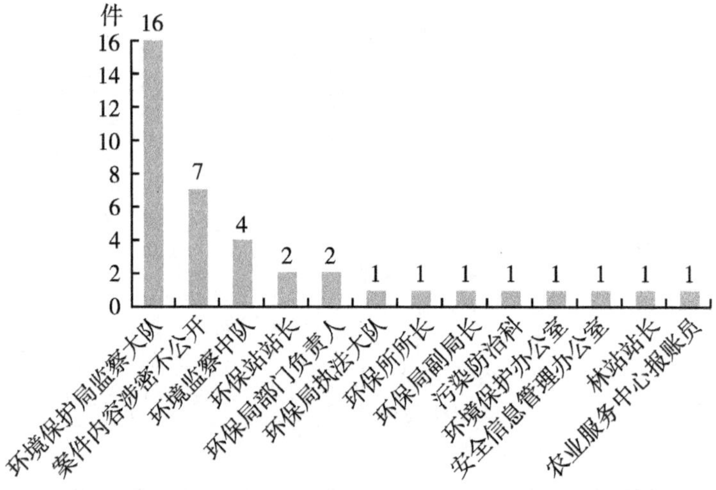

图1-3　2015年至2022年环境监管失职罪高频行为主体

① 参见林荫茂：《单位犯罪理念与实践的冲突》，载《政治与法律》2006年第2期。

根据上述数据，可以发现环境监管失职罪惩治的主要情况。一方面，从案件数量来看，环境监管失职罪从2015年至2022年可检索到的案件数量仅为39件。相较于较为频发的污染环境罪而言，其案件数量相当少。这从侧面说明，即便法律明确了生态环境监管人员的监管义务，但实践中往往倾向于追究政治责任，而不是追究刑事责任。另一方面，从环境监管失职罪的主体来看，基本都是基层执法人员，省市一级的公职人员较少。据统计，在39件环境监管失职罪案件中，除了7件内容涉密不公开的案件外，涉及环境保护局监察大队16件、环境监察中队4件、环保站站长2件、环保局部门负责人2件，其余主体如环保局执法大队、环保所所长、环保局副局长等均为1件案件。可以说，39件案件中所处罚的对象均是区县级或以下。由此可见，在生态环境监督领域，区县一级的环保监察大队作为主体是受处罚最多的。这一点，似乎与民众的普遍认识和经验不太相符。

在罪刑法定原则下，实践中就生态环境领域的监督过失主体仅处以行政责任，而非刑事责任。其中，可能的原因主要是对于环境监管失职罪的主体范围法律规定得过于狭隘。首先，此罪为特殊主体犯罪，法条将该罪主体范围限制为“国家机关工作人员”；其次，该罪的法条规定具有模糊性，构成该罪要求国家机关工作人员“严重不负责任”，但何为“严重不负责任”并没有相关司法解释或指导案例予以明确，致使司法实务中“严重不负责任”的适用标准较为混乱；最后，该罪的入罪门槛较高，环境监管失职罪属于结果犯，要求因严重不负责任导致发生重大环境污染事故，并致使公私财产遭受重大损失或造成人身伤亡的严重后果的才能构成本罪。从规范角度看，确实有环境监管失职入罪范围过小，导致实践中行政问责与刑事处罚的数量“倒挂”、严重不匹配的情况。① 因此，要想切实落实环境监督责任并强化领导干部的环境责任意识，就需要严格区分环境法律责任和环境政治责任。在环境法律监督体系内部，就是要将这两种责任类型作为两个相对独立的系统分别完善，而不是将行政问责视为一个大口袋，在没有区别责任性质、责任主体的情况下，将这两种责任类型混为一谈。这种处罚方式，不仅模糊了刑法的罪刑法定原则，也忽略了环境责任（行政责任和刑事责任）的有效衔接。②

---

① 参见苏永生：《环境犯罪违法性判断的特殊性及标准》，载《甘肃社会科学》2021年第1期。

② 参见汪明亮、于浩：《污染环境犯罪的功能性定义及其价值》，载《中国特色社会主义研究》2021年第3期。

（二）我国生态环境监督过失犯罪的实证分析

在现代市场经济体制下，公司、企业等单位都是经济活动的重要参与主体。许多高危、高污染的行业，如能源、钢铁、化工、医药等，自然人往往无法达到经营门槛，仅有单位才有获准经营的可能。然而，从实践中的情况看，不少污染环境的违法活动虽是单位所为，但司法机关对单位追责的案件却不多。最高人民法院、最高人民检察院等机关也在办理环境污染刑事案件的过程中，发现我国环境污染犯罪治理的结构性问题就是“追究自然人犯罪多，追究单位犯罪少”。出现这一问题的原因就是没有承认生态环境领域中的监督过失理论，导致单位污染环境犯罪的追责问责存在困难和障碍。

1. 污染环境罪犯罪主体实然状况与类型

笔者以“污染环境罪”为关键词，以“刑事”为案件类型，以“刑事判决书”为文书类型，以2014年至2022年为时间范围，将审理范围限定为黑龙江、吉林、辽宁三省，在中国裁判文书网上共获取479份刑事判决书。[①] 黑龙江、辽宁、吉林三省污染环境罪案件的年度变化，详见图1－4。

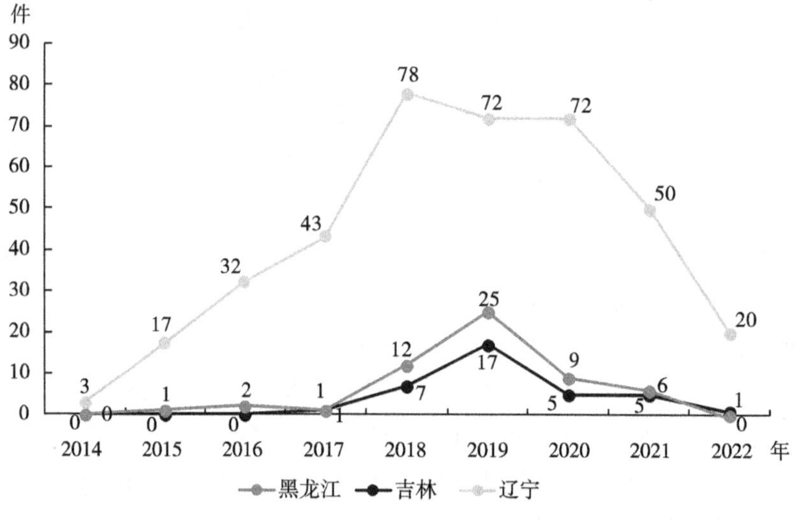

图1－4 2014年至2022年黑龙江、吉林、辽宁三省污染环境罪判决案件年度变化

其中，黑龙江省56份、吉林省36份、辽宁省387份，共涉及690个被

① 以“污染环境罪”为关键词，时间限定在2014年至2022年，将审理法院范围限定在黑龙江、吉林、辽宁三省，案件类型限定为“刑事”，在中国裁判文书网（wenshu. court. gov. cn）进行检索，通过人工方式逐一阅读后，剔除其中的减刑与假释刑事裁定书、准予撤诉刑事裁定书，并对相同案例进行合并，最终共获得作为有效分析样本的刑事裁判文书479份。

追诉主体，自然人被告人约占94.8%，单位被告人仅有36个，仅占5.2%。其中，32个为有限责任公司，其余4个属于独资企业，详见表1－4。

表1－4　2014年至2022年黑龙江、吉林、辽宁三省污染环境罪判决文书数量及主体类型

(a)判决文书数量

地域	裁判文书/份
黑龙江省	56
吉林省	36
辽宁省	387
合计	479

(b)主体类型

类别	数量/人	占比/%
自然人	654	94.8
单位	36	5.2

在绝大多数案件中，涉案主体绝大多数是个体经营的小型作坊或者无经营资质的加工厂，这种情况也基本符合我国其他地区污染环境罪案件的基本态势。简言之，在污染环境罪案件中，绝大多数主体是都是自然人，而非单位。这种情况也基本符合我国其他地区的生态环境犯罪治理的趋势。[①] 从全国范围看，污染环境罪案件的犯罪主体也基本都是自然人，其中个体劳动者、农民或者农民工占绝大多数。[②] 尽管这些案件中绝大多数犯罪主体为自然人，但不少还是属于单位犯罪或者涉嫌单位犯罪。在污染环境罪案件中，主要包括以下几种情况：

第一，虽为自然人犯罪，但实为单位犯罪。检察机关虽将自然人认定为犯罪主体，仅提出对自然人定罪量刑的公诉意见，但实际是单位犯罪。例如，在洪某等四人污染环境罪案中，[③]洪某系爱迪卡公司的领导人，并负责该公司的日常经营业务。爱迪卡公司主要负责化工废料等有害物质的处理工作。2017年，洪某授意杨某为其处理公司经营产生的50吨废料。杨某、刘某等人便将该肥料倾倒在某县的土地上，造成了环境污染。在该案中，虽然司法机关对洪某、杨某等人认定为共同犯罪。但是，该案实际上不是共同犯罪，而是爱迪卡公司涉嫌对污染环境犯罪行为的监督过失。被告人洪某作为爱迪卡公司的负责人，其仅授意杨某处理废料，并没有直接指示杨某等人污染环境的行为。因此，本案应该属于单位监督过失犯罪，而非共同犯罪。

① 参见谢登科：《论污染环境罪犯罪主体司法认定的困境与出路——基于东北三省209个案例的实证分析》，载《学术交流》2020年第8期。

② 参见喻海松：《环境资源犯罪实务精释》，法律出版社2017年版，第74页。

③ 参见吉林省乾安县人民法院刑事判决书，(2018)吉0723刑初61号。

第二，虽为自然人犯罪，但却存单位犯罪之嫌。例如，在张某污染环境案中，[①]张某系永旺公司雇用的驾驶员。2018 年 6 月，张某将车载的危险废液倾倒在公主岭市某镇的水井内，造成严重的环境污染。该废液系由永旺公司生产。事后查明，张某系个人行为，未得到永旺公司的指示。由于公安机关没有查明张某是否受人指使以及永旺公司是否违规处理废液，导致本案仅追诉了张某个人。但是，张某是永旺公司雇用的专门运输废液的司机，永旺公司应该对废液的安全运输承担监管责任。在本案中，永旺公司完全有构成监督过失犯罪的可能性。

第三，自然人通过开办个体作坊、无证经营等方式实施污染环境的行为。在绝大多数样本中，自然人犯罪占到多数。其中，有的是无证经营并非法排放废水，致使环境污染；[②]有的是开设废品回收加工站，非法处置危险废物导致环境污染；[③]还有的是经营洗车场，将废水直接排入地下井。[④]单位犯罪的主体应该是依法成立并拥有一定财产的实体，然而上述小工厂、作坊等均属于非法经营的组织体，不属于刑法意义上的单位，所以刑法不宜将其视为单位来处理。这种情况在当前的环境污染治理中占到绝大多数，属于典型的个人犯罪。

2. 对污染环境犯罪主体选择性追诉的危害性分析

如前所述，司法机关在惩治污染环境犯罪案件时，存在一种选择性追诉的现象，即以对自然人的追责来取代对单位的追责，使自然人犯罪与单位犯罪之间数量失衡。即便当前绝大多数环境污染犯罪的主体为自然人，但也有一部分犯罪主体为单位。就本质而言，某些犯罪属于单位犯罪或者涉嫌单位犯罪。司法机关的“选择性”忽视，无疑会形成处罚的漏洞，造成刑事法网不严、刑罚结构失调、影响环境污染治理效果和司法权威性等问题。

其一，强调自然人犯罪却忽视单位犯罪的做法，意味着直接放弃追究单位犯罪。这不仅严重缩小了污染环境罪的处罚范围，而且会造成生态环境刑事法网的不严密。

其二，“选择性”忽视生态环境单位犯罪可能会造成刑罚结构的失衡。不追究污染环境的企业及其负责人的法律责任，不仅会对生态环境的刑法治理造成梗阻，甚至还会导致下层群体产生不公正感。

其三，选择性忽视单位犯罪，可能还有损司法的公正。立法上趋严而

---

① 参见吉林省公主岭市人民法院刑事判决书，(2018)吉 0381 刑初 604 号。

② 参见吉林省四平市铁西区人民法院刑事判决书，(2018)吉 0302 刑初 55 号。

③ 参见吉林省吉林市昌邑区人民法院刑事判决书，(2016)吉 0202 刑初 351 号。

④ 参见黑龙江省七台河市新兴区人民法院刑事判决书，(2018)黑 0902 刑初 119 号。

司法上较为宽松,便会导致对某些特定主体"法外开恩",这显然有悖于司法的基本原则。因此,从规范角度上看,我国仍有必要完善生态环境监督过失犯罪的规制。

事实上,我国生态环境犯罪存在归责难、处罚范围小的问题,根本原因是制度上的缺陷,即刑法参与生态环境治理、弥补行政机关监督失灵不足,尤其是没有直接引用监督过失理论来应对"政府失灵"或者"市场失灵"的制度安排,以此来控制政府监督者、企业的违法犯罪行为,从而发挥制度的刚性、根本性、长期性作用。[①] 具体表现在以下两点:其一,行政法对于承担环境保护职责的政府各部门的职责设定有些模糊和宽泛,导致行政机关裁量权过大。当生态环境犯罪发生时,又无法直接运用监督过失犯罪理论予以规制,导致仅有环境监管失职罪这一仅处罚"国家机关工作人员"的罪名,难免无法有效应对"政府失灵"的现象。这一点,从近年的处罚数据就可以看出。其二,刑法缺乏对政府之外的企业参与者的有效监督和管理,导致单位犯罪被选择性遗漏。可以说,我国对生态环境的法律保护从1979年《环境保护法》到各类综合性的环境保护条例、规范、准则等制度的出台,立法的关注点始终都是政府,而非企业。立法者往往将企业视为犯罪人,而非犯罪治理的主体,天然地认为企业可能会参与犯罪,政府的作用就是管好治好企业犯罪。显然,这种立法思维和路径影响环境刑法的制度安排,使我国的环保制度体系尤其是刑法没有应对"市场失灵"的有效途径。[②]

在新时代的经济发展模式下,必须提高企业参与环境保护的积极性,充分发挥其自我监督的作用,并且夯实和强化政府生态监督的法律责任。那么,如何满足这二者的共同利益诉求呢?引入刑法的监督过失理论无疑是较为合适的制度安排。一方面,刑法上的监督过失理论可以强化政府对环境保护的监督、管理和督查职能,满足践行生态环境保护的政策需要,从制度上使生态环境的行政问责与刑事责任有效衔接。另一方面,可以充分调动企业经营的积极性,发挥刑法"双罚制"的预防和惩治作用,而不是一味地追究自然人犯罪,避免刑罚的不公平。总之,实现企业、政府对生态环境犯罪的监督,刑法不可缺席,而监督过失理论无疑是构建环境治理体系十分重要的理论支撑,为加强生态环境监管体系建设、建设人与自然和谐共生的现代化提供良好的刑事法治保障。

---

① 参见史蔚:《组织体罪责理念下单位故意的认定:以污染环境罪为例》,载《政治与法律》2020年第5期。

② 参见韦尧瀚:《我国环境犯罪非刑罚措施的完善——以我国生态修复或恢复原状刑事判决为切入点》,载《社会科学家》2021年第9期。

第三节　我国生态环境监督过失犯罪主体的追责困境

正如前文数据所表现的,虽然污染环境罪每年案件数量仍然高达上百件,但整体数量正呈缓慢下降趋势,这既说明人们已认识到保护生态环境的重要性,也表明国家对生态环境的治理卓有成效,使我国生态环境治理的趋势由"局部改善、总体恶化"向"总体改善、局部严重"转变。然而,我们也需要重点关注生态环境监督工作中存在的"短板"。数据显示,近年来环境监管失职罪无论是在发案率上还是在刑罚强度上的表现都不太令人满意。在污染环境罪案件仍高发的情况下,环境监管失职罪却被束之高阁,成为渎职类犯罪在环保领域的"冷罪名",这显然未能跟上我国全面推进生态文明建设的时代脚步。尽管并非所有污染环境的行为都是由特定的国家机关工作人员怠于履行环境监管职责所引发的,但按常理环境监管失职罪作为破坏环境类犯罪的配套罪名,在发案率层面上应当与相关罪名的发生保持相对应的动态平衡,可现实情况却并非如此,主要原因在于我国生态环境监督过失犯罪治理过程中存在主体追责困境。

一、自然人主体范围认定过窄

(一)规范狭隘:国家机关工作人员的范围

1997年《刑法》对1979年《刑法》中的渎职犯罪主体做了重大修订,将"国家工作人员"修订为"国家机关工作人员"(故意泄露国家秘密罪、过失泄露国家秘密罪除外)。此举限缩了渎职犯罪的主体范围,使非国家机关工作人员不再能成为渎职犯罪主体。其中,部分渎职犯罪中所规定的"国家机关工作人员"在范围上又进一步被限缩为负特定职责的国家机关工作人员,本书所讨论的环境监管失职罪便是如此。换言之,只有当负有环境监管职责的国家机关工作人员实行了严重不负责任的行为并造成严重后果时,才能构成此罪。环境监管失职罪中特殊主体范围的确定,旨在强调负有环境监管职责的国家机关工作人员责任重大,以加大打击力度的方式避免其不履行或不适当履行监管义务,[①]但这种认定方式在规范解释层面也存在狭隘之处,最终导致其无法发挥应有作用。

我国法律并未对国家机关工作人员的范围作出明确界定,《环境保护

---

① 参见赵睿英、李倩:《环境污染中单位犯罪刑事责任研究》,载《中国人民公安大学学报(社会科学版)》2020年第2期。

法》中对于负有环境保护监督管理职责的部门的规定也相对模糊，再加上我国所特有的人事制度，这些因素致使部分负有环境监督管理职责的单位、机构和组织当中相关工作人员的失职行为无法被环境监管失职罪所包容，从而妨碍刑法对环境监管失职行为的惩治。例如，中华环保联合会是经国务院批准，接受生态环境部和民政部的业务监督和管理，由热心环保的人士、企业、事业单位自愿结成的非营利性、全国性社会组织，其主要任务包括但不限于依法监督环境违法行为、依规参与生态环境保护行业信用评价和环境污染第三方治理、行业标准研究制定，并为生态环境政策、法律法规的制定提供决策建议。再如，各省都成立了本省的环保产业协会，其能参与环保评审、实施全省环保产业统计工作，对政府环保产业规划的制定产生影响。若上述组织中的工作人员存在监管失职行为且造成了严重后果，却因其不具备负有环境监管职责的国家机关工作人员的身份而无法以环境监管失职罪或其他渎职犯罪予以惩处，转而只能通过行政处罚方式对其予以惩处，这显然存在问题。毕竟，一方面，行为应受刑罚处罚却因规范解释失位而导致出罪，不符合罪刑法定主义的实质侧面；另一方面，行政处罚力度相较于刑事处罚更低，也难以产生良好的效果。

（二）领域局限：新环境领域中监管者的缺失

环境监管失职罪要求其主体负有一定的生态环境监督管理职责，而渎职类犯罪则必须是未能履行或未能适当履行国家所规定的职责和义务。对于生态环境监督管理职责来说，其具体内容由前置法所规定，而非由作为后置法的刑法来规定。例如，《环境保护法》对生态环境监督管理职责进行了宏观规定，《大气污染法》《水污染防治法》等法律则规定了一系列具体的监督管理职责。

现阶段，我国相关法律所规定的生态环境监督管理职责主要包括对矿产资源、农用地资源、水资源、大气等环境要素的监督管理职责，并主要表现在日常的行政申请、审批以及行政监管环节。[①] 但是，随着工业化的持续发展，我国法律所设定的环境保护监督管理职责的内容也应逐渐增加，如对生物资源的监管职责。生物资源作为保证生态平衡的重要因素，对维护生态稳定具有重要作用。若某地区生物资源的平衡遭到破坏（包括某种或多种生物数量急剧减少或急剧增加），都会使本地区的生态环境遭受严重打击。然而，就目前来看，我国现阶段要求环境监督管理人员所承担的监督管理职责并未涉及这一领域，这就说明环境监管失职

---

① 参见白洁：《环境监管渎职犯罪相关问题探讨》，载《环境保护》2016 年第 23 期。

罪在主体范围的厘定上未能跟上时代步伐。显然,即便法律具有滞后性,但仍应结合社会发展实际去调整法律规定的内容,只有这样才能更好地推动监督管理人员行使生态环境监督管理职责,从而更好地保护生态环境。

(三)层级失衡:上级监管主体责任的忽视

在司法实践中,法院一般会根据岗位职责的相关制度和规定,将处于一线的基层监督者或在现场承担监督管理等相关职责的国家机关工作人员作为本罪的行为主体,但对于因上级领导监管不力,致使下级监管人员出现失职行为发生重大环境事故而被追究刑事责任的情形却鲜有关注。例如,在赵某环境监管失职罪一案中,作为被告人的赵某曾任某县环保局某乡环境监察中队副队长,因不按规定履行环境监管职责,被认为涉嫌犯环境监管失职罪,但被告人及辩护人以赵某不属于县级以上环保部门工作人员为由提出抗辩,但法院仍以环境监管失职罪对其定罪处罚。① 而根据《环境保护法》第 10 条的规定,只有县级以上环保部门工作人员才具有环境监督管理职责,才具有构成环境监管失职罪的基础,法院认定被告人赵某构成环境监管失职罪值得商榷。又如,在史某红、张某毅环境监管失职罪案中,被告人史某红并不是负有环境监管职责的国家机关人员,其属于临时工,但法院并未回应其身份问题,仍将其认定为负有生态环境监督管理职责的国家工作人员,并认定其行为构成环境监管失职罪,但免予刑事处罚。② 此外,有学者对于近年来 49 件环境监管失职罪案件进行主体方面的类型化分析,发现犯罪主体的行政级别全部为区县级或以下,最高为区县环保局副局长,最低仅为镇环保站工作人员。可见,我国现阶段环境监管失职罪在适用主体上还存在瑕疵,最终承担刑事责任的主体大多为一线基层工作人员,上级监管主体却被忽视。这种情况大大打击了一线监管人员的工作积极性和主动性,不利于环境保护工作的开展。

二、单位主体责任追究方式缺位

(一)企业监督过失归责理念滞后

我国对于生态环境的保护工作,重点在于预防、惩治和监管一切对环境存在负面影响的活动。其中,环境监管的对象即是所有可能产生环境影响的自然人、法人或其他组织,而最为主要的主体则是工业、农业等生产

---

① 参见甘肃省陇南市武都区人民法院刑事判决书,(2017)甘 1202 刑初 97 号。

② 参见江苏省常州市武进区人民法院刑事判决书,(2015)武环刑初字第 22 号。

者。作为被监管者，这些主体通常不具有自我监督的义务，但这并不合理。

早在2005年，国务院《关于落实科学发展观加强环境保护的决定》就指出，法人和其他组织负责解决所辖范围内有关的环境问题。根据这一规定，我国各个地区将所在辖区的区域划分成多个监管网格，以此便于监管责任的具体到位，不仅有利于对污染环境责任进行排查，还能重点检查所有监管对象的排放情况。同时，为解决日常监管的漏洞，我国进一步出台了《环境监察办法》等文件，环境监管体系呈现出“事前要许可、事中和事后要监管”的行政监管特性。具体来说，任何企业、社会组织在建设之前必须先办理环境影响评价、排污许可等环保许可审批事项，并且满足环保“三同时”的要求才能进行生产；项目启动后，地方政府环境监察部门应该在项目建设投产中后期通过行政监察的方式对项目建设的环保情况予以监管，在监管的过程中只要发现任何违反法律规定的行为马上采取相关措施对其进行追责。不难看出，我国环境监管主要是通过对不同层级设置标准，尤其是对某些特定主体给予明确的监管要求，对任何不符合标准的主体采取刚性措施来实现监管目标的监管手段。但是，这样的手段往往侧重于外部的、事后惩治的手段，未能从内部的、预防的层面寻求出路，因而始终没有从根源上解决问题。事实上，环境监管工作的有效开展不仅要注重外部主体的外部监督，也要注重被监督者内部的自我监督；不仅要通过事后的惩治手段进行威慑，也要采取事前的预防手段予以防范。将二者结合起来运用才是环境治理的关键所在。

（二）企业监督过失的注意义务模糊

单位内部监管义务不明是生态环境监督过失犯罪单位犯罪主体被遗漏的重要因素，具体而言，单位内部监管义务不明主要表现在两个方面。

一方面，小微企业内部监管体系混乱。现阶段，我国生态环境行政监管对象逐渐多元化，这既包括监管对象产业发展多元化，也包括监管对象规模多元化。随着科技和市场经济的发展，我国工业生产水准逐渐走向世界前列，企业成为我国经济的重要组成部分，各行业产业链配置已趋完备。但是，随之而来的问题是不同行业、不同规模企业的管理范式不同，绝大多数的大中型企业凭借雄厚的经济实力和技术条件完成了企业管理范式的转型，建立了层次严密、分类合理的“阶层式”管理范式，但对于小微型企业而言，由于经济实力和技术条件受限，这些企业仍然处于内部分工层级松散、分类较为混乱、规范意识不强的“家族式”管理模式阶段。这些企业由于缺乏完备的自治体系，往往更容易因利益驱动而忽视经营活动所造成的环境污染问题，加之内部管理制度不规范、监管义务不明等因素，只能依靠行政机关对其实施监督管理行为，而难以追究企业内部负有监督管理职责的员工，成为影响生态环境监督过失单位犯罪认定的关键因素。①

另一方面，单位内部文件规定的义务不明。为了确保单位功能的有效实现，单位内部一般会将监督制度体现在企业章程等文件当中。一般而言，只有企业章程所规定的责任清单和负面清单才能成为企业内部环境监督管理注意义务的来源，而会议纪要、职位说明书、行政责任书、工作任务说明书等非规范性文件则因为过分加重行为人的责任义务而难以成为有效依据。然而，就企业章程而言，其中规定的环境监管义务也有不同程度的抽象。其虽然对企业内部职能部门的分工进行了规定，但对于分工的具体内容表述简略，如此一来，企业内部行为人是否具有生态环境监督管理职责就需要对企业章程所明确规定的义务以及相关职位说明、会议纪要、工作任务书等企业内部非规范性文件进行判断。但问题在于，企业内部规范性文件的效力较之于企业章程较低，并不能作为是否具有监督管理职责的真正依据，甚至部分内容与企业章程之间存在冲突。因此，企业内部文件对工作人员职能划分不清成为生态环境监督过失犯罪治理活动中忽视单位犯罪主体的又一因素。

（三）企业生态环境监督过失的主体地位不明

理性是用一种评价行为后果的价值体系挑选满意的备选行为方案的思维活动。② 生态环境监督管理职责的履行具有高度专业性和技术性，为保证负有环境监管职能的国家机关工作人员能准确决策，不仅要求其全面、详细地掌握环境相关信息，还要求他们对自己采取的监管措施的法律、社会效果充分预见，以便能从诸多可能的监管手段和措施中选择出最为有效的方式。然而，我国部分环境监管机关的工作人员却因为对决策前提和监管后果认识不足，导致监管质量和效率低下。在此背景下，涉污企业自身加入环境监管活动成为今后环境监管活动的重要出路。这一判断主要基于以下两层逻辑：

第一层逻辑在于监管主体的信息能力差异。监管主体存在信息盲区，其不可能掌握所有环境信息，环境监管者与被监管者之间的信息不对等属于常态化问题。在复杂多变的形势下，环境行政机关所获取的准确有效的信息绝不可能多于在企业内部具体场景中负责的当事人。政府在环境监

① 参见刘彩灵：《国家安全视野下环境犯罪治理途径探寻》，载《上海大学学报（社会科学版）》2016 年第 1 期。

② 参见［美］赫伯特·西蒙：《管理行为：管理组织决策过程的研究》，杨砾等译，北京经济学院出版社 1988 年版。

管领域并非能求得最优解的主体，[1]反而被监管的企业对自身生产经营活动中所产生的污染物的性质、种类、数量、排放规律更为了解。如何让企业自己监管自己，成为环境监管工作亟待攻破的课题。第二层逻辑在于判断力的差异。由于环境监管机关工作人员对环境信息掌握程度不同，其难以预料自身实施的监督管理措施是否会对环境或社会产生负面影响。例如，为节约资源采取价格管制造成的资源浪费现象，为保护环境采取污染物有条件排放造成的环境侵害现象等。尽管环境行政机关的环境监管职责对环境保护来说是必需的，但环境行政机关的行政决策如果出现问题也会导致对环境资源的浪费性使用和自然环境的退化。而企业内部对生产经营负有监督管理义务的工作人员则在对企业排污的认知、分析能力以及对环境影响的判断力层面具有优势，这是第一层逻辑所得出的结论。为此，应将部分负有监督管理职责的企业内部人员纳入环境监管失职罪的主体认定范围之内，这样能从诸多方案中作出最优的选择，推动环境监管的有效运行。毕竟，监管决策的主体本质上是存在价值偏好的有限理性人的集合，而价值偏好、有限理性又是内生于单个决策主体内部的客观属性，且因决策机制、程序、方式等方面存在缺陷也会对最终决策的科学性产生重大影响，因此只有赋予企业内部监管人员相应的主体地位，使之与政府主体相互配合，才能使环境监管活动中的每一项决策尽可能科学、理性。[2]

三、生态环境监督领域中共同过失犯罪治理效能欠佳

生态环境事故之所以会发生，监督者的缺位是重要因素。在现实中，企业作为生态环境治理的主体，如果其内部成员因操作失误而引发严重的生态环境后果，负有监督管理职责的相关主体极有可能构成监督过失犯罪，这些主体大致包括现场监管者、中层监管者、单位主要负责人、政府公务人员。[3] 但是，我国在治理环境污染犯罪行为的同时，却鲜少关注监督者的犯罪行为。加之我国刑法理论对于过失的共同犯罪问题争议颇大，使生态环境监督过失犯罪领域中的共同犯罪问题更是难以处理。事实上，研究环境监督与监督过失理论，共同过失犯罪是重要一环，具有重要意义。如果刑法理论拒绝从共同犯罪理论视角出发对其进行理解和回应，将会造成处罚上的疏漏。

---

① 参见王廷惠：《微观规制理论研究：基于对正统理论的批判和将市场作为一个过程的理解》，中国社会科学出版社2005年版，第67页。

② 参见邢捷：《生态安全视阈下环境警察的定位与实践问题思考》，载《环境保护》2018年Z1期。

③ 参见易益典：《共同过失视域下的监督过失犯罪》，载《江西社会科学》2016年第7期。

（一）纵向维度与横向维度：监督主体内部连锁反应的忽视

负有监督管理职责的主体不是单一的，往往在纵向维度上包含上层、中层和下层监督管理者，在横向维度上包含政府、企业、相关组织和个人等监督管理主体。其中，每一主体可能在纵向维度上和横向维度上均具有主体资格。例如，政府既是纵向维度上的上层监督管理主体，也是横向维度上的监督管理主体之一。从上述两个维度分析，各方主体在生态环境监督管理工作中显然存在紧密的内部联系，最为常见的情况便是下层监管者或者是现场监管者，作为直接监管者要将现实情况及时向上级监管者汇报，而上级监管者又负有向更上一级监管者报告的义务，从而形成层层报告的流程；而在横向上，这种监管活动则表现为政府有关部门、企业内部负责机构及人员、相关社会组织或利益相关公民共同发挥监管作用。

由此看来，这样的生态环境监督体系相当严密，只要相关主体各自谨慎履行职责，便不会在监管层面出现差池。即便某一方主体存在过失，只要其他主体依旧严格履行义务，也能及时地遏制负面情况发生，不致发生危害结果。但现实情况却非如此，生态环境监督过失引发的环境污染、破坏的结果，往往由多个监管主体的过失行为引发。这些过失行为并不能说是相互独立的。例如，下层监管者 A 在现场监督涉污企业 B 的污水排放工作，在此过程中发现涉污企业 B 存在不当排放行为并向中层管理者 C 汇报，并称“涉污企业 B 存在不当排放污水行为，但我认为这种行为并不严重”。中层管理者 C 基于下层监管者 A 的汇报结果，回复“你作为专业人员在现场进行实时监督，我相信你的判断”。最终涉污企业 B 的行为导致了环境污染的结果，并影响了水域相关公民的利益。在该案例中，下层监管者 A 首先存在过于自信的过失，并基于这种心态未能完全尽到注意义务，而中层管理者 C 同样基于这种心态而未能充分履行职责，并且其行为还对下层监管者 A 的自主判断起到了强化作用，最终导致危害结果发生。显然，下层监管者与中层监管者双方存在共同的过失心态，而这种心态又致使双方违反共同的注意义务，最终实行了共同的过失行为，即均未对实施者的不当行为予以严格制止。这样的例子同样适用于横向维度的监管主体之间的监督过失犯罪。如前文所述，政府就既可以作为纵向维度的中层、上层监管主体，也可以作为横向维度的监管主体，与企业共同发挥监管作用。但是，无论是在纵向维度中出现的情形，还是在横向维度中出现的情形，刑法均未能从共同犯罪视角对其进行回应，仅是对相关主体进行割裂式的判断并处罚，忽视了监管主体内部之间的紧密联系，显然不妥。加之我国环境监管失职罪的适用本就缺少对中层、上层监管者的规制，使对相关问题的治理出现问题，最终未能发挥出其应有作用。为此，刑法理论确有必要从监督过失理论角度出发，基于共同的过失态度、共同的注意义务以及共同的过失行为来探讨共同过失犯罪成立的可能性。

（二）监督主体与实施主体："主体间"的实体断层

从现实角度来看，生态环境违法犯罪行为的发生有其复杂成因，环境监管作为环境保护的重要一环，在存在职责失责情形时也会间接地促生生态环境破坏结果。依据近年来生态环境部重点督办的"祁连山生态破坏""石羊河""疏勒河""秦岭别墅案"等案件，我们可以发现某些生态环境犯罪行为之所以社会危害性严重、情节恶劣，与其背后的监督、管理人员密切相关。可以说，实践中不少生态环境案件是由生态环境犯罪的实行者与监督者的"合力"形成，这些现象的发生大致经历了实行者违法—监管者不履职（或不当履职）—生态环境违法犯罪—生态环境严重破坏或者人身、财产损失的路径。① 可见，监督者的不履职或不当履职行为是生态环境犯罪当中的重要一环。

刑罚将监督者与实施者共同纳入刑法处罚范围，符合监督过失理论的理论意蕴。生态环境犯罪中，如果从监督者与被监督者的关系以及作用力切入，可以发现，如果因为被监督者违反自身的注意义务（不考虑其他外界因素的介入）而产生严重的危害后果，此时对于监督者是否成立监督过失犯罪，大致有以下几种判断：其一，监督者有过失但被监督者无过失或者故意，不成立过失犯罪，实施者不构成犯罪，监督者自然不成立监督过失犯罪。其二，监督者无过失，被监督者有过失并因其过失行为发生了重大危害结果，此时被监督者构成一般的过失行为，也不成立监督过失犯罪。其三，监督者有过失，而被监督者存在过失或者故意（例外情形下），监督者可以成立监督过失犯罪。由此可见，如果监督者对于被监督者的故意或者过失犯罪存在监管失职的，便会成立"共同犯罪"。② 当然，一般情形下，被监督者的故意犯罪很难归责到监督者。据此，有人认为仅在被监督者构成过失犯罪的前提下，监督者才可能构成监督过失犯罪。本书认为，此种观点值得质疑。监督者成立监督过失犯罪的前提主要是其具有注意义务和预见可能性，与被监督者实施行为的罪过形式并无实际的联系。例如，在渎职类犯罪中，被监督者实施的往往就是故意犯罪。又如，在我国《刑法》

---

① 参见别涛、季林云：《生态环境损害赔偿制度化的新阶段——〈生态环境损害赔偿管理规定〉解读》，载《环境保护》2022 年第 9 期。

② 参见李瑞杰：《单一正犯理论证成：从共同过失犯罪切入》，载《中国政法大学学报》2022 年第 5 期。

规定的食品、药品监管渎职罪中，被监督企业或者自然人往往都是基于故意实施生产、销售有毒有害食品、药品的行为，鲜有过失行为。因此，从监督者与被监督者的罪过关系看，监督过失是监督者的“过失”与被监督者的“故意”或者“过失”的结合，属于一种特殊形态的同时犯。①

然而，根据我国刑事法律条文和刑法理论，我国要求成立共同犯罪必须以双方共同故意为前提，使监督过失这一重要理论无法被纳入共同犯罪。监督者与被监督者的共同犯罪也无法同时进入刑法的视野。如此一来，刑法在面对监督者与被监督者共同导致的生态环境犯罪时，就势必会出现疏漏，放走一方。事实上，对于共同犯罪中的“共同”越来越需要实质上的理解，不仅包括双方的故意意思联络，还包括共同的过失、过失和故意的意思结合。例如，张明楷教授就指出，理论上对于共同过失的批判或多或少都建立在误解的基础上，“行为共同说”并没有放弃罪名从属性的要求，完全可以处理共同犯罪案件。② 实践中，共同过失的案例也得到越来越多的支撑，且有扩大的趋势。又如，德国也一直承认共同过失理论，日本也有“世田谷通信电缆火灾事件”。即便是我国，也有大量判例认可共同过失。例如，在(2019)湘1127刑初256号刑事判决书中，法院直接指出“本案系三被告人共同的过失行为所造成，不宜区分主从犯”。当然，有的法院直接对共同过失按照重大责任事故罪处理。又如，(2018)湘0327刑初694号刑事判决书指出，甲、乙共同从事的是生产、作业活动，对于重大责任事故的发生均具有责任，故成立犯罪。由此可见，在我国将监督者与被监督者共同被纳入刑事处罚范围有其合理性和必然性。只是由于现行刑事立法传统和人们的惯性思维，使我们动用刑罚时普遍不适用共同过失理论，反对将监督者与被监督者的共同犯罪行为纳入刑事处罚范围，从而导致生态环境犯罪的处罚遗漏。

此外，我国刑法未能对生态环境监督领域共同过失犯罪进行有效治理还存在一些其他原因。

其一，目前我国对于生态环境监督过失犯罪的治理，仍然存在违法与犯罪的界限模糊、实体法衔接困难的问题。如何精准对生态环境监督失责人员追责问责，并做好二者之间的衔接，是一个兼具理论和实践价值的法学问题。③ 对生态环境犯罪行为加以处罚的前提是其具有严重的社会危

---

① 参见陈冉：《论污染环境罪共同犯罪的“规范”性归责》，载《法学杂志》2022年第5期。

② 参见张明楷：《共犯的本质——“共同”的含义》，载《政治与法律》2017年第4期。

③ 参见周全：《环境治理中行刑衔接机制的现实困境与完善路径》，载《湖北大学学报(哲学社会科学版)》2023年第2期。

害性，并非所有犯罪都需要加以制裁。[①] 在生态环境犯罪治理的行刑衔接上，非常重要的一点就是环境违法行为与环境犯罪行为的界分。在企业已经涉嫌生态环境犯罪时，应该基于何种标准判断其是否构成犯罪，以何种标准将这一犯罪的监管者纳入刑罚处罚范围，这些都涉及行政违法和犯罪之间的关系。就当前刑法而言，刑事违法性的判断仅停留于理论层面，如德日的形式违法性和实质违法性等，实务中几乎没有统一的判断依据与具有可操作性的标准，这直接导致了实践中案件移送标准不明、证据标准不统一、“两法”衔接不畅等诉讼问题。[②] 而这些问题的根本，便在于法律只是简单规定了“涉嫌违法犯罪的移送检察或者监察机关”，却未在具体程序、标准和方法等层面对这些问题进行明确，使诸多领域中的监督者往往在刑事法网之外，最终所带来的结果，也就是企业和政府的工作人员仅需承担行政责任，而没有受到刑事惩罚。

对于环境监管失职行为的判定，主要分为以下两种：一是行为的违法程度较低，只是一般履职不当，这种行为往往依据行政法和行政问责条例进行处理。二是行为违法程度较高，具有刑事违法性。对此，通常可以认定为渎职类犯罪。事实上，刑事违法性存在“质”和“量”的差异。只有在其他法律法规对该行为的规制不足以惩治时，刑法才能介入，这体现的是刑法的二次违法性、保障性功能。也就是说，只有行政法对于环境监管失职行为也无法充分处罚时，刑法便需要介入。同时，渎职罪以违反前置法为条件，这种特殊的犯罪类型在刑法理论中往往被称作行政犯。[③] 由于行政犯可能同时违反前置法和刑法，“双重违法性”使行政犯在设置和处罚时，需要考虑行政违法性是否达到实质违法性的程度，此时才有通过刑法调整的必要。[④]

其二，目前我国对于生态环境活动的监督工作存在机制失灵、监管者刑事责任不到位等问题。环境刑法能在保护环境和促进生态文明建设过程中发挥重要作用的原因在于以下三点：一是刑法的强制力使环境污染行为会面临严厉的制裁，这是民法和行政法不能做到的。大部分环境破坏者在受到行政罚款或者承担赔偿责任时并不害怕，但是却怕承担刑事责任。

---

① 参见吕稣：《环境法典中环境污染行刑衔接路径的规范化构建》，载《南京工业大学学报（社会科学版）》2022 年第 5 期。

② 参见陈禹衡：《理念趋同、法益契合与规范衔接：环境法典与刑法典的协调适用》，载《北京理工大学学报（社会科学版）》2023 年第 2 期。

③ 参见孙国祥：《行政犯违法性判断的从属性和独立性研究》，载《法学家》2017 年第 1 期。

④ 参见李至：《行政犯处罚的反思与限定》，载《中国刑事法杂志》2016 年第 1 期。

二是采用刑法手段惩治违法行为，往往伴随使违法者丧失再次犯罪能力的效果。刑法可以通过限制人身自由、并处罚金等行为，一定程度上削弱犯罪行为人的再犯可能。三是刑事制裁手段有极大的威慑和预防作用。刑法除了惩治犯罪行为人本人，往往还能对其他可能影响环境的行为人起到一定的震慑作用，从而预防他人犯罪。

考察近年来的生态环境犯罪案件，可以发现我国刑法对于环境犯罪秉持着日益严肃的态度，但这种处罚面向的主体绝大多数是环境犯罪的直接行为人，而非监督者。① 虽然处罚环境监督者是刑事处罚的例外，但在当下大力践行生态文明建设、开展环保督察问责行动的过程中，环境监督者受刑事处罚的比例低下，显然未能与我国的生态环境保护目标同向而行。在本书看来，我国刑法上的环境监督制度体系并没有完全建立，仍然存在处罚主体狭隘、事前预防缺乏、事后惩治不足等问题，这尤其体现在渎职类犯罪的处理方面。这并不意味着追求重刑主义或者重罪主义，毕竟在科学合理的范围内扩大刑事犯罪圈，充分发挥刑法的积极预防和威慑功能，是现代刑法在生态环境治理领域应该发挥的重要作用。处罚企业、自然人等犯罪主体，却不对生态环境犯罪背后的“保护伞”加以打击，无疑是刑事处罚的疏漏。我们应以更加严厉的刑事规制态度面对环境监管失职犯罪，惩罚未尽到生态环境监督管理职责的相关主体。当然，任何犯罪行为的处罚都有边界，在考虑将生态环境监督管理渎职主体纳入刑事犯罪圈时，绝不意味着刑法可以放弃补充性、谦抑性的原则，必须适当地限缩处罚范围。这一思考路径恰恰符合我国晚近以来的谦抑性理论，即刑事立法的扩张化和刑事司法的限缩化。前者以法定犯的增设、刑罚结构的调整为逻辑主线，后者则是以前置法定性和刑事法定量为解释方法，对具体罪名的司法认定适当限缩。②

---

① 参见王灿发：《“两法衔接”促进生态环境刑法保护》，载《检察日报》2017 年 3 月 12 日，第 3 版。

② 参见田宏杰：《立法扩张与司法限缩：刑法谦抑性的展开》，载《中国法学》2020 年第 1 期。

第二章　生态环境监督过失犯罪主体拓展的必要性

随着现代化风险的扩散,人们日常的信息安全、饮食安全、健康安全等日益受到威胁。风险分配蕴含在全球化之中,却并不完全等同于风险产生全球化。但是,风险的制造者或者受益者迟早都会与风险相遇相冲,①可将其称为"回旋镖效应"。这种效应存在于风险社会的各个领域,单从环境领域的风险来看,环境犯罪监督整体性缺失的现状也必将导致环境受损现状持续恶化,正如乌尔里希·贝克所列举出的"维拉帕里西污染案"与"博帕尔毒气泄漏案"一样,人类致力发展的科学技术或许是一个"潘多拉的魔盒"。以刑罚作为手段惩治污染环境的犯罪仅是发挥了刑罚的惩治功能,如何防止环境继续受到污染应是当前环境犯罪治理的关键。因此,在科技迅猛发展与社会转型的特殊时代,要实现"绿水青山"与"金山银山"和谐共存,必须构建环境刑法的"惩治与预防"二元格局,生态环境监督过失犯罪主体范围的扩张也因此具备了时代合理性与现实迫切性。

第一节　中国式现代化语境下生态环境治理的内在要求

中国式现代化反映到自然资源与环境保护领域,就是指人与自然和谐共生的现代化。人与自然是相互联结、相互影响、和谐共生的命运共同体。中国式现代化急人民之所急,解人民之所需,在中国式现代化的语境下,既要通过国民的殷勤劳动,自主创造更多的物质财富与精神财富来满足国民日益增长的对美好生活的期望,也要寻求经济发展与环境保护之间的平衡点,绝不能像以前一样步入"先污染、后治理"的经济发展代偿性困局。中国式现代化要坚持可持续发展,坚持把建设资源节约型与环境友好型社会作为加快转变经济方式的重要着力点,坚持节约优先、保护优先、自然恢复为主的方针,坚持"绿水青山就是金山银山"的发展理念,坚定不移推动绿

---

① 参见[德]乌尔里希·贝克:《风险社会:新的现代性之路》,张文杰、何博闻译,译林出版社2018年版,第29页。

色低碳发展,集中精力解决老百姓身边的环境治理难题,实现中华民族的永续发展,保护国民当代与后代的代际安全。当前,我国生态环境保护发生了历史性、转折性、全局性的变化,绿色发展理念得到一定程度的落实,"双碳"目标得以更进一步实现,但不可否认的是,我国当前生态环境仍面临诸多问题,在中国式现代化的语境之下,推进生态文明顶层设计和制度体系建设仍然是党和政府所要推进的工作重点之一。

走中国特色社会主义法治道路、宣传社会主义法治理念、弘扬社会主义法治精神以及建设社会主义法治国家的要求,决定了建立并实施中央生态环境保护督察制度本身就是一项开创性、根本性以及长远性的工作,绿色发展的需要,使生态环境保护正发生着历史性、转折性和全局性的变化。生态环境监督体系亦深受此影响,从"政府主管"的传统治理模式转变为"政府主导、企业参与、社会监督"的新型治理模式,通过大数据、物联网等高新科技在生态环境监督领域的广泛运用,生态文明建设取得历史性成就。然而,我国仍存在生态环境违法成本过低、环境治理能力偏弱、生态环境领域法律不够完善等问题,对生态环境难以形成切实有效的法律规制和制度合力。解决生态环境治理的现实难题必须坚持中国式现代化是人与自然和谐共生的现代化的理念,以生态环境治理现状为依据,深入研判当前生态环境领域内的法学理论与生态环境治理现状的契合性,合理拓展生态环境监督过失犯罪主体范围,以求有效落实国家生态环境治理政策与完善生态环境监督体系。

一、增加监督维度:多元生态环境监督主体拓展的要求

刑法保障生态法益具有合宪性的依据,其中涵盖了国家生态环境、公民健康、财产、自由等多项权利构成的法律关系体系。[①] 其中,既有环境法益,也有公民的人身与财产法益,而且包含公民基本权利。通过对我国生态环境监督主体范围的历史性考察,发现当前中央生态环境保护督察的对象正从私权主体演变为公权机关,督察模式也逐步演变为"党政同督"的督察模式,当前的刑事法对生态环境监督主体的规制仅在刑法中设置了"国家机关工作人员"这种单一的监督主体,基于当前生态环境监督的现实情况,难以实现生态环境监督的根本目的,因此有必要加大监督力度,形成多元监督主体模式。

① 参见吴何奇:《风险社会环境犯罪治理模式的调整与补充》,载《大连理工大学学报(社会科学版)》2020年第2期。

(一)中央生态环境保护督察范围扩展的历史考察

1.“督企”督查模式

我国环保规划、政策及其标准,皆由国务院环保主管部门统一负责与制定,同时给予县级以上的地方环保部门相应的监管权力,对其管辖区域内的环境执法以及各项环保工作进行监管。在早期,在传统的政治惯性影响下,地方政府的环境治理常以行政调控与行政命令等具有强制性色彩的手段进行,所监督的主要对象是地方企业。现实情况下的地方环保主管部门大多各自为政,执法能力薄弱,地方政府虽然对该行政区域内的环保工作总体负责,但是环境污染具有跨行政区域的特性,在地方政府追究地方企业的环境污染责任之时,很难对跨行政区域的环境违法行为的责任进行界定,因此环境违法问题日益凸显,社会各界对构建区域督查机制的呼声也越来越大。为了建成我国环境监管执法队伍,环保部门设立了环境监察机构,共分为省、市、县三级,其主要职责包括生态环境执法以及监督检查。此后,为解决区域间、流域内的环境纠纷问题,中央环保部门结合现实情况颁布大量环保法规,尝试使环境督查中心跨区域化,以此针对棘手的跨区域性环境问题。最终,职能覆盖全国、各大区域相互协调的六个环保督查中心尽数组建完成,并有序开展各类环保工作。综观我国环境监管体系,环境监察机构大体上是根据行政层级进行划分,区域督查中心则是根据地域进行设置。此阶段中,我国的生态环境保护监管重在督查,生态环境监督体系也是以“督企”为重心建立的,没有过多地进行环境方面的立法,此过程不重视政府主体责任,其重点是检查企业责任,以督促企业改正环境违法行为、遵守环境保护法律法规为主。

2.“督政”督查模式

在“督企”督查模式下,地方政府主体的环境责任无法追究,针对地方政府的环境政策法规也无法得到有效落实,更无法对其有效监督。“督企”督查模式在环保工作中的局限性越来越明显。为此,环保部门将督查工作重心转向了地方政府,在督查企业的基础之上,将政府增加为主要督查对象之一,实行“督企”“督政”并重,确保地方政府积极参与到环保工作中。这样一来,以督政为工作重心的监管模式,有效地确保了多元环境主体责任,其督查效力得到了有力的加强。该督查模式在原来“督企”的工作基础之上,保留环保部门多层次性和监察中心多区域性的特点,同时加大对省、市、县(区)环保工作负主要责任的政府人员的督查力度。相较于早期单一的“督企”模式,改良后的监管体系显然更为全面细致:首先,督查对象更全面,保留了原来的企业,增加了政府以及相关部门;其次,督查内容更为丰富，覆盖了企业遵纪守法、政府工作落实以及履行情况的核实；再次，督查手段更加多样，不但运用了挂牌督办、公开约谈企业或政府负责人等方式，还利用媒体对相关问题进行曝光，以及暂停违规企业的环保项目审批等；最后，督查目的更为具体，在追求解决具体环境问题的同时增强地方政府的环保意识。

3. "党政同督"模式

"督政"监督模式相比于之前，大体上提高了许多地区的环保质量，有效促进了地方政府的环保积极性和责任感，是一次成功的改革，但其本身仍存在不足：其一，缺乏相关法律承认保障督查中心与地方政府之间的行政指导关系。在没有行政指导关系的情形下，督查处罚的力度完全不足以使地方政府主动承担环境污染防治责任。督查工作无法进一步深入，督查中心对地方政府的态度也无法强硬，不能对地方政府形成实质性的约束。其二，更为关键的是"督政"对地方党委的忽视。在我国，公共事务是由党来决策、交由政府来执行的，只追究政府主体责任而不对党委领导责任有所涉及的做法显然是不合理的，无法做到治标又治本。为解决以上两个问题，中共中央和国务院将"环保督查"变更为"环保督察"，将地方党委补入督察对象中，不改变环保部门的督察主体地位。党政同责为社会各界所接受，环保督察制度的核心要义为"党政同督"。中共中央在《中华人民共和国国民经济和社会发展第十三个五年规划纲要》确立生态文明建设的战略地位后，在随后的三年内大力构建"党政同督"的中央环保督察制度，赋予环保督察更高的法律权威与制度刚性，环保工作的"党政同责""一岗双责"越发凸显，中央分批委派督察小组进行专项督察，重点监督范围从政府单一的环保作为转变为地方党委与地方政府的协同作为。"党政同督"是自 2014 年"督政"转型以来我国环保督察制度的又一次重大变革，是新时期我国环境管理体制转型与建设的一个重心，我国的环境责任从主要的政府责任演变到当前的党政同责。2016 年，首个中央环保督察组进驻河北开展督察试点，代表中央环保督察制度的"强力"实施，在 2017 年完成了四批次全国 31 个省（自治区、直辖市）的督察工作，实现中央环保督察的全覆盖，中央环保督察制度经历了从"督企"到"督政"，再到"党政同督"的阶段演变。

（二）多元合作共治的环境治理理念

个人或者团体会为了共同的利益自发采取行动，一场环境污染往往涉及多个污染主体，企业直接造成环境污染，政府的监管缺位间接造成环境污染，个人在职责内的监管失职也可能是造成环境污染的重要原因。在多方污染、多方责任的环境治理背景下，多中心监督主体模式显然更为科学。为更好地建设生态文明，实现可持续发展，我国法律也引入了多元监督主体模式，各主体共同参与环境治理，生态环境监督主体范围得到扩张，此模式极大地激发了各个参与环境治理的主体的积极性，是符合我国国情的、具有中国特色的新时代环境监督主体模式。

1. 多元合作共治理念的内在含蕴

治理理论将治理过程比作多元化治理方式，其上下之间存在互动，并不是简单的自上而下的运行模式，政府并不是传统理论认为的唯一权威治理主体。治理理论强调治理主体多元，并贯彻多元理念。多元合作共治是以治理理论为治理基础的独特模式，其含义是通过多元化的主体各司其职、分工合作从而达到社会公共事务共同治理的目的。大多数人特别是社会民众潜意识里认为管理模式就是政府命令管制模式，其实这只是多种管理模式的其中之一。公共利益所受的损害是极其复杂的社会问题，与其有关的社会关系很多，单靠政府无法彻底解决。政府选择与社会力量共同合作，形成包括政府、企业、社会组织甚至公民在内的多元化治理主体，充分发挥各行各业各层级的优势，主体之间分工合作，相互协商，才能更好地解决社会问题。多元治理将原本的单一政府环境治理命令管制模式进行相应补充并加以完善，重新建立一种能使社会公众共同参与到环境治理工作中的环境治理模式。多元合作共治模式强调治理主体、治理过程以及治理方式的三重多元，环境治理多元合作模式在原有政府单一模式的基础上，增加了市场主体与社会主体，在协商的氛围下，先进行对话，以各自擅长及优势协商，通过谈判对各自追求的结果进行讨论，最终达成共识，让三大主体以环境治理问题为磋商核心，一步步达成观点统一。这种方式不但让参与环境治理的多方相互之间更好地分享各自掌握的信息，而且实现了资源共享，节约成本，具有独特治理优势。参与环境治理工作的各方主体选择了合作的治理方式，其实质性内涵简单概括就是协商合作的工作参与方式，体现了多元化主体的要求。这种治理方式产生的治理结果具有共赢的特性，这种共赢更是体现在各方面。多元主体的参与整合了各个参与方的意见，兼顾各个参与方的难处，促进他们通过协商方式找出矛盾点，协商解决矛盾，从而实现环境治理的共赢。相对于早已被抛弃的传统政府统筹命令、统一管制的治理方式来说，多元合作共治显然更符合我国环境治理新理念，也符合生态文明建设的本质要求，理念与模式的双重转型完美契合环境治理能力与治理体系现代化的建设，更为社会大众所接受。

2. 多元生态环境监督主体的拓展范围

虽说单一的政府统筹管制模式已经被抛弃,但政府主体治理本身具有的强制性特点是其他参与主体所没有的,也因此政府占据多元参与主体的主导地位是完全符合生态环境监督共同治理理念与现实情况的。以政府强制力为主线,将参与环境治理的主体企业、社会组织以及公民串联起来,调动其他主体的参与积极性,在民主协商氛围之下统筹治理过程,使生态环境监督治理工作更加安稳有序地进行。

首先,政府统领环境治理工作,在参与生态环境监督的多元主体中占据主导地位。环境行政管理机构是主要负责我国环境治理工作的行政主体,由国务院相关部门等单位组成,地方效仿中央部署,建立自上而下的同类职能部门,对农业、国土资源、水利工程以及海洋渔业形成多类型保护监督;同时,为解决地方政府生态环境执法监督难的问题,经过多方考察和研究,地方政府通过建立专门的以环境监测与环境监察为职能的部门机构以解决此问题。在环境保护多元合作共治理念中,应当首先明确政府的环境治理工作监管者的主体地位。国家响应环境保护多元合作共治理念,首次将环境监察机制写入法律之中,通过制定法律法规加强政府作为环境监管主体的地位,为相关环保部门增设各种制定环境标准的权力,政府法律地位的显著提高使政府的执法权力得到强有力的法律保障,让政府在后续监督环境质量、制定排污标准等方面的工作更为顺利,更加高效。需要强调的是,我们倡导并始终坚持政府在环境监督多元合作中做到“简政放权”,但这并非让政府放弃其多元治理主体的主导地位,政府相比于其他参与主体有着强制力这一得天独厚的优势,能够在宏观层面上总领环境治理工作,所以政府要合理运用其监管权力,有序引导各方参与主体的环境治理工作。权力是一把“双刃剑”,也正是因为其独有的强制力,政府及相关环保部门在引导与监督环境治理工作时,有时不能认清自己的定位,将引导变成命令,无法调动其他主体环境监督的积极性,不能充分发挥各方多元化主体的优势,企业、社会组织和公民从监督者变成政府命令的执行者,不符合新模式下的环境治理合作的初衷,如此可能倒退回传统的由政府统筹命令、统一管制的模式。为此,我国法律规定,环保质量结果责任由各级政府及相关部门负责,并对其环境治理效果进行考核,并将考核结果公之于众,通过考核结果公示的方式加大多元治理主体参与力度。

其次,政府为确保各方主体能够及时参与环境治理工作,近年来对环境治理工作的宣传力度越来越大。企业也是环境监督多元主体的重要组成主体,企业既是监督主体,也是产生环境污染问题的主要源头之一。因此，对于企业的环境污染问题的防治应该坚持惩罚与激励并重，通过降低税收、调整价格等市场激励手段来鼓励各企事业单位为环保工作作出应有的贡献，对于确实配合环保工作的企事业单位，可以成为政府采购的优选对象。对企业的惩罚措施应通过法律法规予以明确，适当加大对企业污染环境的惩治力度，新增设的“按日连罚”正是环保法对企业污染严格处罚的体现。此外，对于企业环境污染的防治需要坚持权利与义务并行的理念。企事业单位与其他经营者如果造成了环境污染，其相应需要履行多项义务，如公开企业排污信息等所有涉及环境方面问题的信息、优先选择清洁能源、对各种环保设备和排污设备必须严格按规定使用、因排污所产生的相关费用在规定时间内依法缴纳等。政府拥有主导地位，引领企业进行生态环境监督，相应地，企业对政府的引导也具有监督举报的权利，这样会避免政府引导变成行政命令，更有利于环保工作多元治理格局的顺利形成。总的来说，企业拥有高度自主性，因此既要激发企业自觉参与生态环境监督，还要让其在多元合作治理中更好地发挥自身的价值。

最后，社会主体的配合与监督亦是重中之重。社会主体所指丰富，个人、媒体以及各种民间环保组织都可以认为是社会主体。依据法律规定，公民与其他组织和企业法人一样，都拥有对政府不作为的举报权利，同时法律规定了各种环境公益诉讼权利让民间合法组织能够更好地参与到环境治理工作中来，更好地保护环境，极大地提高了社会公众参与环境治理工作的积极性。

二、扩宽规制向度：多元主体的环境数据监管要求

科学技术的发展带来了刑法理论的变革，从蒸汽机到人工智能，刑法理论发生了过失犯理论的嬗变、因果认定理论的发展、社区刑罚与社会控制理论的引入等巨大变化。在互联网大数据时代，数据价值的发现对于刑法的社会治理是具有积极意义的，数据的引入带来了刑法治理方式的革新，数据化的社会犯罪状况、数据化的社会犯罪治理、数据化的刑事法益保护等都推动了刑事法治的稳步向前。在生态环境监督之中，运用数据化的治理手段，将传统的环境法益改造为环境数据法益，将刑法对于生态环境的保护前置化，可以较为恰当地解决当前环境污染事件频发、环境治理费用激增等环境治理问题。

（一）环境法益到环境数据法益

1. 传统环境法益

从环境法益的内容分析，主要有公共安全说、环境保护制度说、多重法

益说和集体法益说。公共安全说认为环境犯罪侵犯的是不特定人的生命健康权和公私财产权；环境保护制度说认为环境犯罪侵犯了国家关于环境保护的管理制度；多重法益说认为环境犯罪侵犯的一般法益是公共社会利益，同类法益是国家管理秩序，特殊法益是不特定人在特定的环境要素下具有的环境权利，如眺望权、宁静权等。这几种学说虽有分歧，但都在人类中心主义的基础上肯定了环境法益具有人身财产权利的属性。后期生态中心主义的崛起使得人们意识到自然本位价值，自然法益纯粹论认为生态环境具有独立于人类的价值而应得到同等甚至优于人类利益的保护。随着生态文明建设作为国家战略方针的实施和对自然法益纯粹论的批驳修正，有学者提出了环境法益具有集体法益的属性，将环境法益由人类法益拓展到包括人类法益与自然法益两重含义的法益。① 刑法关于生态环境保护的理念随着时代的变迁已与以往大不相同，当下的刑法关于生态环境保护的理念以平衡人类利益以及生态利益为目标，将更早期的“有限的生态利益”发掘出来，取代单纯关注生态利益的理念。学术界的主流观点是支持将环境保护利益细分为两类，即生态利益和人类利益，前者是环境保护的直接利益，后者则是隐藏在环境保护背后更为深层的利益。有观点认为环境保护始终与人息息相关，人类是自私的群体，如果环境保护不能给人类带来丝毫的利益，那么环境保护则无丝毫的群众基础。正是由于环境保护可以给人类群体带来持续性的环境利益，期望通过刑法这一最严厉的法律来对环境进行保护，其实是为了预防人对环境进行破坏，而不是字面意思上的环境保护本身；亦有观点指出环境保护要以人类优先作为前提，生态法益依存于人类中心法益存在，环境刑法对人类中心法益没有抵触限度的保护也是环境保护的最终意义。人类生态中心主义的环境刑法法益也随这些观点的产生不断演变，其法益内容大致与生态中心主义近似，但它的终极目的却有别于生态中心主义，对生态法益的保护也没有达到生态中心主义的程度，它的刑法最终目的也是人类利益。需要说明的是，人类生态中心主义环境刑法保护的生态法益的范围是有限的，并不是全部的生态环境，而是动植物以及各类环境要素等与人类生活最紧密相关的生态法益，在学术上也称为“人类的最终关联性”的生态法益。有学者对“人类的最终关联性”作出了解释，即现在和未来如基石般存在于人类生活中、与人类相关并能产生一定积极向度的，我们称为关联性的程度。比如，绿水青山无论是现在还是未来，都有着使人们精神安定、压力缓解的机能，能与人

① 参见侯艳芳：《环境法益刑事保护的提前化研究》，载《政治与法律》2019 年第 3 期。

产生关联的绿水青山才是人所要保护的环境体系中的一部分。俄罗斯关于环境刑法的立法是世界环境立法现象的缩影，综观其关于生态犯罪的所有条文，对生态法益的保护无一不加上人的生命、人的健康等以人的利益为前提的修饰。在西班牙与巴西的刑法典中，相关的植物法益也不单单如表面文字那般单纯，人类依然可以决定其保护范围大小，甚至保护力度如何、怎么保护的前提也是要参照对人类利益的影响。因此，人类生态中心主义的环境刑法的法益并不是包含全部生态要素的生态法益，其直接目的在于保护生态利益，深层目的在于维护人类利益。①

2. 生态数据法益

生态环境监测本身作为国家环境治理与保护的重要手段，是国家环境管理秩序的一部分，理应处于集体法益范围内。对监测数据进行非法篡改伪造无疑违反了国家管理秩序。保护生态环境数据法益实际上是对传统环境法益保护的提前。刑法的惩罚性和预防性总是随着不同时代的特定情形此消彼长，在当今人类自然改造能力骤增的背景下，生态破坏风险防控和资源枯竭风险防控成为环境预防刑法的主要任务。法益刑事保护提前化有两个立法体现：其一，功能体现了刑法具有预防功能；其二，目的体现为社会生活有序安全地进行。② 法益刑事保护提前化是刑法保护由个人法益向集体法益的转向，通过调整犯罪完成标准、促进实害犯危险犯化、预备行为单独犯罪化、共犯处罚正犯化的转变。学术界对于刑法的扩张认为是在创设新型犯罪，相对于表明某行为有罪的刑事政策，在公共卫生、环境等范畴内，将某行为排除出犯罪范围的刑事政策相当稀少。③ 有学者认为，即便可能对社会经济的发展产生消极影响，以预防性环境刑法对环境犯罪领域采取必要干预措施的做法仍不可或缺，但基于对生态环境保护和人民健康等民生问题的考虑，立法模式应积极向民生刑法和安全刑法转变。④

（二）生态环境数据监管的必要性

生态环境数据质量是环境监测工作的生命线和国家环保事业的基础，生态环境数据法益与环境法益具有事实上的价值趋同性，将生态环境数据造假主体纳入生态环境监督过失犯罪主体范围具有其现实必要性和紧迫性。生态环境数据是生态环境状况的数字化呈现。在信息时代，生态环境数据监测是实现绿色可持续发展、构建生态文明共同体强有力的举措，只

① 参见帅清华：《环境伦理的嬗变与环境刑法的法益》，载《西南政法大学学报》2015 年第 2 期。
② 参见侯艳芳：《环境法益刑事保护的提前化研究》，载《政治与法律》2019 年第 3 期。
③ 参见王永茜：《论集体法益的刑法保护》，载《环球法律评论》2013 年第 4 期。
④ 参见李梁：《环境犯罪刑法治理早期化之理论与实践》，载《法学杂志》2017 年第 12 期。

有真实准确的监测数据才能客观反映生态环境的真实状况,为生态环境治理和绿色可持续发展提供有效的数据导引,确保环境数据法益不受人为干扰就是在间接保护生态环境。生态环境数据造假泛滥表明公权力在环境风险防控领域发挥作用不足,作为一种理念和制度上的革新,保护生态环境数据法益正是顺应实践的理性回归。当前频发的篡改、伪造生态环境数据的行为是在信息时代个体私利催生的不法行为。近年来,网络空间独立化特征越发凸显,数据时代已然铺陈而至,传统计算机犯罪的理论空间已经受到极大程度的挤压,数据法益的独立地位逐渐夯实,数据法益的刑法保护任务也越发紧迫,而生态环境数据造假实际上正是不法行为人对环境数据法益的侵犯。

在信息时代,生态环境数据利益具有难以比拟的重要价值,因此必须将生态环境数据造假主体纳入环境刑法的规制范围才能周延保护生态环境。我国传统刑法对于环境法益的定位是人们对于环境所享有的生态利益、精神利益、生命健康利益和财产利益。① 环境利益有狭义与广义之分。狭义的环境利益不具有直接的财产价值与经济价值,这种间接的价值体现为无法货币化的生态利益。广义的环境利益,是指人们依托于自然的、人身及财产价值所必须要实现的生态利益、生活利益与生产利益,是人们在环境中赖以生存和发展的基石。一般认为,传统环境法益作为社会法益的一种,是人们对环境所享有的超个人法益的社会公共利益的自然延伸,环境法益的内容包括实质的环境生态法益和其他法益,如环境美学利益等。广义的环境法益保护的除狭义的环境法益的内容(环境公共利益)外,还包括传统刑法所保护的与环境相关联的人们的生命、健康和财产法益。传统环境刑法站在人类中心主义立场指出环境犯罪治理以维护社会利益为终极目标,只有人的环境利益才能称为环境法益,但是这种观点的缺点是将生态环境同人泾渭分明地隔离开来。纯粹的生态中心主义把人类中心主义作为引发环境问题的根源祸端之一,认为非人类的自然应当优先或者至少平等于人类地位,然而这种观点同样将人同自然二元对立。实际上,不能否认环境法益与传统的人身、财产关系息息相关,正如,如果我们不保护环境,社会公共利益和人们的人身、财产利益终将遭到损害一样,在信息时代作为生态环境质量监控预警媒介、政策制定导引等功能之载体的生态环境数据,对保护全社会的环境利益具有重要意义,如果保护不周延同样会对生态环境乃至对人们切身利益造成损害。保护法益要求主体合理拓

① 参见白平则:《我国环境刑法法益论析》,载《法学杂志》2007 年第 4 期。

展，主体拓展反哺法益保护。只有将环境数据造假主体纳入生态环境监督过失犯罪主体范围才能有效震慑和遏制当前泛滥的环境数据造假行为，使环境数据法益得到有效保护。

三、加大处罚力度：周延生态环境监管的刑事规制主体

环境权的概念自诞生至今，一直为国际社会所推崇，国际上对环境权这一概念的认可度较高，环境权概念具有群众基础。联合国方面，甚至制定四种国家责任级别的国际环境犯罪，足以见其对生态环境的重视程度。我国《刑法》通过设立专门章节，详细规定了破坏环境资源保护的犯罪行为，此外，我国对破坏环境资源保护犯罪进行打击的刑事法律体系较为完善。人民对于美好环境的期望会随着社会的发展和经济水平的提高而越来越高，同时经济社会快速进步使传统相关法律规定面临挑战，当前环境犯罪呈现新的发展样态，我国环境刑法规制主体过窄、环境刑法缺位的情况越发明显，难以适应当前“最严格制度、最严密法制保护生态环境”的要求。我国环境方面的立法存在立法技术和定位等问题，长期以来坚持以“监督者监督之法”的理念建立的监管机制除了行政治理手段过于单薄之外，在环境管理体制中也存在区域性之局限，这就使地方政府的环境保护责任无法得到有效落实。在长期粗放式的经济增长模式下，地方政府一味追求经济增长，忽视社会多元主体的环境治理责任，导致多元主体的参与积极性不高，长此以往将会导致环境保护的公共职能完全丧失。因此，有必要拓展生态环境监督过失犯罪主体的范围，加大对环境监督不作为、权力寻租不履责等滥用权力行为的惩罚力度，推动企业等社会主体积极参与环境监督与治理，达到周延保护环境的目的。

（一）核心问题：对环境监管者的刑事规制缺乏

西方国家因缺乏政府监督曾经多次发生市场调节失灵造成环境污染的案例，且每次发生造成的后果都十分严重。我国吸取西方国家的教训，在原有政府主导的基础之上，不断通过制定相关的法律法规，授予政府及其职能部门各种环境监管权力，对企业污染和破坏环境行为的法律规制也越发完善。由于政府具有权威属性，自然得到相应的高度关注。我国社会公众潜意识里就将如何解决环境问题与如何加强政府环境监督等同，大多数公众都认为只要政府得到更多的环境监管权力就能更好地解决环境问题。通过法律法规的授权与社会公民的支持，政府的环境监督主导地位也越发明显，在环境治理工作过程中确实也取得了非常不错的效果，但也存在政府对环境监管保护职责不履行或者履行不到位的情况，严重阻碍环境

保护法律法规的实施，与立法初衷背道而驰。首先，在地方环境问题治理过程之中，少数地方政府存在环境污染“保护伞”现象，这些地方政府只看重经济数值的增长，为了自身政绩，为企业的环境污染行为“打掩护”，以错误的政绩观出台各种保护环境违法企业的政策，干涉环境保护部门环保整治工作的进行，这些地方政府表面上大喊高度重视环境污染防治工作的口号，背地里却为企业的污染行为大开绿灯，放纵不良企业的污染环境行为，甚至在环境保护部门对这些企业开展整治工作时，想方设法阻挠，甚至出面施压，逐渐沦为这些环境污染企业的“保护伞”。例如，这些政府对列入重点名单的重点企业和重点项目实行特殊保护，即使这些项目违反了环境保护法律法规的规定，仍对其后续发展提供便利，对其污染环境的行为不仅不罚，还免收包括排污费在内的各种行政费用，甚至给予各种重奖，出台各种限制当地环保部门正常执法工作的文件。部分地方政府甚至以应对国际金融危机为由，重启过去一些早已被否决的项目，这些项目大多是因污染环境而被废弃的。其次，某些地方政府大搞“软执行”，在执行环境法律法规和履行环境职责时不作为，对环境污染企业下不了彻底整治的决心，不能有效采取切实有效的整治手段，不敢大刀阔斧地放开手进行严惩。即使是国务院发布的决定，某些地方政府依旧对这些环境污染企业放任自流，表面上采取取缔行为，但取缔、关闭任务完成量却始终不尽如人意，甚至在决定公布早期就已经关闭的许多严重污染环境的小企业，趁着风头稍过，就因为政府的“软执行”悄然复燃，而那些大中型企业面对政府整改命令之时，只是口头上责令限期整改，私底下仍存在一定程度上的消极整治，政府难以检查甚至不想检查。而且，部分地方政府也未对超期整改的环境污染企业采取相应处罚措施。原国家环境保护总局在某次对地方工业园区进行环境检查时，近九成的工业园区都存在各种环境违法问题，存在大量违规、越权审批。国家“节能减排”的政策目标也因为这些地方政府与环境污染企业变成一纸空文。再次，有的地方政府因失误决策造成环境污染的严重后果。部分政府仅凭经验，不进行相关的考察与科学的论证，不深入群众中调查，推行不符合当地实际的政策指令，致使当地生态环境被严重破坏。在我国历史上，发生过许多因政府决策失误而严重破坏生态环境的惨痛教训，至今历历在目。古代盛行“以粮为纲”，将原本的草地、林地以及湖泊毁坏，只为让其变为耕田，却使草地变成沙地，树木减少引发洪水，湖水资源流失，百姓因此苦不堪言。20 世纪 80 年代中期，受到矿产资源开发政策的影响，在矿区乱挖、滥挖之风盛行，造成资源极大浪费。20 世纪 80 年代末，由于乡镇企业政策，使得乡镇企业如雨后春笋般涌现，各种低效能高污染的企业浑水摸鱼，致使工业污染更为严重，农村环境质量急剧下降。直到今天，仍然有个别政府不思悔改，重蹈覆辙。明知本地环境干旱，却仍然建设高度消耗水资源的项目；明明当地耕地紧张，却为了短期资金的增长圈占良田，大兴土木，严重破坏了稀缺的耕地资源。最后，某些地方政府不想承担环境与资源保护的责任，怕负责，怕担责。要知道政府承担环境保护的责任是环境保护法律法规的明确规定，是生态环境治理体系和治理能力现代化的体现之一，宪法原则提出的政府主动承担环境监管与保护责任的要求是义务更是责任，政府干部要勇于担当、敢于担当、善于担当。

（二）问题纠因：对环境监管者规制缺位的考察

现实存在两个严峻的矛盾。其一，宝贵的环境与稀缺的资源无法足力支持我国经济、社会的快速发展，长久以来粗放式的经济发展模式无法从根本上解决环境污染与浪费资源的现象；其二，中央对“节能减排”的决心被地方政府以“软执行”的方式简单应付，造成中央决策与地方执行之间的矛盾。从法律的角度剖析这两大矛盾：从表面上看，矛盾的产生皆是法律强制执行力不足所致；从实质上看，其实是立法方面的问题，环境法过多授予政府监管权力，其规制内容大多是针对企业，以控制企业的方式达到保护环境的目的，其前提就是政府作为监督者为了保护环境确已竭尽所能，但是，根据现实情况，地方政府在进行环境监督工作时仍然存在各种各样的问题。环境保护目标无法实现与地方政府自身不作为等现象存在较大关联。这其实体现了我国环境保护法的立法选择与制度安排的不科学、不合理之处。环境保护法无法将所调整的社会关系纳入制度轨道，实施效果无法达到预期，也使立法的初衷无法实现。产生这些后果的原因是立法者陷入了认知误区，将“监管者监管之法”作为环境保护法的别称，其认知前提是建立在政府是“理想人”的基础之上。“理想人”假说将政府视作一心一意为人民服务的人民的政府，其所做决策均是为了实现全体人民的利益，其所做工作并没有任何私心。将政府视为“理想人”其实是民选政治的本质体现，各级政府的官员大多都是选拔自广大的人民群众之中，代表了人民的意志，具备高度的政治觉悟与行动能力，但理想终究是理想，社会各界与人民群众潜意识里形成了政府“理想人”假说。也就是说，政府为了全体人民的利益，为了更好地服务人民，他们必然会坚定不移地保护环境免受污染。也正因如此，将各种监督权力通过立法的方式赋予各级政府，大大增强了政府强制力，使政府行使权力越来越方便，手段也越来越多。但需要明白的是，我国目前处于社会主义初级阶段，人的物质生活条件与思想政治觉悟远远达不到“理想人”的假设状态，客观物质基础与主观意识觉悟的局限使假设终究只能是假设,不能轻易认为理想已经实现。更为复杂的是,中央政府和地方政府之间在实践中并没有达到非常理想的互动状态。环境法律是由最高国家权力机关制定的,但其主要执行主体是地方政府,并非中央政府。也就是说,地方政府对环境保护工作的执行力才是国家实现环境保护目标的关键,地方政府的作为对环境保护法律的顺利实施具有极为重要的影响。自改革开放以来,为建设社会主义市场经济,地方政府在本级行政区域内的经济领域获得了更大程度上的决策自由,其对经济资源的占有支配度得到了空前的提升。经济决策自由度的提升有以下两方面的影响:一方面,刺激地方政府发展地方经济的动力;另一方面,提高了地方政府的政治影响力。福祸相依,有利必有弊,经济决策的自由度也给地方政府带来了许多隐患。分税制改革下,一些地方政府盲目追求经济效益,为达到竞争目的提高短期经济效益,甚至牺牲其他的非经济指标。更为重要的是,我国地方政府官员政绩考核的主要指标之一就是GDP,这更加使一些地方政府完全背离了可持续发展的初衷,严重扭曲了地方财政均衡的支出结构,致使环境质量成为地方政府追求经济增长的牺牲品。回到现实中,国家近年来不断加大环境监督力度,也不断出台相关法律法规政策,可“节能减排”的任务却始终无法按时按量按质地完成,所获成效也微乎其微。这也证明了地方政府尚未达到社会公众潜意识里认为的“理想人”状态。因为现阶段的政府并不能真正达到符合“理想人”假说的理想状态,所以对地方政府的行政行为进行适当引导,将部分政府从错误的道路上扭转回来,反而能够激发地方政府践行可持续发展理念的积极性,促进当地经济可持续发展。现阶段,针对以上问题,如何改变政府的“理想人”与“现实人”的抽象状态,使政府在应然与实然之间达成平衡,通过立法正确引导地方政府良性竞争、调动地方政府保护生态环境的积极性,是需要国家认真考虑的问题。

(三)纾解之策:完善环境监督者刑事规制体系

监管环境监管者这一理念的出现,从本质上讲是否认了“理想人”假说的逻辑可行性。“理想人”假说的存在,使社会监督、法律制裁以及权力分工不能适应环境保护事业的发展需要。生态环境的发展需要,要求将经济发展与环境保护作为一个统一的集合整体,而不是放在对立面上来考虑。所以,需要从根本上破除“理想人”这一假设,从而建立起“监管监管者之法”这一集合概念。其核心理念是将环境监管者和被监管者放在同一平台之上,树立起环境监管者也应该接受相应监督的理念。如此,生态环境监督过失犯罪的内容便可以作出新的调整,将各类监督过失犯罪主体和内容都囊括进来，确保责任的有效落实。生态环境作为人类的基本安全保障，与人类的生存和发展息息相关，建立完备的生态环境监督体系，不仅是今后政策规制的客观导向，更是践行科学发展观的必然要求。在我国强调依法治国的今天，包括环境监管在内的监管体系的建立将会是中国未来社会发展的不二之选。政府监管行为的设立应以符合科学发展规律为基本宗旨，将适当的政府监管作为维护社会稳定、促进经济发展的积极要素。环境问题的有效监管，应该从政府和企业两条轨道上实施：一方面，对肆意排放污染物的企业应建立完备的事前事后追责制度，确保环境污染责任的追究与落实；另一方面，政府的监管行为需要社会和公众的参与监督，防止因政府决策出现偏差而导致环境污染行为的发生，这就要求公众监督与政府监管行为之间形成一种指向关系，在这种指向关系中反馈机制可以得到妥善的表达，使环境保护的目标得到积极的实现。

第二节　生态环境监督过失犯罪主体拓展的理念驱动

一、生态环境中心理念的思想巡弋

（一）人类中心主义与非人类中心主义

人与自然关系的思辨一直围绕着谁是万物的中心这一主题展开，如中国古代老子的“道法自然”思想认为人本来就是自然中的一部分，应当遵循自然的本来规律，推崇顺应自然，无为而治；如近代社会强调“人力胜天”，强调征服自然、改造自然、利用自然，即纯粹的人类为万物之主的思想，主张人是万物的尺度；西方工业文明时期同样以狭隘的人类中心主义作为处理生态问题的思想指南，然而近现代西方拒绝人类中心的思想逐步成为主流，倡导从生命的个体或整体性的角度判断世界的本来价值。对于生态环境中心理论的探讨多若繁星，主要可以分为人类中心主义与非人类中心主义。两类截然相反的理念指导着对人类社会关系、人类生态关系的价值判断，对社会经济发展与生态利益保护问题的处理起到思想基石的作用。

人类中心主义将人类利益作为唯一的衡量标准，以对人类自身发展是否有益作为道德和价值上判断的决定性依据，其思想基础是“人是万物的主宰”，所谓价值即是人类为了自身生存与发展而设计或选择出的评判方式。人类中心主义认为人的利益是价值的唯一衡量因素，一个事物如果对拥有意识的人类存在积极作用，能服务人类、推动人类自身社会发展即应得到正面的价值判断。人类的一切活动都是为了给自身创造更好的生存和发展条件,也因此其他自然存在物对于人类而言仅具有工具属性,人类作为价值判断者只有自身才能得到由价值衍生出来的道德关怀,自然的价值只是富有情感的人类自身比照的投射物,如人类常用宠物来一定程度上替代家人的陪伴、用某种物品寄托对某人的思念等。然而,在这种纯粹的人类中心主义理念指导下所形成的不良发展模式,造成人与自然关系的空前紧张,并且生态环境问题反而成为严重影响经济社会发展和人类美好生活的主要阻碍。在保护生态环境刻不容缓的现实情形下,人们总结传统以人类中心主义处理人与自然关系的经验,吸取自然反噬的教训,对环境伦理理论有了更为深入的思考,提出了诸多非人类中心主义的思想与观点,如“土地伦理说”“深层生态学”“动物权利论”“生命中心主义自然观”等。这些非人类中心主义的理论一改传统的环境犯罪理论,主张应当破除人类利益是价值判断唯一标准的结论,动物、生态自身同样具有内在价值和权利,道德关怀和伦理价值判断的主体范围应当将其囊括在内,从非纯粹人类价值角度建立价值评判原则和标准,构筑以自然为中心的环境伦理学和环境犯罪理论。生态环境是一种客观存在,不仅具有利于人类的价值,而且具有利于其他生命的通用价值,或者说以其他生命形式共同构成的自然具有其本身的内在价值,只有全面、正确地看待人与生态环境的关系才能利于生命的和谐发展。

(二)新时代人与自然生命共同体理念

马克思主义除了揭示了资本主义剥削本质,在生态环境哲学思想上也提出了重要理论,并为后来法兰克福学派、生态马克思主义学者深入探索人类与生态的关系提供了思想指引和理论基础。有关学者对马克思主义的生态环境立场进行论证,并以历史唯物主义方法针对如何构建符合自然发展规律的人与自然的关系提出了各种观点与方案,对我国生态文明建设具有借鉴意义。习近平生态文明思想立足世情、国情、党情,对人与自然的关系作出了全新阐释,提出“人和自然是一个生命共同体”的科学结论,把人与自然的共同命运作为新的价值主体。习近平总书记提出:“我们要认识到,山水林田湖是一个生命共同体,人的命脉在田,田的命脉在水,水的命脉在山,山的命脉在土,土的命脉在树。”[①]基于此,只有实行最严格的制度、最严明的法治,才能为生态文明建设提供可靠保障。我们组织修订与

① 中共中央文献研究室编:《习近平关于社会主义生态文明建设论述摘编》,中央文献出版社2017年版,第47页。

环境保护有关的法律法规，在环境保护、环境监管、环境执法上添了一些硬招。稳步推进健全自然资源资产产权制度和用途管制制度、划定生态保护红线、实行资源有偿使用制度和生态补偿制度、改革生态环境保护体制等工作。无法反驳的是，人类文明的诞生与发展总是与自然息息相关，如古巴比伦等河流文明、古希腊等海洋文明，只要人类存在，自然史总与人类史紧密相连，相互制约，更相互依赖。《刑法修正案（八）》对生态环境犯罪作出重大调整，以污染环境罪取代了重大环境污染事故罪，以严重污染环境作为入罪标准，而非曾经的要求达到造成公私财产重大损失或者人身伤亡的成立标准。此前的司法解释将造成生态环境严重损害作为入罪条件，《刑法修正案（八）》的这次调整，降低了环境犯罪的入罪门槛，起到了打击日益猖獗的环境犯罪的作用，并且反映了立法观念的转变，即认定是否构成环境犯罪的考量因素不再是单纯看是否造成人类利益的损失，而是要充分考虑环境法益，严重侵害环境法益而暂未造成人类利益损失的行为也应当受到法律追责，环境刑法所保护的法益有了巨大转变，从传统绝对的人类法益保护指向扩大到环境法益保护。现代刑事立法及刑法解释既应摒弃纯粹的人类中心思想，也应严防割裂的、片面的、与人完全无涉的纯粹环境法益观点，应以习近平生态文明思想为价值指导，制定符合自然发展规律、适应社会形势的规范。与此同时，在全面推进治理体系与治理能力现代化的过程中，必须坚持“绿水青山就是金山银山”的价值领导，在对人与自然生命共同体理念充分认识的基础上形成资源节约型、环境友好型的社会格局，才能科学地、合理地处理人与自然的关系，建立与生态文明相适应的生产发展模式，还自然以宁静、和谐与美丽，建社会之文明、富足与健康。

（三）环境刑法立法理念的必然选择

环境伦理学是环境刑法的立法遵循和价值灵魂，是通过揭示人与自然的关系在本质上确定和指导人的行为规范。人类的外在行为受到社会生活中所形成的道德伦理的指引，然而道德伦理是在社会发展的不同阶段不断变化的，如古代的“三从四德”到现在的男女平等，道德范式并非一成不变，因为人类社会发展到不同阶段就会根据社会现实产生不同的伦理道德范式，但无论哪种道德范式一般都只能解决当时社会的大部分问题，随着时间和社会发展的变化，这种范式就会出现与社会认知不相符甚至相矛盾的情况，进而受到社会人的质疑，进而被新的符合社会认知的伦理道德范式所取代，重新推动政治、经济、思想文化等各领域的发展而被广泛接受。人与自然的伦理道德观念的演变同样适用这种人类社会的伦理道德范式演变的规律。在工业文明早期，人类中心理论对当时的社会发展存在益处无可否定,它指导人们发挥主观能动性,积极创造条件来摆脱贫瘠的社会生活现状,为工业文明的快速发展提供了精神支柱。但是,随着经济社会的不断发展,这种毫无节制强调追求当前的、人类的利益而忽略生态环境及子孙利益的行为越来越不被社会所接纳,越来越多的人认识到这种行为方式的问题,并由此反思。

目前,随着环境问题的显现和环境伦理学的发展,人们将目光投向环境法益的保护,保护生态环境作为符合人类根本利益的需要成为时代的主流道德观念,寻求符合社会发展规律的科学的环境刑法立法理念成为当前环境刑法发展的极为重要任务,坚持可持续发展和坚持人与自然和谐共生是当前环境刑法立法价值的必然选择,保护人类利益与保护生态环境利益的问题并非不可调和的矛盾,物我两分的伦理体系中的物我地位并非高与低的问题,而是强调要站在整体生态观立场上加深对人与自然是生命共同体的认识,二者应是互相促进、互为发展的关系。习近平总书记在 2013 年党的十八届三中全会上提出,“山水林田湖是一个生命共同体”。之后,习近平总书记在党的十九大报告中提出,“人与自然是生命共同体”,将人与自然的命运紧密联系。2021 年,国家主席习近平在《生物多样性公约》第十五次缔约方大会领导人峰会上提出,“共建地球生命共同体”。2022 年,习近平总书记在党的二十大报告中再次提出“人与自然是生命共同体”。环境刑事立法应注重人与生态环境和谐发展的伦理价值,不仅要保护人的法益,更要充分认识到生态环境法益的重要性。因此,现代环境刑事立法理念应以人与自然生命共同体理念为价值引领。一方面,针对人类中心主义的原则和理念进行反思总结,从片面追求人类自身利益和价值的认识误区中突破,修正其因狭隘的视角而产生的不足与错误;另一方面,借鉴吸纳生态中心主义中尊重、保护生态法益的观点,周延环境刑法保护主体范围和理论体系。人与自然生命共同体理念是以马克思历史唯物主义为理论指导,在批判与总结人类中心主义和生态中心主义的基础上,继承和发展其合理成分与内涵,结合社会发展形势,符合自然发展规律的伦理观念。在价值问题上,人与自然生命共同体理念肯定生态环境的“外在价值”和“内在价值”,并使两种属性同人类社会发展有机统一;在内容上,人与自然生命共同体理念不仅反对极端掠夺自然资源的行为,也反对绝对的生态中心主义,主张应以人类与生态环境整体上的和谐发展作为现代环境伦理观的目标。因此,现代环境刑法立法理念应当贯彻人类与生态环境和谐发展的伦理价值,不仅要保护人的法益,而且要充分保护生态环境法益。

二、风险理论对传统刑法观的引导

在风险社会的现实语境下，无论科技发展到哪种地步都无法消除风险，因为风险就是科技本身所带来的无法磨灭的副产品。在此种情况下，环境刑法惩罚侵害环境利益的既定结果已无法有效遏制环境犯罪，因此必须将法益保护的重心转移到预防与控制风险，罪责理论应当与时俱进，不应无视一些极易危害人类或生态环境利益的危险行为，刑法的功能不应被局限在对危险源的事后惩处，而应将保护法益作为环境刑事立法的前提，充分认识到刑法事前预警机制的重要性和必要性，注重法益保护的早期化与宽泛化。具体而言，环境刑法在风险社会中应当有以下三个方面的转变。

（一）罪责刑法向风险刑法的转变

传统刑法作为一种罪责刑法，其重心偏向于惩罚未遵守刑法禁止性规定而造成侵害法益的实害结果并负有责任的行为。但是，在风险社会中，即使是不法行为人也无法预料破坏生态环境会造成怎样的严重后果，且生态环境风险具有潜伏期长、查证困难等固有特点，行为人实施了某些危害环境利益的行为，可能过了几年、几十年才得以显现，甚至在此期间会因为某种无害的介入因素导致危害结果的发生，因果关系论证困难。因此，传统罪责理论具有事后惩处难以有效落实的现实难题。正是由于风险社会中环境犯罪的独特性，环境刑法应结合社会现实合理突破罪责刑法理论的窠臼，针对环境犯罪行为进行有效事前预防，合理制定不以罪责理论为据的必要措施，合理运用风险刑法理论。二者最为重要的区别在于，罪责刑法理论注重事后惩罚，背后的核心指导理论是通过限制国家刑罚权来保障公民的自由；风险刑法理论则强调对危害结果的事前预防，核心在于维护社会的安全秩序和整体利益。预防和控制侵害生态环境利益是风险刑法运用于环境犯罪规制的主要功能，风险分配是刑法归责的主要基础，而如何灵活处理风险则是刑法的主要任务之一。特别要强调的是，主张罪责刑法向风险刑法转变并不是对传统刑法理论的全盘否定，而是主张在环境犯罪等存在技术性风险的特定领域中，由风险刑法理论中功能化法益侵害理论对抽象的、非人类本位的生态环境法益进行全面的保护，以风险刑法中的预警机制来修正传统环境刑法惩处犯罪的滞后性，并且可以通过适用风险刑法中的因果推定原则解决环境犯罪认定难的顽固问题。

（二）预防刑法观念的外生性转变

风险社会理念对环境刑法的影响导致预防刑法观念发生外生性转变。

传统理论中的消极一般预防因会损害对应被震慑人的尊严而被诟病，而积极一般预防因为向遵守法律规范的人宣传展示犯罪不受赞赏的价值判断而导致公民对犯罪产生厌恶，培养公民遵纪守法的理念，从而预防犯罪发生。两者的显著不同在于后者不是通过刑罚来震慑潜在犯罪人，而是以培养公民自觉守法意识的方式预防犯罪。日本学者大谷实教授认为刑事政策的核心应当是预防犯罪发生。而环境刑法因其独有属性要求刑法必须发挥出犯罪预防机能。当今环境刑法存在的意义不是威慑行为人不去实施破坏生态环境的行为，而应是在某种行为可能侵害到环境法益时就应主动规制，避免该种行为真正严重侵害生态环境。因此，在风险社会中，环境刑法合理采用积极的一般预防能够较有针对性地预防频发的环境犯罪。

（三）实害犯向抽象危险犯的转变

传统罪责刑法规制的主体多是已造成法益侵害事实的实害犯，风险刑法与之不同，危险犯处于其规制主体的核心地位，尤其是抽象危险犯。在抽象危险犯的惩治中，并不需要行为人对特定的人身或财产等产生实际的损害，而是依据社会一般人经验将某种类型化的危险行为拟制为需要受到刑法规制的行为，一旦行为人实施该种行为就应被刑法推定为其应当受到刑法规制。传统环境刑法理论以惩罚实害犯为主，但在风险社会中，环境犯罪多存在抽象危险行为，如核泄漏、海洋油污、有毒或放射性物质排放等，这类行为本身具有极高的危险性，一旦出现危害后果其影响无法估量，依据传统罪责理论构建的环境刑法难以处理此类危险的抽象危害行为。风险刑法在处理环境犯罪问题上具有天然优势，其核心在于法益保护前置化、重点处罚危险犯，正因如此，在处理环境犯罪时，刑法理论应由处罚实害犯向惩治危险犯转变，将刑法防线适当前移，以实现对人类法益和自然利益的保护。在风险社会中，刑法的重点不应只放在对造成危害结果的实害犯的惩罚上，而是要与时俱进，防患于未然，这样才能更好地保护生态环境法益。

三、生态环境权利本位思想的转变

一般而言，公民是环境法上的权利主体。鉴于环境问题的独特性，此处公民的含义可以拓展至包括当代人及当代人的未来世代。根据当前环境法学者所开出的环境权利清单或者“环境权谱系”，通常认为权利主体有公民、法人和国家三种。国家环境权是一种委托代管权，是国家以宪法的授权为依据而具有的对全体公民的环境权益进行保障的权利。它是全体公民享有的以宪法为纽带让国家对环境加以保护和管理，从而使自己的环境权益得以保障的一种权利。因此，国家环境权具有一种使命感，其更多地表现为一个国家对于保障环境所必须具备的职责和义务，包括环境处理权、环境管理权、环境监督权等保护和改善环境的职责。环境资源管理权作为一种国家公权，一般被限定在国家有关部门为保护生态环境所依法行使的监测、预警、指挥、组织等工作范围内。一个被利用和实施于保障环境资源的行政权力，在逻辑分类上很难成立。国家与公民可以同时被列为财产所有权的权利主体，却不能同时被列为环境权利的权利主体。依前述可得知，实质上环境权利是指在特定的环境条件下，特定权利主体对其特有生存环境所享有的一种权利。环境权被强调为权利主体对其特有生态环境资源与其价值的享受，主要表现在描绘特定环境条件总离不开“健康的”“干净的”“合适的”“宜居的”等形容语句上。国家与自然人的本质区别，使公众与国家无法共享对于环境保护的同一种权利，国家无须自然人所需要的“适宜的环境”，也不必要在特定的生态环境条件下生存，更无须享用生态资源的直接价值。然而，只有在国家作为环境保护义务人的情况下，依据国家特有的权力法律地位，才能使环境权利被赋予一份强制的法律力量，使公民环境权从应然转变为实然，得到实际的保障。

美国学者约瑟夫·萨克斯教授曾提出“环境共有”与“公共信托”理论，其足以表明每一个自然人权利主体都具有在“良好适宜的环境”下生存生活的权利，其是一种应当受到法律强制保护的权利。约瑟夫·萨克斯教授还指出，环境立法必须完成以下三项任务：第一，承认公民合法享有的“良好适宜环境”权是一项可强制执行的权利；第二，这项权利的强制执行性应当通过公民个人以公众身份起诉而成为可能；第三，为设立关于环境质量的普通法的发展进行架构。约瑟夫·萨克斯教授在《东京宣言》中表示：“应当在法律体系中加以肯定，将当代人及其后代享有自然资源及生态价值的权利和生活在良好的不受侵害的环境下的权利作为一种基本人权，健康的环境应作为一种遗产流传于后世。”为了由破坏环境转变为保护环境，应当赋予公民享受良好适宜环境的权利以及支配环境的权利。以前一权利作为依据，公民有权请求排查清除妨害行为，针对使良好环境受到侵害的行为加以预防。

《俄罗斯联邦环境保护法》在立法上可以借鉴，其将公民的环境保护权利列为基本原则贯穿于整部法律之中，体现在第 3 条第 1 款、第 2 款“遵守每个人都享有良好环境的权利”“保障人的生命活动的良好条件”的规定中。这不仅是一种宣言性的文字，而且是切切实实地体现了俄罗斯对于该权利的强调以及重视，也更能显示出该国家将环境保护作为一种核心理念的地位。在司法实践方面,以印度勒德兰市政局案为例。勒德兰市地方治安官最终发布令状强制勒德兰市政局对公共卫生进行大力清洁,清除污染,改善卫生条件。二审中。高等法院再次维持了一审判决。最终,勒德兰市政局提起申诉。在印度最高法院判决中同样体现对公民环境权利的保护,并未援引《印度共和国宪法》第 21 条、第 48 – a 条具体关于保护生态环境的条款,而是直接依据职权对政府提出切实保障公民环境权利的要求,其判决理由在于政府应当负责保障公民的公共健康和环境权利,而不应以财政困难为借口推卸责任。

第三节　强化企业内环境监管人员刑事责任的需求

企业环境污染治理属于第三方治理,是当下环境污染治理的重要一环。当下的生态环境治理强调多元主体合作共治理念,在环境污染治理问题上一直鼓励多元主体协同参与,但是长期以来中国的企业环境污染治理却面临不同程度上的规制缺位局面。在刑事法领域,环境监管失职罪中的环境监管人员仅包括国家工作人员和与国家工作人员相类似、承担相应行政职责的人员。在多元合作治理的理念下,环境监管者概念出现外溢倾向,在实践中,实际上具有环境监管职责的人员不仅包括代表国家公权力的国家机关工作人员,事实上还包括企事业单位中承担环境监管职责的人员。以上主体在实践之中均可能出现监管责任履行不到位,对环境监管失职负有相应的过错责任,但是刑法只处罚上述第一类主体却忽略第二类主体,无疑有失公允,也有悖于环境污染多元化治理的理念。因此,拓展环境监管者的主体范围,将企业内部环境监管人员纳入刑法规制体系当中,既顺应了环境污染多元主体共治理念,也契合当前环境污染治理的现实情况,具有理论合理性与现实必然性。

一、贯彻全方位多元化生态环境治理的时代需求

在当下的生态环境治理体系下,应当凸显多元主体力量,发挥社会各主体的自身优势,通过各个主体之间的鼎力协助、分工合作等系统地对生态环境污染等问题进行协同综合治理。在各类主体之中,政府由于具有国家强制力色彩,企业由于是社会经济运作的重要角色,二者在环境治理中的力量不容小觑。虽然以上两类主体在环境治理中发挥了积极作用,但也有一些自身问题亟须解决。就政府而言,以政府强制力保证实施的环境治理方案容易导致利益冲突,不利于治理机制的长效运行。就企业而言,企

业以商业利益为核心驱动力，其环境治理行为全凭自觉，在商业利益的影响下，企业自身缺乏积极性与主动性，治理效率可能会大打折扣。因此针对这些缺陷，二者均应该反思，对自我定位进行重新评估。在角色定位的过程中，二者应当充分考量各自的优势何在，并主动寻求政府与企业之间的利益平衡点，尽量达成一致的价值追求，从而逐步地探索出协同共治的生态环境治理路径，共同为维护社会公共利益而奋斗。这样一种政府、企业联合治理的模式，能够真正实现环境治理的协调性、系统性、全面性发展。

在传统治理时期，环境治理主要依赖行政管制模式，即由政府成为环境治理活动的“主导者”。但是，当前环境污染的主要引起者是企业，因为排污行为大多形成在企业的生产经营活动之中，而生产经营活动又是由企业自主安排的。所以，企业应当成为环境治理活动的关键所在。国家在根据环境治理现状立法和制定政策之时，要将重心放在对企业的规制上，以企业为中心展开环境治理工作。企业作为社会主体的一员也必须受到法律的约束，并接受政府及大众的监督。当然，由于各方立场的不同，环境治理机制在运作过程中必然会存在龃龉状况，而且由于各个主体之间的立场不同，也会导致许多矛盾在治理过程之中难以调和，从而影响环境问题的协同综合治理。因此，在构建治理体系的过程中，必须遵守科学、民主、自愿的原则。通过科学立法、多方磋商、治理评估等方式，尽量均衡各方利益，找到甚至创造各方主体的利益平衡点。一味强调公共利益而忽视企业个体利益，是不科学的，是难以长久维持的。多元化的环境污染治理体系的科学性就在于它引入了多元主体的磋商合作机制，在磋商合作的过程中能巧妙协调好多个主体之间，特别是政府与企业之间的利益关系。这种利益关系的协调并不是简单的“平均主义”，也不是利用权力进行强制分配，而是真正实现“多赢”。在这样一种法治理念的指导下，政府、企业甚至是其他社会主体都能够清晰地找准自己的定位，在各自擅长的领域中各司其职，形成无形默契，彼此之间分工协作，积极磋商减少冲突，从而共同维护社会利益，有效保护生态环境，这就是在中国式现代化语境下的多元主体合作共赢的环境治理模式。

在以往的计划经济模式中，政府长期承担着社会治理的各项工作，进行全方位的宏观调控。有权必有责，有权必担责，权责统一。在这样一种“总揽式”的政治角色之下，政府自然也承担着与这些权力相对应的烦琐的行政职责，职权冲突与职责冲突实际上不利于政府工作的高效开展。企业作为受管理者之一，就深受这种以政府为主导的传统管理模式的制约。现代社会中，“全能型”的政府管理模式已然难以适应时代发展，基于此，国家治理能力现代化作为国家级战略而被提出，目的就是扭转长期以来“全能型”政府的治理惯性，构建弱管理性质的“服务型”政府，推动政府治理能力与治理水平的切实提升。在“服务型”政府的治理模式之下，政府在环境问题的治理过程之中应当转换自身定位，不再将自己定义为管理者，而是将自己定义为一个服务者，以一个服务者的身份，通过引导、激励等方式，构建环境治理多元化参与格局，促进治理主体多方参与、多方协商、多方治理，从而推动我国生态环境保护事业的健康有序发展。[①]

在当下的生态环境治理理念指导下对现代政府定位进行重塑，必须着重考虑两个因素：一是要以实现治理任务为最终目标；二是要直面被管理者的需求，对利益平衡问题加以考量。新型的治理体系将政府原有的“控制型”角色转变为“服务型”“辅助型”角色，运用多种治理手段柔化管理者和被管理者之间的对抗关系，避免二者在利益层面上过分对立。在最大限度保障生态环境利益的同时，缓和了政府与各治理主体之间的利益冲突，实现多主体的合作共赢、同向而行。“服务型”政府治理模式的关键在于提供优质的公共服务，而不是进行全方位的公共管控。现代“服务型”政府在提供公共服务的过程中应当注意平衡经济发展与环境保护之间的关系，以维护公共利益作为根本目标，构建一套全新的公共服务流程体系，从而确保公共服务能够高效运行，且需要保证公共服务的方式是符合大众期许、能够为社会公众所接受的。并且，只有政府的公共服务水平获得了社会群体的公认后，服务型政府才算是真正的转型成功。此外，政府应当承担“激励者”角色，不断鼓励社会其他主体加入环境保护事业的行列中来。政府对环境保护事业的贡献不仅体现在管理环节上，还体现为构建一套能够保证社会经济可持续发展的体系。通过对生产、销售以及消费等一系列流程进行环保化处理，将社会公众利益与企业利益相融合。在实践中，由于政府与企业的定位不同，在环境治理的过程中，两者的视角也存在一些差异。为了更好地履行公共利益职能，政府应当采取相应的措施来实现监督实质化，这种监督并不仅针对企业的自治行为，其监督对象亦包括政府自身的执法行为。对企业的自治行为进行监督落实，就是要防止企业的生产经营活动造成公共利益的损害。而对政府自身的执法行为进行监督，则是为了防止政府侵害企业合法权益，进而导致双方之间的矛盾激化。

生态环境问题的刑法规制往往具有复杂性与多样性，不仅包括外部利益冲突，亦包括内部矛盾。一般而言，非主动化政治治理模式决定了政府

---

① 参见陈泉生、宋婧：《论环境法的国家干预原则》，载《当代法学》2006 年第 5 期。

难以全面、均衡地解决社会问题，将所有的治理期望寄予政府，则容易形成政府环境治理压力过大、社会环境治理力量发挥不足的弊端。企业作为环保事业中的重要参与主体，必须担负起相应的社会责任。这种责任要求企业在谋求自身发展的过程中，必须要防止其自身生产经营给社会所带来的各种环境风险。企业应当主动承担社会责任，将获取的部分利益投放于与环境保护相关的科学技术研发当中，自觉履行节约自然资源、保护公共环境、维护公共利益的社会责任。① 自主组织下的公共事务治理体系亦是一种治理方式的创新，有利于避免因公共事务的处理而产生的多方利益纠纷，形成高效、可持续的治理氛围。② 在自主治理理论指导下，实施者通过坚持自主治理的原则，重新定义企业在生态环境治理中的角色，从而能够有效应对新形势下环保工作过程中产生的问题。企业自主治理对环保领域中利益层面的复杂性和动态性应当予以重点关注，以其较强的适应能力和调整能力，调和企业逐利性与政府管制之间的关系。换言之，在自主治理理念下，企业不再迫于政府与社会压力参与环境保护工作，而是在利益衡量之后自主选择参与环境保护。并且，这种自主权衡的思维方式能够缓和政府与企业在环境治理中的矛盾，提升社会整体的环保效益。

企业在环境治理体系中所扮演的角色也应该有所调整。在传统治理模式下，企业通常属于受管制者，没有太多的自主性，被动接受指令安排，从而也就不具有多少积极性。而在新的治理体系下，企业转变为一种积极、主动、自觉的角色。推动企业从受管制者向积极参与者的转化，能够达到以下两点效果：一是企业会认真学习和贯彻生态环保理念，将环保意识自觉带到生产经营活动中。企业在制订发展计划时，会综合考虑各方面的因素，权衡之下选择出既适合企业自身发展又能够减少环境污染的企业发展方针，从而达到降低污染排放、减少防治成本的环保效果。通过将生态环境治理理念有效引入企业管理体系中，可以潜移默化地对企业施加影响，引导企业自觉、主动、积极地履行环境治理职责，同时可以避免环境管理部门和企业排污信息不对称的现象，降低环境监测机构在履职过程中产生的成本。二是能够提升社会对企业的好感度，从而帮助企业提升市场竞争力。企业要想真正为社会做出一番贡献，就应当在参与环境治理的过程中合理开发利用自然资源。同时，要避免过度消耗自然资源，减少污染排

---

① 参见吴真：《企业环境责任确立的正当性分析——以可持续发展理念为视角》，载《当代法学》2007 年第 5 期。

② 参见［美］埃莉诺·奥斯特罗姆：《公共事物的治理之道：集体行动制度的演进》，余逊达、陈旭东译，上海译文出版社 2012 年版，第 39 页。

放。当企业真正做到这一点时，社会自然会对其表现出认同感，从而使企业获得良好的社会商业信誉，保障其在市场竞争中得到相应的竞争优势地位，发挥模范效应，进而促进整个企业群体形成保护环境的良好氛围。

事实上，企业自我规制的氛围并不是因为政府的环境管理手段而形成的，而是企业内部培养起来的一种文化，这种企业文化敦促企业在进行生产经营活动时能够保持充分的自律。企业在进行自我规制时，既要考虑生产经营活动对自然环境的损害，也要努力实现企业自身利益最大化。因此，企业的自我规制行为主要存在三大功能：一是针对我国在环境立法上的空白进行有效的补充。法律的规制总是滞后于社会发展，在规制某些实践行为时往往会形成各种规制的"空白地带"，因此当企业采取自我规制的行为时，必须严格依照现行的法律法规来约束自身，并且要灵活应对现实中产生的新问题、新状况，从而在一定程度上弥补环境立法滞后性所产生的法律空白。二是可以有效提升环境治理的治理实效。区别于政府对环境治理的行政管制，企业自我规制能够充分调动企业自身的自治觉悟，这种自治觉悟体现为企业能够根据自身特色、最大限度发挥其主观能动性、自主运用环境治理的方式和手段。此外，这种自治觉悟所带来的治理能动性可以为企业塑造其特有的责任类型，帮助其重视创新生产技术、生产方式，促使其采取一切有利于保护环境的手段，从而降低污染物排放的风险。① 三是企业根据自身情况进行自我治理时，往往能够因时制宜地、因地制宜地降低相关成本，更具灵活性。区别于政府的直接管制，企业往往能够根据自身所积累的经验来打造一套适合自身发展的自我规制模式，从而有针对性地解决实践活动中存在的环境治理难题。通过这样的方式，企业逐渐形成了一套完善的、切实可行的、量体裁衣式的自我规制体系。

另外，企业作为主动守法者，在环境治理活动方面也具有三种功能性价值：一是主动守法可以避免一些不必要的违法成本，同时能换来政府与社会的支持。企业作为理性的"经济人"，必然以利益为首要目标，这就决定了企业会习惯性地通过对成本与收益进行衡量来决定是否实施某种行为。基于此，政府倘若能够制定政策，鼓励企业守法，并为守法表现优异的企业提供一定的补贴、税收减免或技术指导等奖励，增加企业的守法收益，是能够促进企业主动积极地参与环境治理工作的。② 二是企业通过主动

---

① 参见王清军：《自我规制与环境法的实施》，载《西南政法大学学报》2017 年第 1 期。

② 参见巩固：《激励理论与环境法研究的实践转向》，载《郑州大学学报（哲学社会科学版）》2016 年第 4 期。

守法,能够为自身营造绿色环保的良好企业形象。企业通过以较少的自然资源使用量,争取最大化的经济效益、社会效益,同时做好环境保护工作,以获得社会认同感,再利用这种社会的认同感打造其产品的品牌竞争力,从而壮大自己的发展。三是通过主动履行法律所赋予的职责,来减少其对环境所带来的损害,实现环境保护。比如,企业自觉履行环境信息公开职责,主动公开其掌握的环境信息,吸取社会公众建议,建立起包括企业、政府和社会在内的多元主体协作机制。当下,我国环境问题呈现新形势,我国的法律制度也在日益完善。在此背景下,企业经营者应当进行思考,在主动守法与被动守法两种模式下,何者将更有利于实现自身发展。无数事例证明,在主动守法的情况下,企业能够较好地平衡自身经济利益与社会利益、环境利益之间的关系,形成一种相对稳定的经济发展良性循环。在主动守法的理念影响下,企业能够真正做到“一箭双雕”,既保持了自身的稳定发展,又促进了生态环境的好转,实现了人与自然的和谐“共存”。

在政府与企业之间寻求共性,从而形成两者之间的共治,是现代多元化环境治理体系中的一个重要内容。通过治理方式多元化发展,形成一种持续、交互的机制。这一机制能够充分发挥各个主体的自身优势,努力协调多方利益冲突,打造一个共同解决环境问题的平台,从而实现良好的环境治理效果。改革开放以来,市场经济体制为我国的经济发展带来了无限生机,但经济发展中,还伴随自然资源的过度开采以及生态环境的破坏。如果不能转变我国目前粗放式的经济发展惯性,必然会给生态环境带来二次伤害,后果将难以想象。因此,我国必须加速重构一种适合当下境况的新型环境治理模式,进而引导社会公众走上一条可持续发展的绿色经济道路。法律的制定与修订应当随着社会发展而有所调整,即法律应当是为了解决社会问题而存在,其制定与修改应当有利于社会发展。在新型环境治理模式下,多方参与的形式是必不可少的,只有通过多方力量的整合,齐心协力,才能真正地实现长久治理。因此,构建多元化环境治理机制是生态环境保护事业的重中之重。在实践中,要逐渐开始探索多元环境治理体系中的政企共治路径,并将这种多元共治理念投放到各地去实践,逐步摸索对于具体环境问题应当采用何种解决机制。

二、企业自身生态环境治理缺位的解决策略

在我国,企业经济是社会主义市场经济中的重要组成部分,企业也必然要在污染减排任务中承担相应的责任。因此,要明确企业在环境治理体系中的角色,充分发挥其优势,让企业为环境治理工作的开展提供有力支撑。

首先,要充分意识到企业在环境治理体系中的地位。企业的生存发展通常依靠其创新力强、决策高效和应变迅速等优势,对这些优势加以利用,然后有的放矢地投入环境治理中去,是实现企业坚持绿色环保政策的关键一招。

其次,要让企业担负起其应负的社会责任,勇于承担保护环境的使命。倘若一个企业只顾自身的发展,而没有一定的社会责任感与荣誉感,必然不能实现长远发展。因此,企业应当主动承担起环境治理的社会责任,运用自身力量,全力以赴做好企业污染减排工作。而对于本就处于环保领域的企业来说,更要积极主动承担更多的社会责任。一方面,该领域企业本身就具备一定的环保经验与环保技术,通过共享这些成功经验与技术手段,既能够保护自然环境,承担相应的社会责任,又能在社会责任的承担之中赢得良好的企业信誉,反向推动企业自身的发展。另一方面,该领域企业本就应当承担更为严苛的责任。这些企业的日常经营本就与环保密不可分,是环保事业的"先锋队伍"。对于环保领域中的企业,必须要提升其社会责任感,并制定比普通企业更高要求的规章以约束其行为,从而保障该领域中的防污减排工作得以顺利进行。

再次,要鼓励企业主动投身环境治理工作。其中,民营中小企业对于环境保护的政策治理由于资金短缺等因素影响很难落实,通常只能将企业生存放在首位,无法兼顾环境利益。因此,在制定环保政策时,要充分考虑我国民营企业的现实情况,分级而治,即针对不同规模的企业制定不同的环保标准,减轻中小微民营企业环境治理成本,推动环保事业的长效发展。在国家政策层面,政府可以通过给予民营企业一定的资金或技术扶持,对积极参与环保的企业以资奖励,对尚未投身环保事业的企业进行鼓励,调动整个企业群体的环保积极性,如通过对在环保工作中表现优异的企业给予税收上的减免、融资上的便利等方式对企业进行激励。

最后,要充分发挥企业的创新作用。随着经济的发展和环境损害形式的多元化,环境治理工作也需要从技术、机制以及体制等不同方面进行革新。而企业能够不断发展的关键就在于创新,国家应当以制定的政策为导向,通过为企业提供各方面的支持,激励企业将创新能力运用到生态环境治理中来,从而促进我国的环境治理水平不断提高。①

① 参见姜文来:《找准民营企业在污染防治中的定位》,载《中国环境报》2019年1月11日,第3版。

三、实质刑法观对生态环境监督管理主体的拓展要求

构建生态环境监督管理人员刑事责任应以实质刑法观为指引，以生态环境监督管理中的注意义务为依据明确责任主体，将信息时代负有生态环境监督管理职责的企业纳入生态环境监督过失犯罪主体的范围，这样才能真正实现对各种破坏环境行为的规制。实质刑法观强调法律的实质理性对形式理性的能动影响，从而实现法律自身从形式向实质的转变。同时，犯罪构成要件的功能应当由形式向实质转化，对犯罪构成要件的解释不能仅从形式上进行，而应从是否达到了值得刑事处罚的程度进行实质的解释。生态环境问题离我们并不遥远，它关系到人类的代际传承与代际安全。制定生态环境相关的法律规范是国家保障公民获得公平的生态空间权利的具体方式。① 但是，由于我国在长时间的发展过程中肆意开采自然资源，片面追求经济的发展，疏于对生态环境的保护，因而造成了当下生态环境问题频发，生态环境系统遭到较大破坏，甚至严重影响了人们的日常生活。我国人口众多，又在大力推进工业化和城市化的进程，资源的过度开发利用导致我国的生态环境系统脆弱。目前，我国尚处于环境污染问题的高发阶段，环境污染程度严重、环境污染事件高发、环境污染影响牵连广阔的"三个高峰"同时到来，使我国面临非常棘手的环境挑战。经济发展中造成的污染排放已然超出生态系统本身的自我修复能力，环境问题成为我国加速发展中必须面对的一道坎。究其根本，造成我国环境问题频发的原因主要有以下三点：一是环境保护在社会和经济发展过程中处于失利地位，以牺牲环境换取经济发展的粗放型发展模式、政府以 GDP 作为唯一发展目标的片面发展观念使环境保护常常让位于经济发展，与环境相关的法律法规无法得到切实执行；二是随着生活条件的改善和公民文化程度的提高，人们对环境的要求越来越高；三是我国现在的环境司法不能够为环境受害人提供有力的诉讼权益保障。但是，近年来全国范围内的大气污染、水污染、重金属污染事故频发，农村生态环境急剧恶化，环境问题成为影响人们生存和发展的基本问题，环境领域中的纠纷也随之增加。值得注意的是，虽然目前环境信访案件总量十分庞大，但真正能够进入诉讼层面的刑事案件却不多。大部分的环境纠纷仍然被排除在司法程序之外，我国刑法对于环境污染问题的规制仍存在不足。出现这种状况的原因与我国现行

① See Mark J. Smith & Piya Pangsapa, *Environment and Citizenship: Integrating Justice, Responsibility and Civic Engagement*, Zed Books, 2008, p. 76.

环境刑法对责任主体规定的有限性密切相关，环境犯罪作为危险犯在司法实践中认定较为困难，应当从实质刑法观的角度出发，突破形式逻辑范式，对生态环境法益保护的现实需求予以回应，扩张生态环境责任主体范围，以达到环境治理效果的最大化。

在传统的环境法领域中，污染者负担原则是一个自始至终得以贯彻的重要原则，即由因实施生产经营活动或其他行为导致生态环境遭到破坏的主体对环境治理和生态修复承担责任。这种责任主体看似容易确定，但真要确定起来却颇具难度。环境污染的结果产生并非显性且易确定的，并且污染并不只是存在于生产经营活动中，在消费者进行消费活动时也有可能会造成环境污染。因此，要找准"污染者"是具有一定难度的。[①] 且污染者负担原则无法解决污染者不明时的责任承担问题。随着环境污染问题变得越来越复杂，由环境污染衍生而来的其他环境问题也逐渐显现。这些环境污染事件的相关联者，是除污染者之外与环境污染有着最密切联系的主体。甚至在有些情况下，这些关联者对环境污染产生了重大影响。但是，如果仍然以污染者负担原则为依据，这些关联者将被排除在法律规制的范围之外。换言之，污染者负担原则已然无法解决当下面临的各种环境污染行为。因此，学界开始尝试探讨建立新的认定环境侵权责任主体的方法，通过构建新的定义来尽量地囊括新发现的行为类型，及时弥补当下环境刑法对环境法益保护力度不足的缺憾。例如，蔡守秋[②]、黄霞以及常纪文[③]三位教授认为，要确定环境侵权责任的主体，就应当坚持"污染者治理""破坏者恢复""利用者补偿"等基本原则，同时强调党和政府在环境治理中的重要作用；韩德培、陈汉光两位教授认为在环境问题中应当主张由损害方支付费用，由受益方予以适当补偿的环境治理模式；[④]汪劲教授则认为相比起由污染者来承担赔偿，受益者的范围更为广泛多元，主张受益者承担原则更合适。[⑤] 另外，有些学者认为可以对公司法中的人格否认制度加以利用，通过该项制度将公司中的一些参与人纳入责任承担主体的范围之中，建立起较为齐全的责任主体体系，并将生态环境损害责任的形式多元化。[⑥] 学界对于环境污染问题进行了理论上的深入探讨，为划定环境侵权

① 参见柯坚：《论污染者负担原则的嬗变》，载《法学评论》2010 年第 6 期。
② 参见蔡守秋主编：《环境资源法学教程》，武汉大学出版社 2000 年版，第 40 页。
③ 参见黄霞、常纪文主编：《环境法学》，机械工业出版社 2003 年版，第 102 页。
④ 参见韩德培主编、陈汉光副主编：《环境保护法教程》（第 6 版），法律出版社 2012 年版，第 79 页。
⑤ 参见汪劲：《环境法学》，北京大学出版社 2006 年版，第 172 页。
⑥ 参见周杰普：《论公司参与人的环境损害赔偿责任》，载《政治与法律》2017 年第 5 期。

责任主体提供了多种途径，为环境侵权责任主体制度的更新提供了有力的理论支持。①

当下，生态环境监督主体的拓展已然是不可避免之趋势。② 而司法作为法学理论知识投影到法律实践的媒介，是检测法学理论知识是否真正科学的实践路径之一。值得一提的是，虽然我国的现行法律中并未规定除"污染者"之外的责任主体，但在司法实践中法官已经最大限度地运用其自由裁量权对生态环境进行最大限度的保护，使有些"污染者"之外的主体同样承担着相应的侵权责任，这为我国的责任主体拓展理论研究提供了十分丰富的案例素材。并且从整体来看，我国侵权责任主体的范围呈现从单一到多类的拓展趋势，这种趋势还在持续当中。

由于实务中已经存在一些生态环境监督过失犯罪主体拓展的案例，并且这种现象仍在持续，那么类型化分析就显得特别重要。通过类型化分析将现有案例总结归纳后，得出的结论有利于实现对理论观点的印证。通过分析，可以发现如下几点：

第一，企业作为污染物的主要生产者之一，其生产经营活动大概率会对环境造成威胁。因此，针对企业应要求其妥善处理自身产生的污染物，特别是针对化工类企业等重大污染物排放企业，更要严加把控污染物的产生与处置环节。此类重大危害污染物的处理应当由企业将相关情况向政府或有关部门进行申报提醒。③ 相关企业在处理这些危险物品时应当严格按照法律的相关规定进行操作，提供充足的经费和技术支持。④ 如果委托人怠于履行审查义务或者是为了节约成本而故意委托无相关资质的第三方处理危险废物，对于由此产生的环境污染问题委托人也应当承担起关联责任，即由委托人与受托人一起对环境损害承担连带责任。

第二，对于产生污染物的经营者来说，有些经营活动危险性极大，处理

---

① 参见孟庆垒：《环境责任论——兼谈环境法的核心问题》，法律出版社 2014 年版，第 193 页。

② 参见胡卫：《环境侵权中修复责任的适用研究》，法律出版社 2017 年版，第 185 页。

③ 《固体废物污染环境防治法》第 78 条规定："产生危险废物的单位，应当按照国家有关规定制定危险废物管理计划；建立危险废物管理台账，如实记录有关信息，并通过国家危险废物信息管理系统向所在地生态环境主管部门申报危险废物的种类、产生量、流向、贮存、处置等有关资料。前款所称危险废物管理计划应当包括减少危险废物产生量和降低危险废物危害性的措施以及危险废物贮存、利用、处置措施。危险废物管理计划应当报产生危险废物的单位所在地生态环境主管部门备案。产生危险废物的单位已经取得排污许可证的，执行排污许可管理制度的规定。"第 80 条第 3 款规定："禁止将危险废物提供或者委托给无许可证的单位或者其他生产经营者从事收集、贮存、利用、处置活动。"

④ 参见吕忠梅：《环境司法理性不能止于"天价"赔偿：泰州环境公益诉讼案评析》，载《中国法学》2016 年第 3 期。

不妥就会产生重大的环境污染事故，也容易造成人身伤害或财产损失。为了避免此类悲剧的发生，国家对这方面的管控极其严格，不允许任何主体随意从事有关行业，而是采用行政许可的方式进行行业准入筛选。能够从事有关行业的主体一般是具有一定资质和能力的，如要具有专业技术人员、运输工具、中转以及存放相关设备的场地等。当一个主体具备了这些条件后，就可以向有关部门申请办理经营许可证。但市场中许多企业缺乏道德意识，社会责任感不强，对法律也较为罔顾，为了赚取私利往往通过虚假申报、有意隐瞒等方式规避自身责任。例如，现实中许多企业并不具备相关的资质和条件，也没有获得行政许可，但仍在从事此类经营活动，给生态环境带来了巨大的威胁，应当承担法律责任。此外，有些情况下危险废物经营者并不是环境污染行为的参与者，只是由于其行为与环境污染事件的发生之间存在一定的因果关系或者其自身具有重大过错，导致经营者应当与加害人承担连带责任。①

当前，环境责任主体扩张大多是从民事侵权角度阐释，破坏生态环境的刑事责任主体并未改变，破坏生态环境实质上的责任人员未被纳入刑法评价体系，难以有效规制，致使对于破坏生态环境的主体出现刑法评价漏洞。从实质刑法观分析破坏生态环境的犯罪行为，引入监督过失理论，对负有生态环境监督职能的企业环保责任人员追究生态环境监督过失责任，有利于弥补环境监管失职罪中主体规制范围过于狭窄的现实问题，以便形成“国家—社会—企业”多元主体参与的环境治理机制。

---

① 参见胡卫：《环境侵权中修复责任的适用研究》，法律出版社2017年版，第26页。

第三章　生态环境监督过失犯罪主体拓展的法理基础

研究生态环境监督过失犯罪主体拓展的可行性，首先应回答的一个问题：生态环境监督过失犯罪主体拓展的理论依据是什么。生态环境监督过失犯罪主体拓展的理论依据应是关于这一领域的法哲学问题，而法哲学问题又是法律的根本问题。如果说科学不仅要知其实然还要知其应然，那么上述实证考察及必要性的研究仍停留在实然层面；而只有将目光集中在应然层面，才能使其研究达到体系上的完整性。换言之，相比实证研究而言，厘清其法理基础是对生态环境监督过失犯罪主体拓展所做的超体系的思辨。它要解决的不是实然问题，而是应然问题，也就是价值问题，同时要解决其理论前提问题；如此才能使环境刑法体系达到完整状态，达到应然与实然、理想与现实的统一与融合。正如德国著名法学家考夫曼教授所言，“法律是应然与实然的相当”。[①] 由此，本章在应然层面着重从哲学根据、现实根据和理论根据三个面向进行论述。

第一节　生态环境监督过失犯罪主体拓展的哲学根据

一、生态文明理论缘起：人与自然生命共同体理念

党的十八大报告提出：“必须更加自觉地把全面协调可持续作为深入贯彻落实科学发展观的基本要求，全面落实经济建设、政治建设、文化建设、社会建设、生态文明建设五位一体总体布局，促进现代化建设各方面相协调，促进生产关系与生产力、上层建筑与经济基础相协调，不断开拓生产发展、生活富裕、生态良好的文明发展道路。”从“既要绿水青山，也要金山银山”到“绿水青山就是金山银山”再到“坚定不移走生态优先、绿色发展之路”，充分显现了我国对生态文明建设的重视以及战略思想的转变。这一转变与党的二十大报告所提出的“站在人与自然和谐共生的高度谋划

① ［德］考夫曼：《法律哲学》，刘幸义等译，法律出版社2004年版，第170页。

发展”①的精神相契合。“生态兴则文明兴,生态衰则文明衰。”②历史经验告诉我们,中国不能再走先发展后治理的老路,不能只注重一次性的经济发展,忽视人与自然生命共同体理念。坚持人与自然共命运,是新时代生态文明建设的要求。这意味着,我们必须合理开发利用资源,做到人与自然和谐共处,这样才能保证人与自然和谐共生、持续发展,才能保证我们的子孙后代能够持续享受大自然的资源,享受生态文明的历史成果。无数的历史经验均证明,如果我们大肆乱砍滥伐破坏自然环境,终有一天我们也会遭受自然界的惩罚,这是人类社会发展的客观规律。人与自然生命共同体理念正是总结了历史经验,看到了人类与自然休戚与共的共同体关系。

坚持用人与自然生命共同体理念解决中国的生态环境问题,具有巨大优势。其中,环境生产力理论为构建人与自然生命共同体提供了可能,而“两山论”则为构建人与自然生命共同体规划了路径。

(一)人与自然生命共同体理念的基本优势

近年来,我国从多个方面加大了环境污染治理的力度,也出台了比以往更多的有关文件;这些举措使我国在短时间内提高了生态环境保护的行动速度,真正做到了“绿水青山就是金山银山”。梳理既往经验,可以发现这些成就均来自对人与自然生命共同体理念的长久坚持。

具体而言,这种理念的基本优势在于:第一,从人与自然之间的辩证关系来看,人是自然界的主体,是自然界的一部分,我们归属于大自然,因而我们不能凌驾于自然界之上,不能随意地破坏大自然。但我们当然可以利用我们的主观能动性和创造性来改造自然、发展自然,在尊重自然界客观规律的基础之上创造出物质产品和精神产品。第二,准确理解了人类幸福指数与生态环境之间的关系。保护生态环境就是在保护民生;只有生态环境美丽健康,我们人民的幸福指数才能提高。党的二十大报告提出,“我国社会主要矛盾是人民日益增长的美好生活需要和不平衡不充分的发展之间的矛盾”。这种不平衡和不充分的发展在生态环境面前显得尤为突出:我们不再仅关注简单的温饱生活,开始对水资源、空气资源等内容有了更高层次的需求。为此,我们应当在保护生态文明的基础之上,发挥人的主观能动性和创造性,创造出更多人类所需要的优质产品和服务,进一步满

① 习近平:《高举中国特色社会主义伟大旗帜 为全面建设社会主义现代化国家而团结奋斗——在中国共产党第二十次全国代表大会上的报告》,载《中华人民共和国国务院公报》2022年第30号。

② 习近平:《论坚持人与自然和谐共生》,中央文献出版社2022年版,第2页。

足人们这种对于美好生活的需要,提高人民幸福指数。第三,为自然界的可持续利用以及可持续发展提供了中国方案。前文提到大自然的资源是经过千万年来不断积累和沉淀形成的有限宝藏。鉴于此,我们不能仅满足于当前的生存发展进而随意损坏自然资源,而是要为我们的子孙后代做长远考虑。破坏生态资源的逐利行为,短期内可能对经济发展起到了推动作用,但是从长远来看,却很难保证子孙后代的生存发展。这不仅不是全面建成小康社会的初衷和目标,也是对子孙后代的不负责任。第四,运用了全面系统的观点看待环境问题。"我们要认识到,山水林田湖是一个生命共同体,人的命脉在田,田的命脉在水,水的命脉在山,山的命脉在土,土的命脉在树。"①这些生态环境要素环环相扣,形成了人类生存发展的共同物质基础。在这样一种生态系统当中,任何一环的损失都会影响整体自然界的循环。运用全面系统的理念看待问题,能够使各种生态环境系统的资源和要素可持续地有效开发、利用,也能保证生态环境的再生产。因此,保护自然环境绝不是"头痛医头,脚痛医脚",而要统筹自然生态的各要素,在发展生产力的同时要系统整体地考虑对生态系统的影响。

（二）环境生产力是人与自然生命共同体理念的理论根基

我们要将环境和经济生产力进行有机结合,生成环境生产力。生产力的发展是人类进步最根本的动力,其内部包括多种要素,如劳动者、劳动者之间的分工与合作、劳动者在生产过程中使用的各种技术资金等,这些要素之间相互配合与补充构成了整个生产力的发展。② 人们对于生产力的认识有一个逐步提高的过程。过去的自然生产力往往通过破坏、控制、改造的生产过程,实现创造财富这一单一目标,这就是简单的生产方式。以此种自然生产力理论为依据的实践活动片面追求经济发展,以高产出作为检验标准,无视人类作为主体对自然的反哺责任,完全是一种竭泽而渔的短视行为。由此观之,自然生产力理论的缺陷在于认为自然只有纯粹的有用性,其强调人的主观能动性,自然界对于人类的作用可能只是一个开发利用的工具,人类无节制地开采和利用,为经济发展短视性地开发和改造自然。③这实际上也是一种对于自然的"零责任论",忽视了自然资源的有限性。

---

① 中共中央文献研究室编:《习近平关于社会主义生态文明建设论述摘编》,中央文献出版社2017年版,第47页。

② 参见张森年:《习近平生态文明思想的哲学基础与逻辑体系》,载《南京大学学报(哲学·人文科学·社会科学)》2018年第6期。

③ 参见曹孟勤:《"生态优先,绿色发展"理念的深层价值》,载《江苏大学学报(社会科学版)》2023年第1期。

正是因为认识到传统生产力理论的缺陷，环境生产力理论敏锐地洞察到生态环境资源是有限的，其更注重发展的可持续性和协调性，强调只有通过合理、持续、系统并逐步改善自然的方式来发展生产力才能克服人类社会面临的自然资源日益枯竭的困境，找到一条经济发展与环境保护相协调的道路。首先，我们应该尽力保护稀有的生态环境资源。古语云："天育物有时，地生财有限。"[①]现在我们所享有的生态环境资源是长时间积累、保存下来的，想开发利用很容易，可是想要再次拥有却是难上加难。我们不能只着眼于当前的短期利益，而应该注重于长久的环境保护；在维护我们现有生态环境的基础之上，要努力为子孙后代保有良好的生存环境。其次，要有序开发生态环境资源，促进增量。生态环境资源多数是能够再生的，要明白"斧斤以时入山林，材木不可胜用也"的道理，适时适度地进行自然资源的开发，在长远角度上增加自然资源的利用空间。最后，要充分调动生态环境生产力要素，扩宽增长点。在进行生产活动时，要充分发挥主动意识、创新意识。自觉树立生态文明意识，发挥出环境生产力的使用价值，我们可以生产出更多优秀的、不以损害生态环境为代价的物质财富和精神财富。我们要全面深化改革，在脱贫攻坚的过程中，充分发挥贫困地区可利用的资源优势，激发贫困人口的积极主动创造性，让更多人参与到生态环境建设中来。这样既可以打赢脱贫攻坚战，又可以充分带动贫困地区的生态文明发展。[②]

（三）"两山论"是习近平生态文明思想践行的基本内容

1."两山论"的形成与发展脉络

"两山论"的形成具有丰富内涵。其中，严峻的生态环境问题和生态治理工具"失灵"的现状是其形成的逻辑起点，全国各地生态治理实践和习近平总书记对中国特色社会主义建设事业的高度自觉是其形成的现实条件，而实践与思想的相互促进则是其发展的现实路径。[③]"两山论"是在人与自然生命共同体理念这一哲学基础上，结合环境生产力理论，总结中国经济发展和生态环境治理的有效经验提出的著名论断。早在 2005 年，时任浙江省委书记的习近平在浙江省安吉县余村进行调查研究时，首次提出了"绿水青山就是金山银山"的重要理念和科学论断。2013 年 9 月 7

① 中共中央文献研究室编：《习近平关于社会主义生态文明建设论述摘编》，中央文献出版社 2017 年版，第 13 页。

② 参见张森年：《习近平生态文明思想的哲学基础与逻辑体系》，载《南京大学学报（哲学·人文科学·社会科学）》2018 年第 6 期。

③ 参见杨美勤、唐鸣：《习近平"两山"论的四重逻辑》，载《科学社会主义》2019 年第 6 期。

日，国家主席习近平在哈萨克斯坦纳扎尔巴耶夫大学发表题为《弘扬人民友谊　共创美好未来》的重要演讲。在演讲结束后，习近平还回答了学生们提出的问题。在回答关于环境保护的问题时，习近平强调，中国明确把生态环境保护摆在更加突出的位置。我们既要绿水青山，也要金山银山。宁要绿水青山，不要金山银山，而且绿水青山就是金山银山。我们绝不能以牺牲生态环境为代价换取经济的一时发展。我们提出了建设生态文明、建设美丽中国的战略任务，给子孙留下天蓝、地绿、水净的美好家园。2015年3月，中央政治局召开会议，审议通过了中共中央、国务院《关于加快推进生态文明建设的意见》，正式将“绿水青山就是金山银山”的理念写入了中央文件。时至今日，“两山论”仍然发挥着重要作用。

2.“两山论”的三重内涵

全心全意为人民服务是中国共产党人的宗旨和目标，当然这也是加强生态环境保护的重要意旨。针对生态环境和发展生产力之间的关系，要坚决贯彻二者齐头并进、相辅相成的观念：既要保持生产力的高度发展，又要加强生态环境的绿色保护，两手都要抓，两手都要硬。

习近平总书记指出：“我们既要绿水青山，也要金山银山。宁要绿水青山，不要金山银山，而且绿水青山就是金山银山。”[①]这段讲话，为“两山论”的内涵提供了三重蕴意。第一，“既要绿水青山，也要金山银山”。党的二十大报告提出，“中国式现代化是人与自然和谐共生的现代化”。中国人民对于美好生活的向往包含多个方面，其中一个重要方面就是对于生态环境的保护。在考虑生态环境和经济发展之间的关系的时候，我们一定要明确两者之间的矛盾是可以协调的，并且两者是相辅相成的；因此，一定要注重绿水青山和金山银山之间的动态平衡，实现二者的协调发展。第二，“宁要绿水青山，不要金山银山”。这充分体现了生态文明在我国社会发展过程中的重要性。环境保护比经济发展更为重要、更为突出。当二者出现矛盾必须进行取舍的时候，宁可放缓经济发展的速度，也不应当牺牲生态环境。毕竟，人类只有依靠大自然，在自然界中获取资源，才能够得以生存。人类包括物质产品和精神产品在内的一切财富，都离不开大自然的馈赠。经济发展固然重要，但是远不如人类生存发展的重要性。如果诸如水源、空气等赖以生存的资源都不能够满足人们的需求，那么对于美好生活的追求便是一句空话。所以，当二者出现矛盾之时，就有必要从长远利益、全面

① 中共中央宣传部、中华人民共和国生态环境部编：《习近平生态文明思想学习纲要》，学习出版社、人民出版社2022年版，第27页。

利益、长足发展等视角予以考虑。[①] 第三,“绿水青山就是金山银山”。这也是“两山论”最为基础和本质的内容。在推动贫困地区脱贫的过程中,我们要充分发挥贫困地区的内生活力,充分利用好贫困地区的各种自然资源,如土地、空气、水资源等,让这些具有极高经济价值的生态环境资源成为贫困地区实现脱贫攻坚的重要保证。可见,保护生态环境和实现经济发展两者并不是截然分离的。在一定条件下进行生态环境保护,也是为经济发展做准备。针对不同发展程度的地区,我们要因地制宜地选择生产方式。既应该尊重客观实际情况,尊重客观发展规律,又要充分发挥人的主观能动性和创造性。当然,需要注意的是,二者虽然在一定条件下可以转化,但在此过程中一定要注意把握时机、把握程度,注意量和质的变化。同时,可以借助法治的力量来促进生产力的发展和生态文明的保护。

二、环境正义:生态文明之价值诉求

环境正义作为一种新兴正义观念,与传统伦理学之中的正义观念存在不小的差异。如何正确理解环境正义,关系到各部门法法理价值的有效展开,也关乎着生态环境监督过失犯罪主体拓展的正当性。

(一)环境正义的产生与发展

环境正义发端于美国,与种族主义、环境平等等词语具有密切联系。[②] 其中,环境的种族主义是在种族主义的领域之内的扩充。美国一位学者对这种环境种族主义进行了基本定义,所谓的环境种族主义,就是在特定政策的基础之上制定一系列有关环境的法律法规,针对有害物及污染物排放的选址上存在这种种族歧视,也就是戴有有色眼镜而实行不公正不公平的环境政策的行为,主要包括他们将这些有毒有害的污染物放置于有色人种居住的地方。受到官方的制裁行为是一种种族歧视主义,同时将有色人种排除在主流环境的社会团体之外也是一种种族歧视主义。正是因为环境种族主义过于狭隘、偏激,容易使人着眼于种族歧视问题却忽视其他针对非有色人种的非正义环境不公待遇,如 1978 年美国“爱河事件”,[③]“环境平等”一词便开始逐渐走进人们的视野。和前文的“环境种族主义”相比较,这种观点没有更多的主观色彩。但是,随着学术研究的逐渐深入,这种

---

① 参见魏海生、李祥兴:《建设美丽中国的行动指南——深入学习习近平生态文明思想》,载《经济社会体制比较》2022 年第 1 期。

② 参见王云霞:《“环境正义”考辨》,载《南通大学学报(社会科学版)》2019 年第 4 期。

③ 爱河是位于美国纽约州的一条废弃运河,曾被用作垃圾填埋场,后成为小学建设用地,但填埋在地下的剧毒化学物质发生泄漏,使周围居民饱受侵害。

观点在人们看来好像仅是对于环境污染物的平均分配，其所囊括的内容不如环境正义那么丰富多样，因而后来学者更偏向于使用“环境正义”一词。美国成立了环境正义委员会和环境正义办公室，其目的是保证不同种族、不同收入的人群都能参与环境保护决策，可见环境正义运动的根本原因是种族歧视和收入差距，故国际环保公约以及一些国际组织的报告均将实现环境正义和消除不平等作为环境保护的重要内容。

在我国，吕忠梅教授指出，从哲学层面看，人有三种存在：类、群体、个体。环境正义是基于人的三种存在而存在的。作为类的存在，环境正义要解决的是代际公平问题；作为群体的存在，环境正义要解决的是群际公平问题；而作为个体的存在，环境正义要解决的则是个体公平问题。[①] 竺效教授则从物种公平的角度解读环境正义。他认为，人与自然是生命共同体这一命题要求实现人与自然尤其是人与动植物、自然资源之间的公平，即实现物种公平。环境法并不要求人与其他非人生物实现法律意义上的权利平等，法律的基本逻辑仍然体现为人与人的关系，因此并无必要从制度层面追求动物在权利方面与人平等，物种公平只适合体现在法律思想与法律原则上，不宜直接进入法律制度层面。[②]

基于上述观点，本书认为“环境正义”系在时间与空间维度上的生态资源的分配正义问题，是正义在环境领域的延伸，其核心在于环境领域内的具体问题具体分析。通常，根据时间要素不同，可以将其划分为“代际环境正义”和“代内环境正义”。其中，“代际环境正义”主要是指如何分配代际间的生态资源，即在人类开发利用自然资源的过程中，在满足自身的生存发展需求包括经济发展、精神发展等各种发展需求的基础上，还要保护好、利用好保证后代生存发展所需要的生态环境资源。而对于“代内环境正义”，依据空间维度上的考虑，可以将其划分为国内环境正义与国外环境正义。前者更为侧重作为个体的人之间，同一国家不同地域、种族之间自然资源以及相应的责任与义务如何进行合理的分配，后者则侧重于发达国家和发展中国家自然资源以及相应的责任与义务如何进行合理的分配。

（二）习近平生态文明思想中的“环境正义”

至今，“环境正义”理论虽然得到了一定的发展，但其仍然处于资本主义利益的大框架之下，单纯通过变革的方式来转变生态环境理念，解决生

① 参见何跃军、陈淋淋：《人与自然是生命共同体——“环境法中的法理”学术研讨会暨“法理研究行动计划”第十三次例会述评》，载《法制与社会发展》2020年第2期。

② 参见竺效：《试论环境资源法之法律目的产生的伦理思想基础》，载《学术交流》2004年第3期。

态环境危机。如所谓的“自然权利论”强调所有的生物体、所有的生命都是平等的,将道德关怀拓展到人类之外的如植物等各种生物体之上,并企图通过这种方式解决生态危机。在这一视角下,他们只关注到了部分群体,而特殊群体的生存问题被无情地忽视了,而社会的长久发展始终是以人类中心主义为哲学根基,为了人类的生存与发展,环境资源的利用与破坏是不可避免的。[①] 如此导致的结果只能是激化环保运动和工人阶级之间的矛盾。“浅绿”思潮下的理论表达虽对前者进行了一定的修正,但其本质仍是为了达到维系资本以便再生产的目的,没有从制度和生产方式上进行变革,其最终还是为了资产阶级自身利益而非社会整体之福祉。

习近平生态文明思想对“环境正义”的含义进行了全新的科学阐释。其认为,“环境正义”是指被破坏的生态环境的修复和生态环境保护等工作的推进,必须紧紧依靠严格的法律规范体系,由此,促使各种自然资源在不同的地区和不同的人群之间进行合理分配使用,解决各种不公平不公正现象,使生态治理和生态文明建设落到实处。一直以来,在全球视野下关于“生态环境治理究竟是谁的责任”的问题,一直是资本主义国家和社会主义国家争论的焦点。针对这一问题,习近平总书记提出,“建设生态文明关乎人类未来。国际社会应该携手同行,共谋全球生态文明建设之路”[②]。全球主体应该共同治理生态环境。大自然只有一个,应该放弃推卸责任的想法,构建“人类命运共同体”;这一主张也得到了世界各国的广泛认同,为全球的生态环境治理贡献了中国方案。从代际正义理论来看,人类赖以生存的自然环境资源是有限度的。对于已经破坏的生态环境的修复也是对子孙后代的生存发展负责任。我们之所以要抓住生态环境问题,之所以要抓住这个问题不放松,就是因为如果我们一旦对于生态环境问题放松,就会出现新的生态环境恶化的问题,这是对于我国人民的不负责任,也是对于我们子孙后代的不负责任。不能为了我们当前的一时利益而断了子孙后代的后路,我们要坚持可持续发展战略,为我们子孙后代留下一笔珍贵的财富。

三、人与自然生命共同体理念的刑法保障机制之维

法学研究必须立足于我国当前发展的国情,立足于我国当前发展的道

① 参见王雨辰:《习近平生态文明思想中的环境正义论与环境民生论及其价值》,载《探索》2019年第4期。

② 中共中央文献研究室编:《习近平关于社会主义生态文明建设论述摘编》,中央文献出版社2017年版,第131页。

路，坚持正确的政治方向，将生态文明建设的政治话语转化为法律话语、学术话语。具体来说，刑法是保障法，并不直接提供行为规则。对于刑法和其他法律之间的关系，我们可以这样解释："法""刑"并立，"法"指的是刑法之外的其他部门法（以下简称"他法"），而"刑"指的就是作为部门法的刑法，因此"法刑关系"的核心问题就是刑法与"他法"之间的关系问题。[①]"只有实行最严格的制度、最严密的法治，才能为生态文明建设提供可靠保障。"[②]刑法同其他部门法一道在不同层面保障人与自然生命共同体的构建，要重新审视刑法与各个部门法之间的关系，特别是刑法与环境法之间的关系，从而更好地发挥刑法对生态环境的保障功能。

刑法机制就是刑法在运行和实施过程中的结构和机理。一般来说，所谓的机制就是指事物的构造、功能及其相互关系。[③] 刑法作为一种社会事物，其本身也存在各种要素之间的相互关系。从这个层面上讲，我们可以把刑法机制看作刑事司法活动过程中各个环节以及各个要素之间相互统一的内在协调机制。[④] 刑事一体化思想对于理解刑法机制又植入了新元素，突出表现为刑法的保障机制这一特性。其表现在：第一，在立法上，通过刑事法律规定犯罪。这是刑法保障机制最直接的体现：将特定损害生态环境法益的行为犯罪化，为之后的各种刑法机制的保证实施提供规范依据。因为生态环境保护领域具有一定的特殊性，针对生态环境保护中的各种相关法律，需要结合具体问题做具体分析。既要保证立法执法的科学性，又要保证其有效性。所以，生态环境领域的刑事立法需要充分考虑各种要素的有机结合。另外，对以自然资源为载体的生态环境适当进行法益化也是环境刑事立法的重要内容。法益是刑法同社会的连接点，刑法保障的实现是以法益存在作为前提的。第二，在司法上，通过刑事处罚对破坏环境的犯罪嫌疑人进行惩罚。在有关于生态环境保护的刑法问题上，判断的主要依据是危害行为对社会以及生态环境破坏的破坏程度如何。在这一过程中，需要高度关注司法活动中的法益衡量问题，其实这种法益衡量是主观上的因素占据主导地位。所以，我们要更多地保证其定罪量刑的客观真实性，并且要根据具体发生的实际情况来不断进行完善。第三，发挥

---

① 参见郭武：《层次性重叠，抑或领域性交叉？——环境法与其他部门法关系省思》，载《社会科学》2019 年第 12 期。

② 习近平：《论坚持人与自然和谐共生》，中央文献出版社 2022 年版，第 34 页。

③ 参见吕忠梅：《论生态文明建设的综合决策法律机制》，载《中国法学》2014 年第 3 期。

④ 参见高铭暄、陈兴良：《挑战与机遇：面对市场经济的刑法学研究》，载《中国法学》1993 年第 6 期。

刑法的保障机制，发挥其预防生态环境破坏犯罪的功能。这个功能就是通过让大家更充分地了解对生态环境造成破坏所承担的刑事责任，来达到警示、预防犯罪的目的。既让大家看到犯罪的法律后果，又能有效地保护生态环境，降低生态环境领域的犯罪率。①

惩治环境犯罪，保护环境法益，是刑法的当代使命。在乌尔里希·贝克所言之风险社会下，现代社会中既有传统风险又有不断增加的前所未见的新型风险，在环境领域尤甚。当前，我国正处于生态文明建设与全面推进依法治国的关键时期，刑法作为社会主义现代化建设的保障，必须在以习近平生态文明思想为指导的基础之上，对环境犯罪进行惩治；刑法在秉承惩罚犯罪、保障人权这一理念的前提下，除开传统的人身法益、财产法益，也有必要对环境这一利益类型作出回应，这也是法治国家及法治社会建设的应有之义。

第二节　生态环境监督过失犯罪主体拓展的现实根据

一、生态环境治理的观念转向

多数发达国家早期秉持"先污染，后治理"的环境治理理念。随之而来的后果，便是由 20 世纪 50 年代至 60 年代伊始的各种重大环境问题。此后，各国开始积极推动国内环境法制与国际环境合作框架的构建，促成生态环境治理理念的转向。但整体来看，由于发展中国家受经济增长要求和法律规范水平等多重因素的影响，其环境污染问题至今仍要显著严重于发达国家。②

（一）《环境保护法》中的环境治理理念转向

在人与自然生命共同体理念的指导下，我国的环境治理理念开始向"边发展，边治理"转向，这集中体现在《环境保护法》的立法目的和原则当中。一方面，《环境保护法》作为环境保护领域的基本之法、统筹之法，极具代表性，环境保护中的主要观念都可以从中发现。另一方面，立法目的是法律思想观念的集中体现，"法律在很大程度上是国家为了达到一定的

---

① 参见焦艳鹏：《生态文明保障的刑法机制》，载《中国社会科学》2017 年第 11 期。

② 参见袁达松、黎昭权：《构建包容性的世界经济发展与环境保护法治框架——以"人类命运共同体"理念为基础》，载《南京师范大学报（社会科学版）》2019 年第 2 期。

目的而有意识地制定的”①。可以认为,法的目的就是立法者观念的高度集中体现。除此之外,法律精神还高度集中于法律原则之中。

2014年修订的《环境保护法》,具体规定了我国环境立法的目的和环境保护的基本原则。

首先,该法的立法目的突出地表现在第1条,②呈现多种立法目的。蔡守秋教授认为,“保护和改善环境,防治污染和其他公害”是环境立法的直接目的,是其独立性的体现,也是后目的的前提。只有致力于实现这一目的,才能为后目的的实现提供可能的空间,也可以认为正是这一目的使《环境保护法》不同于所有其他法律。要“保护和改善环境”,就必须“防治污染和其他公害”。而“保障公众健康”是《环境保护法》的间接目的,体现了人类中心主义的基本价值观念。这里强调“保障公众健康”是为了纠正长期以来存在的唯GDP论,环境保护和经济发展天然存在一定的紧张关系。可以发现,经济发展同样是《环境保护法》的间接目的之一,但是其排在“保障公众健康”之后,同样说明了在《环境保护法》立法者的眼中,“保护公众健康”的价值先于经济发展。③ 例如,日本《公害对策基本法》的立法目的同样是保护公民健康和维护其生活环境。但随后几年,其环境污染问题非但没有得到有效控制,反而有扩大的趋势。之所以出现这种现象,是因为《公害对策基本法》虽然也保护经济发展,但是又强调保护公民健康要与经济发展相协调,言外之意就是要优先发展经济。因此,为避免以“保护公民健康、维护生存环境应与经济健康发展相协调”作为企业污染环境的借口,1970年年底,日本第64届临时代表大会通过了14项新颁布和修订的环境法规,其中影响最大的是《公害对策基本法》在修订过程中删去了“与经济相协调”的条款。我国新修订的《环境保护法》以“保护公众健康”为第二目标,与日本1970年《公害对策基本法》是相似的。

其次,《环境保护法》第5条规定的是该法的原则,其中包括保护优先、预防为主、综合治理、公众参与以及损害担责五项原则。这些原则均是根据环境污染和损害具有难以逆转的自身特性而予以规定的,具体如下:(1)保护优先原则。在环境问题日益严重的背景下,环境保护目标应当被置于优先地位予以考虑。这一原则是《环境保护法》在其立法目的中强调

① [美]E. 博登海默:《法理学:法哲学及其方法》(中译本),邓正来、姬敬武译,梦觉校,华夏出版社1987年版,第104页。

② 即“为保护和改善环境,防治污染和其他公害,保障公众健康,推进生态文明建设,促进经济社会可持续发展,制定本法”。

③ 参见蔡守秋:《析2014年〈环境保护法〉的立法目的》,载《中国政法大学学报》2014年第6期。

了环境保护同经济发展之间关系的前提之下的重申,[①]强调保护环境优于开发利用环境。(2)预防为主原则。预防为主原则,是指对环境采取的任何行动都要预测和预防:不仅要预测环境的开发利用,对于我们通常认为的一些典型的环境保护行为,也有必要对其可能造成的环境危害进行预测和预防。[②] (3)综合治理原则。综合治理原则,是指根据环境污染或环境破坏的具体情况,对防治工作进行统筹安排,综合运用各种手段来保护和改善环境。这是基于环境的整体性和环境问题的复杂性对防治工作所提出的必然要求。从总体来看,这一原则针对环境问题的特点,明确了防治环境问题的基本方法和措施;突出预防兼顾治理,重视防治结合,强调各种手段、措施、防治方法的优化组合。该原则明显体现了我国环境保护工作向积极、主动、事前事后、多种方式结合的转变,有利于以较少的投入获得最优的经济、社会和环境效益。(4)公众参与原则。公众参与原则是当今世界各国较为普遍遵循的环境法基本原则。有学者认为,环境法意义上的公众有权通过一定的程序或渠道参与与公众环境权益有关的一切活动,并有权得到相应的法律保护和救济,防止决策的盲目性,使决策符合广大人民群众的切身利益和需要。[③] 吕忠梅教授则将之概括为:从整体来看,任何公民都同时具有保护环境的权利与义务。可以说,中华民族全体都应当主动积极地投入环境保护工作中来。[④] (5)损害担责原则。一般认为,“损害担责原则”脱胎于“污染者付费原则”。[⑤] 此原则的提出是为解决“企业污染,政府埋单”的局面,希望强化污染者的经济责任。其作用原理是基于市场机制的传导作用,让原本不该由社会承担的过度的污染控制成本回流到污染者本身,这样便可以更为合理地配置资源。[⑥] 这种回流具体表现为提高污染者的污染成本,如更为严格的环境监督措施、高门槛的企业生产环保设备要求、对制造污染企业的罚款等。

(二)环境犯罪当中法益理论的转向

环境监管类犯罪属于环境犯罪领域中的子概念。依据具体犯罪行为

---

① 参见竺效:《论中国环境法基本原则的立法发展与再发展》,载《华东政法大学学报》2014 年第 3 期。

② 参见王伟:《保护优先原则:一个亟待厘清的概念》,载《法学杂志》2015 年第 12 期。

③ 参见汪劲:《环境法学》(第 2 版),北京大学出版社 2011 年版,第 106 ~ 107 页。

④ 参见吕忠梅:《环境法》,法律出版社 1997 年版,第 63 页。

⑤ 汪劲教授认为应借鉴日本 1993 年《环境基本法》,将“污染者负担原则”修正为“受益者负担原则”更为恰当,原因在于只要从环境或资源的开发、利用的过程中获得实际利益者,都应当就环境与自然资源价值的减少付出应有的补偿费用,而不局限于开发者和污染者。

⑥ 参见王江:《环境法“损害担责原则”的解读与反思——以法律原则的结构性功能为主线》,载《法学评论》2018 年第 3 期。

的不同，可以将其划分为直接侵害环境法益的生态环境犯罪和由于侵犯环境监管活动进而间接侵害环境法益的生态环境监管类犯罪；其中前者规定于《刑法》分则第六章第六节，后者规定于《刑法》分则第九章。

目前，我国环境刑法与环境法的主要衔接点为自然资源保护和环境污染事件，体现了环境刑法的行政从属性。行政从属性，是指侵害环境行为的定罪需要以行政违法为前提，在《刑法》中多表现为空白罪状。① 由此可见，构成环境犯罪的条件是行政违法行为，或者是负有相应职责的行政机关履职和监管不当。这是因为刑法作为保障性的法律，其规制作用的发动必然要晚于行政法律。② 也就是说，在穷尽前置法保护手段后仍不得当者，方由刑法出面予以规制。当前，我国进入经济高速发展时期，环境侵害事件层出不穷，环境事件的危害性逐渐凸显，其规模、性质和程度远远超过以往任何时代，传统人类社会的价值理念、行为方式正在消解重构中。③ 对此，刑法作为保障法势必需要突破旧时代的观念桎梏，作出良好回应。

综观环境犯罪当中生态伦理观的流变，基本经历了一个由人类利益到生态与人类共同利益的转向过程。具体而言，包含了人本主义观、生态本位观、人类中心主义回归观、生态的人类中心观等不同阶段。在摆脱了早期"万物皆备于我"式的唯人类主义环境伦理观之后，近现代工业文明对环境伦理关系的反思进入了一个人类中心主义的时期。人类中心主义认为人就是人本身的唯一目的，人不应当成为其他目的的手段，人应为一切问题的出发点和目的归宿。各种学科从不同的范畴和角度揭示了人类中心主义的变化和发展规律，其最终目的是人类的生存和发展。人类中心主义是人类历史上第一次就人与自然的关系进行伦理学上的思考，重新审视了以往人类目空一切的思维范式，看见了生态环境之于人类的价值。这一观念的进步之处在于对人类和环境两者之间关系的重新思考，瓦解以往纯粹的人类中心主义，重新塑造了人与自然的关系，"中心"是人类，"外围"是生态环境，并且在人类实践活动中，生态环境是必须要考量的重要因素。这一时期的人类中心主义是以整体作为思考角度的。换言之，人与自然的关系是一种整体对整体的关系，可以达成基本共识：一是以人类作为"中心"，其利益高于其他一切。在生态系统中，人类的利益是绝对优先的，其

① 参见王哲：《论环境监管失职罪与环境法的衔接》，载《中国刑事法杂志》2018年第5期。

② 环境保护类法律是指涉及环境保护内容的法律规范的总称；就我国立法而言，具体包括《环境保护法》《水污染防治法》《大气污染防治法》等。

③ 参见范如国：《"全球风险社会"治理：复杂性范式与中国参与》，载《中国社会科学》2017年第2期。

他各物种或者环境因素不能成为目的,而只能作为人类的手段加以利用。二是人类同生态环境之间存在以“善”为核心的等级秩序。人类要充分认识自然的存在,并在不产生利益冲突的情况下适当对生态环境作出让步,并予以道德关怀。①

作为认识论和方法论的人类中心主义对法学而言,为法学提供了存在的价值和意义。法是根据人的需要而产生的,法是历史的产物,法是人类社会的一种体现。② 人类中心主义的环境刑法蕴含人类和环境的双重意涵:既保护了传统刑法所保护的法益,也保护了人的利益。对于如何平衡环境刑法发展与人的利益保障之间的关系,目前存在不同的观点:(1)以哈塞默和霍尔曼为代表的人格法益理论。哈塞默认为,“环境刑法的法律利益不是环境本身,而是人类的健康和生存”③。霍尔曼认为,“环境是人类发展的必要条件和先决条件。两者之间并非独立,环境刑法的法律利益是人的生命、身体、健康等法律利益。环境刑法的构成要件是对在这一限度内侵犯生命、健康和人身完整等合法权益的行为进行处罚”④。(2)以长井圆为代表的后世法益论。长井圆特别倡导未来人的法律利益意识。生态环境是代际的资源,环境法益应该包含次生代人的环境法益。不仅私人财产之上的法律利益值得保护,而且作为公共财产之体现的环境法益也应受到保护。⑤ (3)以帕佩尔为代表的行政法益理论。其认为,“环境刑法的法律利益是具体行政机关的机能”,受德国刑法保护的环境资源不是天然的,而是负有职责的行政机关根据法定程序以及行政法承认的、在某一特定国家内的一个值得保护甚至努力的自然资源。

人类中心主义者多是一元论者;他们在传统刑法基础上试图将环境法益等一般法律利益还原为个人法律利益,试图从个人法律利益的角度来理解一般法律利益。他们认为,所谓的一般法律利益只是人类法律利益的集合。⑥

在这一观念的指导下,早期环境刑法的观念只顾人类自身,⑦奉行主

---

① 参见帅清华:《环境伦理的嬗变与环境刑法的法益》,载《西南政法大学学报》2015 年第 2 期。

② 参见尹振国:《国家治理现代化与人本主义刑法观》,载《重庆理工大学学报(社会科学版)》2015 年第 4 期。

③ 伊東研祐「環境刑法における保護法益と保護の様態」松尾浩也、芝原邦爾編『刑事法学の現代的状況——内藤謙先生古稀祝賀』(有斐閣,1994 年)313 頁。

④ 金尚均『危険社会と刑法:現代社会における刑法の機能と限界』(成文堂,2001 年)17 頁。

⑤ 長井圓「環境刑法の基礎・未来世代法益」神奈川法学 35 巻 2 号(2002 年)1 頁以下参照。

⑥ 参见帅清华:《环境伦理的嬗变与环境刑法的法益》,载《西南政法大学学报》2015 年第 2 期。

⑦ 实际上不只是刑法学领域,各个法学学科领域都奉行人本主义,在考虑人与自然关系的过程中、在考虑经济发展与自然关系的过程中,前者都应占据主导地位,忽视后者的价值。

客观分离的心物二元论。[①] 这一时期的人类活动对于自然持的是征服和改造的态度,无视甚至根本没有意识到自然界的整体性和独立性,将人以外的世界看作一个完整的、决定论的机械系统,认为其没有自身价值,人与自然的关系自然也不受关注。

自工业革命以来,以机械论世界观为指导思想的人类认知将人类和自然界简单二分,在对二者进行研究时往往也是泾渭分明,不加联系,从而形成了自然科学和社会科学并行发展的两种知识体系。由于这一时期认知上的缺陷,忽视了生态环境与人类文明之间始终存在一种天然的紧张关系。在工业革命之前,由于生产力低下,[②]生态环境尚能承受人类活动的破坏,没有动摇人类生存的根基,环境问题自然也无法成为人类认知视野中的议题。这一转变发生在20世纪,生产力的爆炸无疑加速了环境问题的显现,自然界开始以同样的力量对人类进行反击。基于此,开始有学者提出构建生态中心主义,将生态环境置于"中心"地位,而将人类驱逐到"外围"。这种思潮也可称为"深绿"思潮,即为主体主义进路的生态中心主义。主张整体主义进路的人们将环境看成有机的整体,人类不过是其中一个因素或者环节;其指出既有的人类中心主义视野过于狭隘,应当将伦理关怀拓展至生态系统,由此进一步得出作为客观存在的生态环境不是人类的附庸,其有着独立价值,并且人类在享有生态环境相关权利时也具有相应的保护生态环境的义务。

正是在这一背景下,开始有学者呼吁生态环境本身的价值,由此法益关注的对象由原先的人类利益转向生态利益,即从人类中心主义向生态中心主义发展。这里的生态利益是指纯粹意义上的生态利益,是不包括人类利益的生态利益,这也是他们的逻辑起点。如伊东研祐认为,《德国刑法》第324条的法益可理解为在一定的水流体(包括人类)中动植物或其他环境介质相互作用的所有动态功能所形成的生态系统。[③] 但是,这种纯粹意义上的生态法益的提出并没有忽视人的利益,而是强调生态环境的独立价值。又如,町野朔认为传统个人法益仍然存在,不过它在立法中也肯定了生态法益。[④] 表现在立法中,如《西班牙刑法典》有关对某属种植物进行损

① 参见卢风:《启蒙之后:近代以来西方人价值追求的得与失》,湖南大学出版社2003年版,第330页。

② 甚至是在工业社会的初期,由于生产力的低下,积累的环境问题尚未超出环境自身所能承受的范围或者由于环境危害的潜伏性特征所以并未显现。

③ 伊東研祐「環境刑法における保護法益と保護の様態」松尾浩也、芝原邦爾編『刑事法学の現代的状況——内藤謙先生古稀祝賀』(有斐閣,1994年)330頁参照。

④ 町野朔「環境刑法と環境倫理(下)」上智法學論集43卷2号(1999年)1頁以下參照。

害、阻碍其生长以及非法买卖行为的规定;[①]体现在实务中,这种思想观念导致刑法的发展从单纯保护环境法益发展到保护人类,再发展到以景观、水资源等自然因素为保护对象。因此,即使对环境的损害没有达到侵犯或威胁人的生命和身体等合法利益的程度,也可以视为环境犯罪。[②]生态中心主义法益观有助于惩治环境犯罪,但它会导致对于环境犯罪的处罚前置,进而扩大犯罪圈,不符合刑法的谦抑性。[③]

但是,通过折损人类地位来提高生态环境地位的做法忽视了人与自然之间的内在关系,人类反而成了保护环境的手段,这种超期的倡导终究难以落地。于是,学者在反思后提出折中主义的环境伦理观。在折中主义影响下,出现生态学的人类中心主义。环境刑法的理念也相应发生了变化,开始重新审视人类同生态环境的关系,进而寻找两者之间的平衡点。此间,多数学者认为从本质上讲,刑法保护环境不是为了保护环境本身,而是为了保护人类,环境保护与人类息息相关,这意味着环境法益必须是环境刑法在以人为中心的范围内所保护的法益。

二、宽严相济刑事政策的价值导向

储槐植教授曾言:“至今几乎所有刑事政策的著述,找不到两个完全相同的刑事政策概念。”通常,刑事政策的内涵主要有以下三种理论:第一,最广义说,即对于犯罪原因的研究以及刑罚的多种作用,加上各项原则,就是刑事政策的主要内容。第二,广义说,国家以刑罚以及类似刑罚的多种制度为手段,如教育机器、感化场所、劳役地等都包含在刑事政策范围之内。第三,狭义说,即刑事政策主要适用于个人之间的关系,而不适用于社会关系。并且,其是以人们生活中所发生的犯罪为适用对象,这也并不是达到目的的终极手段,必须要与个人的教育改善共同起作用。当然,还有许多学者对其进行了定义。

我国对于刑事政策的运用也具有丰富的经验。马克昌教授在《中国刑事政策学》一书中写到,中国共产党和人民政权应当以马克思列宁主义、毛泽东思想为指导,从预防犯罪开始,以减少犯罪甚至是消灭犯罪为目的,同时要结合我国的相关国情,实事求是,制定出制止犯罪的相关政策和方针对策。杨春洗教授主编的《刑事政策论》指出,国家以及执政党应当根据

---

① 参见《西班牙刑法典》,潘灯译,张明楷、[厄瓜多尔]美娜审定,中国政法大学出版社 2004 年版,第 125 页。

② 参见帅清华:《环境伦理的嬗变与环境刑法的法益》,载《西南政法大学学报》2015 年第 2 期。

③ 参见刘艳红:《环境犯罪刑事治理早期化之反对》,载《政治与法律》2015 年第 7 期。

国内的犯罪态势，对社会上的犯罪行为和犯罪人进行预防以及打击，并且根据我国的具体犯罪情况以及产生犯罪的具体原因，对犯罪行为和相关的犯罪人员分门别类进行惩处，以此确定出相关的行动规则和政策方略。此外，我国台湾地区学者林纪东于 1957 年完成了著作《刑事政策学》。这本书被认为是我国台湾地区一部重要的关于刑事政策研究的著作。该书认为，刑事政策有广义和狭义之分。前者是指对犯罪原因的探求和对制止犯罪的对策的研究；而后者则是指对相关的现行刑罚制度以及有关恶的制度的种种批判，进而使现行刑法制度得到提升和完善所提出相对应的犯罪预防对策。还有诸多学者对刑事政策有着不同的研究，对此不再一一列出。

（一）宽严相济的界定与流变

宽严相济的刑事政策具有鲜明的中国特色：它并非一种舶来品，而是在我国土生土长的政策，经过了革命战争年代的镇压与宽大相结合刑事政策，1979 年《刑法》的惩办与宽大相结合，再到如今的宽严相济，其形成了自己独特的演进逻辑。从其核心来看，宽严相济中的“宽”并非宽大，而是轻缓。刑罚的轻缓主要包括两种情形：第一种就是该轻的时候轻缓，第二种就是该重的时候也要轻缓。而宽严相济中的“严”，主要是严格或者严厉，是指严格遵从罪责刑相适应的基本原则，该严厉惩处的时候就要严厉惩处，而不是说不该严厉惩处的时候反而严厉惩处。宽严相济中的“济”，主要是救济、协调以及结合等意思。在这种宽严相济的刑事政策下，既不能是非常宽容，也不能是严厉惩处，而是该宽的时候宽，该严的时候严，并且宽与严还必须要保持动态平衡和相互链接，形成健康、良性的互动，从而避免宽严失当的不良后果发生。[①] 当然，要对这一刑事政策进行更深入的理解，还需要结合它的发展历程予以分析。

孔子曾提出“宽猛相济”的治国主张，即“宽以济猛，猛以济宽，政是以和”。这一主张一经提出，在魏晋、隋唐甚至明清等朝代都有延续。如宽严相济一样，“宽猛相济”的主张同样意识到单靠“宽”或“严”难以达到治国的预期目的，只有通过二者的互补，才能最终实现法律的社会效果，因而其也被视为前者的历史渊源和文理渊源。[②] 这一思想凝聚了古人对于犯罪治理的理性思考，符合事物的发展规律，[③]强调从宽处理与严厉打击的有机融合。一方面，通过“严”的技术实现刑罚威慑犯罪的目的；另一方面，

---

① 参见陈兴良：《宽严相济刑事政策研究》，载《法学杂志》2006 年第 1 期。

② 参见黄春燕：《宽严相济刑事政策古今考辨》，载《南京社会科学》2018 年第 2 期。

③ 参见吴英姿：《论司法的理性化——以司法目的合规律性为核心》，载《政法论丛》2017 年第 3 期。

通过“宽”来挽救犯罪人的心灵,真正体现了刑法惩罚与教育的双重价值取向。

随后,“宽猛相济”的丰硕实践经验不断流传,在近现代历经了“镇压与宽大相结合—惩办与宽大相结合—宽严相济”的发展历程:(1)镇压与宽大相结合政策。镇压与宽大相结合的政策诞生于我国第二次国内革命战争时期。为适应阶级斗争和革命斗争形势的需要,中共中央明确提出对反革命分子区别对待的政策。1940 年 12 月,毛泽东同志在《论政策》一文中就阐述了这一观点;此后,毛泽东同志又于 1950 年 6 月 6 日发表《为争取国家财政经济状况的基本好转而斗争》一文,明确提出,适用镇压与宽大相结合的政策,“即首恶者必办,胁从者不问,立功者受奖的政策,不可偏废”;1955 年 9 月,时任国务院第一办公室主任兼公安部部长罗瑞卿同志在《为保卫祖国的经济建设而斗争》一文中提出要继续贯彻镇压与宽大相结合的政策,并进一步将“坦白从宽,抗拒从严”作为其核心内涵。可见,镇压与宽大相结合的政策在不同的历史时期具有不同使命。譬如,在抗日战争时期其要求“应该坚决地镇压那些坚决的汉奸分子和坚决的反共分子,非此不足以保卫抗日的革命势力。但是决不可多杀人,决不可牵涉到任何无辜的分子。对于反动派中的动摇分子和胁从分子,应有宽大的处理”,在中华人民共和国成立以后则先后要求“首恶者必办,胁从者不问,立功者受奖”和“坦白从宽,抗拒从严”。① (2)惩办与宽大相结合政策。这一政策系由前一政策演变而来,但在具体内容上有差异。中华人民共和国成立后,随着反革命分子的逐渐肃清,国内的主要矛盾开始由敌我矛盾转变为人民内部的矛盾。国家既面临如何治理普通刑事犯罪的问题,又需要思考如何肃清余下反革命分子的任务。1956 年 9 月,《在中国共产党第八次全国代表大会上的政治报告》明确提出“惩办和宽大相结合”的提法,其适用的对象为反革命分子和其他犯罪分子。随后,在我国 1979 年《刑法》当中,惩办与宽大相结合的政策被明确规定在内,②成为我国基本的刑事政策。③ (3)宽严相济政策。20 世纪 80 年代开始,宽严相济的刑事政策被用于处理诸如盗窃等犯罪。到后来,宽严相济刑事政策的适用范围开始扩

---

① 参见吴占英:《制度的支点:坦白制度价值纠问》,载《政法论丛》2017 年第 5 期。

② 1979 年《刑法》第 1 条规定:“中华人民共和国刑法,以马克思列宁主义毛泽东思想为指针,以宪法为根据,依照惩办与宽大相结合的政策,结合我国各族人民实行无产阶级领导的、工农联盟为基础的人民民主专政即无产阶级专政和进行社会主义革命、社会主义建设的具体经验及实际情况制定。”

③ 参见马克昌:《宽严相济刑事政策的演进》,载《法学家》2008 年第 5 期。

大至所有的刑事犯罪中。2006年10月，中共中央《关于构建社会主义和谐社会若干重大问题的决定》明确提出，我国要实施宽严相济的刑事司法政策。这标志着这项政策被正式写入党的纲领性文件，并从全党、全国的高度明确了其作为我国基本刑事政策的应有地位。

宽严相济刑事政策与前几种政策一脉相承，但却蕴含着新的时代内涵。一方面，其继承了惩办与宽大相结合政策的精髓，要求有关机关针对犯罪人的不同情况予以区别对待；另一方面，由于“国家在不同的历史时期或发展阶段，国家的根本任务也相应有所调整”[①]，宽严相济刑事政策处在一个更为和谐的社会环境当中，更加侧重于实现社会关系与规范秩序的协调，以保障社会的公平与正义。[②] 因此，相对于惩办与宽大相结合政策而言，宽严相济刑事政策并不只是名词的简单置换，而是对惩办与宽大相结合政策的坚持和发展，注入了新的时代精神和内涵。未来，宽严相济刑事政策将会持续地对我国刑事立法、刑事司法产生十分重要的影响；[③]如何将其融入生态环境监督过失犯罪主体的拓展研究当中来，则亟待进一步探索。

（二）宽严相济之于生态环境监督过失犯罪主体范围界定

从宽严相济刑事政策确立以来，我国增设了大量轻刑罪、行政犯；判处三年有期徒刑以上刑罚的占比从45.4%降至21.3%；新型犯罪增多，“醉驾”已取代盗窃成为刑事追诉第一犯罪，经济金融犯罪、公共秩序犯罪、环境资源犯罪、新型网络犯罪等行政犯案件的数量明显增加；检察机关起诉严重暴力犯罪从1999年的16.2万人下降到2019年的6万人，占比从1999年的19.6%下降至2019年的2.7%。[④]

但就生态环境监督过失犯罪来说，仍要继续运用宽严相济刑事政策对主体的范围进行划分界定，其中的原因主要如下：风险社会背景下的环境监管者面临重罚风险。乌尔里希·贝克认为现代化进程中的危险越是加剧，公众的核心价值越是受到显著威胁，所有人对此的意识越是清晰，经济、政治和公共领域内基于分工习惯形成的权力与职权结构也就越容易受到撼动。同时，现代化进程中的一切被科层化的控制和规划所掌控的可能性也越大，现代化风险得到承认，这使系统本身也出现了某些变化。[⑤] 其

① 王淑梅、侯伟：《关于〈海商法〉修改的几点意见》，载《中国海商法研究》2017年第3期。

② 参见冯之东：《审判委员会制度与司法责任制》，载《上海政法学院学报》2016年第2期。

③ 参见高铭暄：《刑法体现宽严相济刑事政策》，载《人民日报》2015年8月28日，第7版。

④ 参见《最高人民检察院工作报告》，载最高人民检察院网，https://www.spp.gov.cn/spp/gzbg/202006/t20200601_463798.shtml。

⑤ 参见［德］乌尔里希·贝克：《风险社会：新的现代性之路》，张文杰、何博闻译，译林出版社2018年版，第89页。

包含范围广泛的核辐射、环境污染、化学事故,范围并不大却经常发生的火灾事故、交通事故、食品药品事故、工矿企业事故等。一方面,“这个世界存在着众多潜在的小概率风险,但是一旦发生,后果极其严重。最让人类感到恐惧的就是,我们必须要面对种种潜在的人为风险”①。人类是现代风险产生的原因之一,也是这种现代风险现实化的重要推手。其演绎了风险的产生,也直接导致了风险的现实化。因此,如何有效防控人类在风险形成链条中的社会不可忍受行为成为刑法中的重要议题,延伸到生态环境监督领域便是生态环境监督过失犯罪需要回答的问题了。另一方面,现有社会的科层化组织形式同样会受到一定程度的撼动。无论是宏观的国家管理,还是微观的公司运营,这些活动都在很大程度上依赖于纵向监管。而这种纵向的监管受高效顺畅运行的价值导向势必产生权力的集中化和上移化的趋势,由此对于生态环境监督过失犯罪而言,这些主体的范围必须进行相应的调整。从现代管理学理论来看,首先就要加强对上层人员的监管,对其行为予以严格的监管和规范是实现管理目的的关键选择。这种权力集中的上层监督者肩负着重大的风险预防职责,是潜在的社会“危险源”。

在这种预防机制下,对环境监督者而言,无论是积极的预防论,还是消极的威慑论,都有严厉惩罚的倾向。如果用严厉的刑罚惩罚来达到预防的效果,在这种风险极高、制度森严的情境下,我们必须对人的行为进行提前防范,避免出现危害后果。而对于一般预防来说,理论界受到“风险社会”和“重刑思想”的深刻影响,会根据事故的严重程度对相关责任人进行追责,而在追责的过程中,可能会出现过度追责的现象。这样的做法虽然并非明智,但是也对大部分人起到了威慑作用,使一般人不敢逾越雷池,不然会受到刑法的制裁。② 毕竟,立法者通过制定刑法,执法者通过执行刑法,进而对社会上的普通人警告、教化,这是保证社会长期繁荣稳定、社会秩序安定的重要因素。③ 不过,绝大多数时候重刑主义对生态环境监督过失犯罪并不能起到非常良好的作用,甚至可能适得其反。④ 因此,宽严相济刑事政策便具有优势。其不仅可以体现预防犯罪目的的刑事政策属性,并且就价值取向层面而言,这一政策偏好于采取更加理性、宽和的手段

---

① [英]安东尼·吉登斯、克里斯多弗·皮尔森:《现代性:吉登斯访谈录》,尹宏毅译,新华出版社2000年版,第218页。

② 参见[意]贝卡里亚:《论犯罪与刑罚》,黄风译,中国法制出版社2002年版,第68页。

③ 参见张明楷:《刑法学》(第4版),法律出版社2011年版,第461页。

④ 参见张明楷:《刑法学》(第4版),法律出版社2011年版,第461页。

来实现这一目的，这是对以往重刑主义盛行局面的适度纠偏。因此，通过宽严相济刑事政策框定生态环境监督过失犯罪的主体范围具有明显的合理性。

生态环境监督过失犯罪自身适用宽严相济刑事政策具有必要性。司法实践活动不仅要用到事实判断，更要用到价值判断。“特别是过失犯在构成要件上比较开放，具体案件中行为人注意义务及其程度在多数情况下都需要法官运用法律解释等法律方法进行处理。‘有没有可能预见’具有时代特性，也即它的标准会随着时代的变化相应地发生改变，这是由于‘有没有可能预见’作为主观的限定要素内藏于心，没有外在的、可视化的标准。在现实生活中，多数事件都可以通过刑事政策来加以调整。表现在过失犯罪上，其能够影响过失犯罪中过失犯的成立范围的伸缩。”[①]而在实践中，监督过失犯罪治理的一些重要环节都缺乏明确的指导，结合我国国情，宽严相济的刑事政策在处理监督过失犯罪主体范围等问题上具有良好的效果：既能为法官处理监督过失犯罪提供良好的价值导向，又能确保监督过失犯罪的规制面不突破刑法谦抑性的底线。

三、生态环境监督过失犯罪主体的拓展需求

（一）生态环境监督过失犯罪中自然人主体的缺失

监督过失犯罪主体，是指在业务和与业务有关的工作中，对自身负有的注意义务没有承担好的主体。监督者必须具有特定的地位或者身份，这种特殊的主体地位或身份让监督者与被监督者之间形成职务上或业务上的联系，这种联系是具有监督性质的。具体到生态环境监督领域，生态环境监督主体在我国法律法规、部门规章以及其他规范性文件中有明确规定。[②] 就目前来说，生态环境监督过失犯罪主体只有“国家机关工作人员”。此类主体的监管权的基础是“公共信托理论”。公共信托理论脱胎于罗马法，[③]意为公众可以自由使用公共自然资源；而后英国沿用这一制度；美国则由于历史渊源大体沿用普通法系制度和传统，故也存在此种制度。直至 1970 年，约瑟夫·萨克斯指出水、阳光、野生动植物等自然环境资源归全民所有，民众将这些自然环境资源委托给政府以便更好地管理其

---

① 曹菲：《管理监督过失研究：多角度的审视与重构》，法律出版社 2013 年版，第 9 页。

② 基于环境监管犯罪的行政从属性，刑法分则规定的环境监管类犯罪是以空白罪状的形式表现的，环境监管的职权并不直接来自刑法的明确规定而是来自相应行政法规的规定。

③ 《查士丁尼法学总论》指出：“依据自然法，空气、流水、海洋及海岸为众所共有，因此，人人皆有利用海岸之自由，只要他不侵入住宅、纪念物和建筑物等不属于万民法的范围。”

共同财产。因此,政府与公民之间建立了信任关系。此外,他认为,根据公共信托理论,政府在管理信托财产时,应做好以下三点:第一,信托财产必须满足一般公众的需要,而不仅是为了公益;第二,即使要约是公平的也不能出售此类财产;第三,信托财产的保全程度需要保证特殊用途。[①] 自此,公共信托理论开始成为政府行使环境监管权的正当性来源。依据这一理论,全体国民将环境监管权委托于政府,政府作为全体国民的受托人需要尽到忠实勤勉义务,保证自然资源的安全和增值。

我国同样对于这一制度有所吸收,如《信托法》第60条就作出了相应的规定。值得注意的是,公共信托制度虽因脱胎于信托制度而内含私法基因,但因政府作为受托方代表了公共利益,因此其管理公共资源的信托行为从目的上看并没有获利要求(这种获利要求是指私法意义上的通过一定行为使自身财富增加,政府在管理自然资源这类公共资源时,作为委托方的民众其实是有这种公共资源会有所增益,至少是不必减损的利益期待的)。所以说,公共信托说到底仍然属于公法范畴。[②]

此外,将政府作为受托对象的原因或可通过"公地悲剧"以及"搭便车"原理进行分析。自然界作为人类共同的栖息地,每一个人出于自身获利的考虑,会尽个体最大的努力去从自然界获取资源进而转化成个体私利,自然界的"公地悲剧"将会反复上演。用"搭便车"原理也可以论证得出无监管状况下混乱的环境资源开发将会造成不可估量的后果的结论。如果每个成员在集体实现公共目标、增加公共利益时都能享受到其他成员的努力所带来的利益,那么无论他们是否用自己的努力作出贡献,人们都宁愿等待,避免成本,坐收渔翁之利。[③] 在环境领域中,环境资源作为一种公共物品,于每一个人而言都是免费的或者至少说是可以获利的,这种天然的义务可能导致个人蜂拥而至,以至于产生生态环境治理难题而治理成本却无人承担的问题。此二者都是"囚徒困境"理论在环境保护领域的映射,最终导致了事情不能向最优局面发展的结局。由此,政府作为最大公益的代表者,只有其能够作为破局者出现。但是,随着社会发展,环境问题的爆发呈现多样性,处于第一层级的监管主体往往是具备一定监管能力的

---

① See Joseph L. Sax, *The public Trust Doctrine Natural Resource Law: Effective Judicial Intervention*, 68 Michigan Law Review 471(1970).

② 参见李琳莎、王曦:《公共信托理论与我国环保主体的公共信托权利和义务》,载《上海交通大学学报(哲学社会科学版)》2015年第1期。

③ 参见[美]曼瑟尔·奥尔森:《集体行动的逻辑》,陈郁等译,上海人民出版社1995年版,第13~14页。

环保组织或个人;而政府作为第二层级的监管主体,实现监管效能存在客观困难,致使其可能面临“管不过来”和“管不及时”的尴尬处境。

当下,至于如何准确界定监督过失犯罪主体,应该从正反两个方面来把握。从正面来看,应该考察监督者和被监督者之间是否存在实际的监管关系,以及对于监督过失犯罪的关联程度,①具体表现为以下几个重要特征:

第一,监督者相对于被监督者存在。监督者是一个相对概念,只有存在监督关系才有可能存在监督者。换言之,没有被监督者就没有监督者,二者相互依存。监督关系存在三层含义:(1)从社会层次上来看,监督关系是社会关系的一种。社会正是由诸多社会关系组合而成,是社会关系的有机架构。随着社会发展,个人与个人之间到个人与组织之间,再到组织与组织之间的结构日益复杂化,在这个过程中监督关系并无变化。或者说,正是因为监督关系的存在,社会结构的复杂化才得以成为可能。②(2)从国家制度的角度来看,监督关系是国家监督的一种形式。现代国家的构造多受人民主权学说的影响,人民主权是现代法治国家的根本原则。由此,人民与由其所产生的政府之间当然地存在监督与被监督的关系,而延伸出来的权力制约原则同样要求国家机构之间存在相互监督的关系。在这种监督机制下,国家权力才能够受到基本的制约,以达到保障国家良性运行、实现人民福祉的目的。(3)从社会组织层次上来看,工业时代的社会分工进一步细化,具有精细化、多样化、专业化、体系化的特点。因此,前述两点的监督关系过于抽象化,难以付诸实践,故在这个层面上的监督关系是最微观意义上的监督关系,要求具体明确,也正是在这个层面上讨论监督过失犯罪才能够落到实地。在具体的监督关系中,监督者与被监督者之间的关系是明确的,监督者有特定且具体的监督义务,一般在法律法规或组织内部的管理、分工规范中都有明确规定;明确一类具有某项职责的特定的成员负有特定的与该项职责相应的责任,另一类成员负有特定的监督责任,违反上述义务的,应当承担相应责任。

第二,监督者对被监督者具有支配力。这里的监督主要指的是社会组织层次上的监督关系,表现为社会分工体系中具体岗位之间的约束。这种约束表现为监督者对被监督者的支配力,其正当性和合理性来源于法律法规或组织内部的管理和岗位分工等较为明确的规则。此外,这种支配必须

---

① 参见易益典:《监督过失犯罪中主体范围的合理界定》,载《法学》2013 年第 3 期。

② 这种可能的基础为通过这种社会意义上的监督能够形成社会的他律机制进而达成良性的社会秩序。

是实际的监督者对被监督者的支配。被监督者应当服从并忠实履行监督者的教育、指导、命令、检查、纠正和其他合法安排,以监督者的教育、指导、命令、检查、纠正和其他合法安排为开展工作的基础。无正当理由的,被监督者不得违背监督者的监督。这种支配关系表现在日常生活过程中则主要是纵向的监督关系,具体表现为以下两种形态:(1)在社会组织中以及各社会组织间存在的上下级层级关系;(2)具体业务领域中的支配关系。前者是指企业内部的上下级关系,以及国家机关与个人、社会组织等主体之间的关系,如负责组织、指导、管理矿山生产经营的负责人、经理、实际控制人、投资者与直接从事矿山生产经营的人员之间的关系。此外,横向监督关系在实际生活中较少,如我国《安全生产法》第 49 条第 2 款规定的生产经营单位应当统一协调管理承包人、承租人的安全生产工作,这类主体在地位上是平等的,其监督关系源于某种协议。当然,也有学者认为横向的监督关系并不存在。

第三,监督者所监督的业务具有危险性。当监督者所监督的业务具有一定的危险性时,如若监督者未能尽职履行监督义务则这种危险性将会转化为现实风险。监督过失犯罪只存在于危险性业务关系以及与其紧密相连的社会领域,这种业务范围内的危险是一种行为人基于职责反复进行的、可能危害他人生命健康的业务活动,为保障这种业务活动能够在社会经济发展与社会损失之间达到良好的平衡,须对从事此类业务活动的人员或单位的不当行为处以刑罚。

第四,监督者具备实际的监督权。在日常社会活动中,监督关系蕴于社会运行的全过程。如果要以监管失职追究监督者的刑事责任,监督者应当是能够享有实际监督权限的主体。对于具体的危险事故,监督的具体方式包括危险事故发生前的教育培训,危险事故发生时的检查、纠正,以及危险事故发生后的指导抢救和补救等。但是,在实际的监督过程中,监督关系往往存在错位,实际监督者与法定监督者可能不一致。

以上主要是从正面视角对监督过失犯罪的主体界定提供一定思路;但此方法在实践当中存在难度,为此可以进一步运用信赖原则从反面视角进行把握和补充。信赖原则适用的一般基准主要包括两点:一是适用的前提,二是适用的限度。适用的前提是具备有效的社会分工,社会分工一直客观存在并伴随社会生产力的提高而越发精细化,这也就对具体岗位的从业者以及监督者提出了更高的要求。因此,这种分工的有效性意味着在社会精细化分工的情况下,各个岗位人员具备相应的能力,并在良好的工作环境中从事生产。讨论限度条件是因为基于这种被社会容许的限度能够阻却监督者的过失责任。详言之,这种相当性应该具备真实的信赖存在以及没有明显不能信赖的因素两个条件。其一,有真实的信赖存在。这种信赖包括制度信赖和人际信赖。问题是在制度建立后,如果监督者经常干预甚至替代被监督者,就会损害他们之间的信任关系,信赖原则应该对此作出回应。此外,被监督者以前的错误也会影响信任关系的确定。这并不是说只要行为人出现义务懈怠的情况,监督者对被监督者的信任就不复存在;而是说如果被监督者在履行职责的过程中总是怠于履行义务,监督者就必须强化监督责任,加强检查、监督并加以必要的培训,甚至更换岗位人员。其二,没有明显不能信赖的因素。当出现明显不能信赖的异常因素时,就意味着常规失效,监督的信任关系也就不复存在了。这些异常因素包括:(1)被监督者缺乏业务资质和能力。(2)业务活动的难度超出被监督者的工作能力,如劳动强度超出普通人的承受范围。(3)不稳定的工作环境,如战争和罢工的发生,使日常工作不可持续。(4)监督者发现危险并有能力和时间加以预防但并未采取应对措施,如发现危险或收到有危险的消息而不采取措施和报告。(5)其他有明显标志的案件,可作为判断和防范监督者行为不端的依据。

(二)生态环境监督过失犯罪中单位主体的制度空白

关于单位是否能够构成生态环境监督过失犯罪主体的问题,同样值得关注。英国最早出现法人犯罪,[①]当时学者对此存在法人犯罪肯定论和法人犯罪否定论的争议。如今,现代社会经济迅猛发展,法人成为市场中最为活跃的主体,法人犯罪也越来越多发,由此法人犯罪肯定说逐渐成为学界主流,前述争议也不复存在。

目前,我国单位犯罪领域中有一种现象值得注意,那就是企业违法行为多发高发,我国《刑法》分则中有1/3的篇幅与单位犯罪相关,但实践当中最终判处刑罚的单位犯罪案件却极为少见,几乎不到同期刑事判决的1‰。而从刑法理论层面来说,单位犯罪一直是学界的热门话题,肯定单位犯罪的著作和论文不胜枚举;但关于单位犯罪的一些基本问题,如拥有法律拟制人格的单位如何实施犯罪,单位犯罪是单位本身的犯罪还是单位成员的犯罪转移到单位本身,还没有定论。[②]

在环境保护、公共卫生和安全生产等领域,我国《刑法》分则共计规定了13个单位过失犯罪罪名。这些领域之所以容易出现单位犯罪是因为在

① “单位犯罪”的范围较“法人犯罪”稍大,这是因为法人与单位之间是一种属种关系,单位不都是法人。

② 参见黎宏:《单位犯罪论的现状和展望》,载《人民法院报》2020年5月14日,第6版。

当前社会生活中,单位是社会活动的主要主体,自然人很少能够在这些领域内造成严重的危害。可以说,现代社会中的环境危险主要都是法人作为主体制造的,所以立法者不得不将更多的单位事故纳入单位过失犯罪的规制范围,以便适应社会的这一变化,因此我国单位过失犯罪治理正保持着一种动态的扩张势头。同样,现代社会中的环境风险不可忽视,单位也是环境问题制造和监督的主要主体,可惜我国刑法在此方面存在一定的滞后性。如前所述,环境犯罪依据行为类型不同,可将其类型化为直接侵害环境法益的生态环境类犯罪和由于侵犯环境监管活动进而间接侵害环境法益的生态环境监管类犯罪。其中,前者规定于《刑法》分则第六章第六节,后者规定于《刑法》分则第九章。但在以上罪名当中,并未见单位过失犯罪的规定。

1. 单位过失犯罪的立法指引

单位犯罪规定于我国《刑法》第 30 条;而过失犯罪规定于《刑法》第 15 条,属指引性规定。但是,《刑法》并未对单位犯罪的罪过形式作出详细界定。也就是说,刑法在这一问题上是模糊处理的,有待以后根据详细情况再予以细化。通过体系解释,我们认为单位犯罪既包括故意的罪过形式,也包括过失的罪过形式,因为《刑法》分则中实际上已经存在单位犯罪的过失形式。例如,通过《刑法》第 363 条第 2 款所述的“明知”,可推断该款前段应指的是该罪的过失情形。① 又如,《刑法》第 229 条第 3 款出具证明文件重大失实罪,第 330 条妨害传染病防治罪,第 332 条妨害国境卫生检疫罪,第 334 条第 2 款非法采集、供应血液、制作、供应血液制品罪,第 337 条妨害动植物防疫、检疫罪,第 338 条污染环境罪,第 339 条非法处置进口的固体废物罪、擅自进口固体废物罪等罪名,都存在单位过失犯罪。此外,单位主观罪过的认定不同于自然人,如何判断单位自身的主观罪过至关重要。有人认为,可以将单位领导或单位最高决策机关授权人的自身意志视为单位的意志;也有人认为,单位全体成员中的任意个体的过错也应当归责于单位。还有学者提倡以组织体刑事责任论讨论单位犯罪。其认为虽然单位本身由于没有形成和表达的能力而无法形成自己的言行,但它与自然人的意思是相似的,可以从单位本身的存在形式、决策主体的决定、单位的政策决定、整体的文化氛围等客观因素推断出单位是否具有犯罪主观

① 《刑法》第 363 条第 2 款规定:“为他人提供书号,出版淫秽书刊的,处三年以下有期徒刑、拘役或者管制,并处或者单处罚金;明知他人用于出版淫秽书刊而提供书号的,依照前款的规定处罚。”

要件。[①]

《刑法》第15条第2款要求过失犯罪必须被刑法明确规定，也就是法律没有明确规定某行为是过失犯罪的，其就不应受刑罚处罚。但是，问题在于如何理解该款中的“法律有规定”的具体含义。在此问题上，学术界大体有“明文规定说”、“实质规定说”和“文理规定说”三种理解。“明文规定说”认为，只有在法律条文中出现过失等词时才能认定为过失犯罪，即强调形式上的完备。“实质规定说”则不同，其从实质上探究过失犯罪，不拘泥于形式，认为该条所言的“法律有规定”应当是实质层面的。简言之，只要该行为有处罚的必要即可。“文理规定说”是二者的折中，除了在实质上考察过失犯罪外还要求具备形式上的要件。[②]“明文规定说”相对传统，会导致刑法的适用范围过窄，难以回应社会需求；“实质规定说”的步子似乎又迈得太大，与刑法谦抑性存在紧张关系；相对而言，本书更认同“文理规定说”。一方面，通过成文的刑法规范对犯罪与刑罚进行规定，这是罪刑法定主义的基本要求。法的表达、理解与实现，均需要通过实际的语言进行探寻，所以我们必须根据刑法条文当中的文字判断某一种犯罪是否属于“法律有规定”的过失犯罪。另一方面，刑法规范中的“法律有规定”并不一定全是明文的规定。为了便于记录和理解，法律语言的编排总是简洁的。但是，这并不意味着明确写在条文中的内容就是其欲表达的全部内涵。譬如，“当分则条文对一个方面的表述足以表明另一方面的含义时，往往省略对另一方面的明文规定”[③]。这就意味着刑法中的“法律有规定”既包括了明文的、明示的规定，也可能包括了暗含的、隐含的规定。

2. 单位监督过失责任

一般认为，监督过失理论局限于自然人主体层面；但即便采取这种观点，我国目前对于自然人的生态环境监督过失犯罪治理问题仍未被有效解决。并且，上述观点本身也是存疑的。本书认为，在当前的社会背景之下，单位犯罪同样可以适用监督过失理论，理由在于：

第一，单位基于其人格性特质，在实质上可以被视为监督主体。一般认为，监督过失责任源于自然人之间的监督关系，但事实上，由于现代社会单位的人格属性，监督与被监督之间的关系也是单位与其成员之间的关系。在单位内部，为了将单位的意志转化为实际行为，必须委托自然人实

① 参见黎宏：《组织体刑事责任论及其应用》，载《法学研究》2020年第2期。

② 参见张明楷：《刑法学》（第3版），法律出版社2007年版，第233页。

③ 张明楷：《罪过形式的确定——刑法第15条第2款“法律有规定”的含义》，载《法学研究》2006年第3期。

施一定的业务行为。由于员工具备自主意识，其经营行为有时会违背单位的意愿。此时，企业的行为不能因为违背了单位的意愿而被视为单位的过错，导致单位受到处罚。不过，这并不意味着该单位完全没有责任。毕竟业务行为是在单位的影响下由上司指挥下属实施的，故本单位应有效地监督员工，防止违规行为的发生。[①] 当单位不认真履行监督义务时（这种监督过错体现在主管人员的行为上），由此产生的员工不当行为，单位应当承担相应的过失责任。

第二，单位已成为非刑法意义上的监督主体。在除刑法外的其他法律中，单位一般被界定为监督主体。例如，《安全生产法》第 28 条第 1 款规定了生产经营单位对于从业人员的监督职责，这种监督包括对于从业人员技能的培训教育。正是由于刑事法律上实际存在的监督关系，刑事责任的追究也不应缺位，需要将单位作为监督主体予以规制。当然，单位本身不能对监督义务负个人责任，作为单位意志代表的主管人员，自然地因职务承担此项职责。看似是自然人监督自然人的关系，但实质上是单位在履行监督职能。因此，在单位内部，监督关系不是发生在自然人之间，而是发生在岗位之间，或者是发生在单位与自然人之间。尽管无论是单位监督过失还是自然人监督过失，自然人往往是被处罚的对象，但两者承担刑事责任的依据不同。只有当自然人与自然人之间的监督关系不是由单位的岗位关系产生时，才是纯粹的自然人监督关系，单位犯罪是因其他人员操作失误等个人原因造成的。据此，所谓单位监督过失，是指单位负责人或者负有监督职责的人员在未尽合理的注意义务的情况下，其他人员违反了单位意志实施某种法律规定为单位过失犯罪的行为，必须追究单位过失责任的情形。

第三，单位的监督过失责任是一种推定的过失责任。在单位业务活动造成具体的法益侵害结果时，单位可以通过证明其选择了恰当的人选、建立了完善的制度、这种人选和制度能够合理地避免该危害结果发生、单位成员在单位业务活动中遵循了相关规定来避免这种过失责任。[②] 需要说明的是，这并不意味着单位对此承担说明其有罪的责任，而是单位在一旦面临刑事责任时，能够举证证明其实施了以上行为，证明自己履行了适当的注意义务。此外，对于我国对单位所采取的“双罚制”的追责方式，可以说我国刑法在入罪和科处刑事处罚方面对单位犯罪采取了“严

① 参见黎宏：《单位刑事责任论》，清华大学出版社 2001 年版，第 303 页。

② 参见黎宏：《组织体刑事责任论及其应用》，载《法学研究》2020 年第 2 期。

密法网”的措施。

第三节 生态环境监督过失犯罪主体拓展的理论根据

一、协同治理理论:生态环境监督过失犯罪主体拓展的现实可能

全球治理委员会提出,“协同治理”是指“个人、各种公共或私人机构管理其共同事务的诸多方式的总和,它是使相互冲突的不同利益主体得以调和并且采取联合行动的持续的过程,既包括具有法律约束力的正式制度和规则,也包括各种促成协商与和解的非正式的制度安排”①。协同治理的理念已在社会公共管理领域获得了显著的成效。当前,持续推动我国生态文明建设目标,同样使传统的由政府主导的生态环境治理模式转向更为现代化的多元主体协同共治模式。在人与自然和谐共处的环境保护重大工程当中,政府、企业、社会组织以及公众等主体广泛参与其中,而使这一切成为可能的前提便是协同治理理论的运用。

协同治理理论要求在公共生活过程中,将政府、企业和公众等各项子系统统合成一个开放的整体系统,借助各个子系统之间的非线性合作实现社会公共事务的共同治理,以最终实现社会公共事务的最大化治理以及社会公共利益的最大化维护。并且,这种主体的选择和联系上并不囿于政府与非政府之间的外部联系,还包括了政府和政府之间以及政府内部不同机构之间的协作。② 目前而言,我国参与协同治理的主体大致包含六大类,即公权力机关、具有中国特色的社会政治团体、事业单位、社会组织、企业以及公民个人。③ 其中,关于不同主体(尤其是政府)在治理活动中的地位是否不同,存在两种不同观点的争议。一种观点认为,不同治理主体在共同进行公共事务治理时应当享有平等的主体地位,从而实现横向层面的互动。在进行共治时,各方主体需要共同商议、共同行动,并由此形成“自组

---

① 俞可平主编:《治理与善治》,社会科学文献出版社2000年版,第5页。

② 参见许光建、卢允子:《论“五水共治”的治理经验与未来——基于协同治理理论的视角》,载《行政管理改革》2019年第2期。

③ 具体而言,协同治理的主体包括以下几类:一是公权力部门,具体包括全国及地方各级人民代表大会、国家主席、行政机关、司法机关、军队组织。二是具有中国特色的社会政治团体,主要包括以下几种类型:其一,参加政治协商会议的中国共产党、各民主党派及人民团体(总工会、共青团、妇联、科协、侨联、青联、工商联);其二,群众团体,主要指经批准免予登记的社会团体(文联、作协、红十字会等)。三是事业单位,包括行政类事业单位、公益类事业单位。四是社会组织,包括社会团体、基金会、民办非企业单位等。五是市场部门,即各类企业。六是公民个人。

织网络”,甚至是“多中心治理”的格局。另一种观点认为,即使采用协同治理理论,也不可摒弃“政府为主导”的观点。多元治理主体的参与在本质上只是对政府治理的有效补充,因此政府仍然占据治理的主导地位。①对此,本书认为应当辩证地看待。在绝大多数情况下,政府在共同治理过程中占据着主导地位,这样有利于治理工作的有序开展,避免了群龙无首的问题。但这并不是绝对的,现代社会万事万物发展迅速,不同领域中的分工与协作逐渐细化与复杂化,我们无法要求政府熟知各个领域的知识与工作,此时如果再由政府来承担主要的治理工作,显然过于呆板。由此,就可以进一步要求更加专业的主体履行更为重要的治理职能,从而保障治理工作的有序进行,而政府则在统筹、管理以及监督等层面发挥主要作用。基于此,在协同治理的范畴当中,其实不单是政府这一主体值得我们关注;其他各类主体在协作过程中扮演怎样的角色,具有怎样的职能,都是我们需要明确的要素。那么,再将这一思路放置在生态环境监督领域同样是可行的。也就是说,监督行为作为实现有效治理的重要一环,同样需要协同治理理论的支持,这就为生态环境监督过失犯罪主体的拓展提供了可能,并且这种理论层面的可能也随着当前我国社会实践经验的积累逐渐成为现实。例如,我国司法实践中就出现了检察机关逐步加强生态环境监督的现实情况。②

二、监督过失理论缘起及其与生态环境监督过失犯罪主体拓展的适配

(一)监督过失理论缘起

在当下环境问题频发的现实背景下,对于环境监督主体过失行为的判断究竟坚持何种立场,是实现生态环境监督过失犯罪在主体层面拓展的理论前提。

1. 旧过失论与修正的旧过失论

古典刑法时期孕育了旧过失论。其以心理责任论为基础,提出过失与故意均是刑法上值得对行为人进行非难的心理状态之一。其中,过失的本质在于行为人在主观上对于结果的预见义务存在懈怠心理。③ 也正是因

---

① 参见徐嫣、宋世明:《协同治理理论在中国的具体适用研究》,载《天津社会科学》2016 年第 2 期。

② 参见自正法:《生态环境检察监督的转型面向:法理基础与规范逻辑》,载《政治与法律》2021 年第 9 期。

③ 这里的懈怠,是指行为人怀有足够的精神紧张,自然能够认识和预见到自己的行为所产生的危害后果,而且行为人对这一危害后果应该是能够认识和预见的,但因心理上的放松未能做到。

为这种对结果预见义务的懈怠,导致行为人虽然没有怀着积极促进或者是消极放任的心态实施法益侵害行为,但却仍要受到刑法处罚。不难看出,旧过失论中指涉的过失并未包含客观因素,而只是一种主观的心理状态,因而在犯罪论体系当中被放置于该当性与违法性等客观阶层之后的责任阶层进行评价,契合了古典犯罪论体系的需要。值得注意的是,旧过失论坚持以结果预见义务为中心,并且行为人对于这种结果具有高度的、具体的预见可能性,即无论危险发生的概率多高,行为人对于这种危险认识都是容易明确的;这使旧过失论更加倾向于结果无价值立场,并具有强烈的严格责任和结果责任倾向。这样的判断标准看似严苛,却在当时相对简单的社会生活状况之下具有高度的适应性。

但是,在高速变化的现代社会环境当中,旧过失论的历史局限性开始显现。部分学者于是投向了新过失论的怀抱,[①]还有部分学者则在旧过失论的基础之上提出了修正的旧过失论。修正的旧过失论同样以结果无价值论为基本立场,但却认为只有对构成要件结果产生实质性危害的行为,才可以被认定为过失犯的实行行为,即修正的旧过失论认为"是否存在过失犯的实行行为,是构成要件符合性的问题,而是否具有结果的预见可能性,则是有责性的问题"[②]。而对过失犯的认定也就不再囿于"从事后阶段来判断行为人是否具有结果的预见可能性"这一因素。

2. 新过失论

随着大量科学技术的应用与发展,社会中潜藏的危害行为明显呈现激增化和复杂化的特征。但是,这些危害行为并不一定都是具有社会危害性的,也可能对社会发展具有益处。例如,科技创新行为虽然可能造成新的社会风险,但如果一味处罚这些行为,可能会有悖于社会的进步与发展。面对这些法律所应当容许的"危险",旧过失论显现了它的疲软之处;也正在这时,木村龟二等刑法学者携着新过失论登场。不同于旧过失论,新过失论是以规范责任论为指导展开的新理论,坚持从行为与规范之间的关系来把握过失。其认为,仅从责任阶层判断过失并不准确。过失不仅是一种心理上的懈怠,更是行为对于规范的违反;因而,也需要从违法性要素的层面进行把握。过失的本质在于行为人在对行为的危害性具有预见可能性的情况之下,没有履行结果回避义务,反而实施背离社会生活基准的行为。也正是因为新过失论以结果回避义务为中心,使其立场由旧过失论坚持的

① 关于新过失论的内容,将在下文论述。

② 张明楷:《外国刑法纲要》(第3版),法律出版社2020年版,第202页。

结果无价值论,转向了行为无价值论,并将基准行为作为判断行为人是否存在过失的参照。当然,新过失论与旧过失论之间并非完全对立,至少在预见可能性的要求上二者不存在争议。新过失论同样要求行为人具有预见可能性,只不过这种可能性的讨论被放置在了结果回避义务当中。因此在其看来,过失的注意义务并不仅是指内在的、主观的结果预见义务,同样包括外在的、客观的结果回避义务。

3. 新的新过失论

由于现代科学技术的广泛应用和对未知危险领域的不断探索,人类社会面临的由自身行为带来的风险越来越多,但对于这些风险带来的后果在很多情况下行为人根本不存在具体的预见可能性。如果此时再固执于旧过失论和新过失论对具体的预见可能性的坚守,则刑法很难对这些极有可能带来严重后果的行为予以有效规制以发挥其安全保障作用。鉴于此,以藤木英雄和板仓宏为代表的学者提出了有别于新旧过失论的过失理论,即新的新过失论,也称为危惧感说。新的新过失论认为,过失中的结果预见义务并不要求对结果存在切实的、具体的预见,只要求存在抽象的预见可能性。因此,能够具体预见结果时,认为具有预见可能性自无疑义,但对结果具有相当程度的危惧感时同样应认为具有预见可能性;结果避免义务也不是必须针对具体的预见结果,能够消除危惧感的合理的举措已足。在危惧感说的适用上,日本有学者提出了生活关系区别过失论,指出在一般事故如交通事故中采取具体的预见可能性说,在企业灾害等事故中采取危惧感说。① 危惧感说之目的,在于督促行为人在未知领域行动时报以必要的谨慎。虽然不清楚行为会造成怎样的后果,但如果采取一定的举措能够消除这一后果,同时具有危害后果会发生的模糊的不安感,行为人就负有采取一定举措的结果回避义务。在此层面上,结果预见可能性并没有什么独立的心理意义,只是在判断应该采取何种程度的结果避免义务时才有价值。新的新过失论很大程度上也是对行为是否程度适当的外部认定,而非结果预见性存否及程度的内部争论。依据危惧感说,行为人在从事某种未知领域的危险性工作时,应当采取消除危惧感的合理举措;若怠于履行并发生了相当的危害后果,就应当对行为人追究刑事责任。过失犯罪理论的流变,绝非刑法学自然演进的产物,而是其面对具体的社会状况在法益保护与权利保障之间平衡与选择的结果。在生态环境危机加重的社会背景之下,采取新的新过失论能够更好地从环境监督主体视角实现我国既定的

① 参见马克昌:《比较刑法原理:外国刑法学总论》,武汉大学出版社 2002 年版,第 233 页。

生态文明建设目标。

4. 监督过失理论

以“森永奶粉中毒事件”为动因，监督过失理论渐入刑法视野。作为对现代社会高风险领域的呼应、落实与证成，其与新的新过失论之间具有密切联系。概括来说，监督过失是指“由于业务或者其他社会生活上的关系，负有义务监督他人不致过失造成法益侵害的人，没有履行这种监督义务的行为”①。但从更为具体的层面分析，监督过失包括广义和狭义两个层面。其中，狭义的监督过失是指与造成直接使结果发生的过失的行为人（直接行为人）相对应，处于指挥、监督直接行为人的立场的人（监督人）怠于履行应当防止该过失的义务的情况。② 其认为，监督过失的成立范围应当被限定在人与人之间，并将被监督者视作联结监督者与危害结果之间的桥梁。简单来说，狭义的监督过失就是对人的指挥、监督等存在不适当行为，并由此导致过失。而广义的监督过失则不仅包括了狭义的监督过失，还将管理过失纳入其中。显然，管理过失并不同于狭义上的监督过失，其意指因管理人等由于设备或者是体制等方面的不完备，从而导致的与结果发生有直接联系的直接过失。通常而言，发生管理过失事件后，并非要追究所有负有监管义务的工作人员的责任，而是要针对在注意义务履行过程中未能积极履行职责导致结果发生的人员进行追责，并且如果行为人采取一定的措施避免了结果的发生，是具有免除部分过失责任可能性的。③

本书整体上更加倾向于对监督过失予以广义认定。严格意义上说，监督过失不同于管理过失。前者主要是指对人的监督，而后者更侧重于对物的管理。但是，二者也的确存在交叉之处。不仅监督行为可以延伸应用于物的场合，管理行为本身也可能包含着对人的管理的含义。因此，将监督过失与管理过失进行完全的区分并不现实。如果采取广义的监督过失概念，显然就能够将二者概括起来，使其既包括人对人的监督，也包括人对事项的管理。④ 此外，针对监督过失中的介入行为是否包括故意行为的争议，本书认为应持否定说。“因为在被监督者的介入行为系出于故意行为的场合，由于该行为是被监督者自由意志的体现，该行为结果理应由本人

---

① 张明楷：《外国刑法纲要》（第 3 版），法律出版社 2020 年版，第 211 页。

② 参见马克昌：《比较刑法原理：外国刑法学总论》，武汉大学出版社 2002 年版，第 269 页。

③ 参见［日］山口厚：《刑法总论》（第 3 版），付立庆译，中国人民大学出版社 2018 年版，第 258 页。

④ 参见［日］大塚仁：《刑法概说》（总论）（第 3 版），冯军译，中国人民大学出版社 2003 年版，第 563 页。

承担。作为监督者而言,由于该被监督者的故意行为超出了自身监督责任的范围,对于其所导致的结果自然无法预见,也无法采取措施避免该结果发生,因此不应承担过失责任。”①

(二)监督者责任厘定

为进一步检验监督过失理论作为生态环境监督过失犯罪主体拓展的理论依据,还需要对监督者责任进行厘定。

本书认为,在与业务有关联性的相关公务活动中,监督者与被监督者之间如果存在从属关系,如行政领导、业务指导、业务合作等关系,如果监督者因为懈怠疏忽以及滥用自己的职权导致被监督者出现不法行为,最终产生了构成要件当中的结果,就必须对监督者的故意或者过失进行问责和追究。其中包含了两种情况:第一种就是从业人员并没有充分考虑自己的直接上司,这就可以通过追究懈怠监督责任来适用监督过失责任;第二种就是因为发生事故从而影响了整个社会的安全,那么对于企业的领导者以及管理层就可以进行问责追究,可以从组织的运营以及营运制度上进行深入追究。此外,在政府和企业的关系中,政府必须承担起相应的监督责任,如果因为政府官员不作为、行为失职、监管不力等,那么必须追究政府相关官员的失职责任,这样才能够给社会大众一个相对满意的交代。

在理论上,我们知道,被监督者的行为主要有三种:一是故意犯罪行为,二是过失犯罪行为,三是不构成犯罪的行为。只要监督者发生过失,并且形成了作为构成要件的结果,那么被监督者的上述三种行为是否任何一种介入都成立监督过失呢?学者们在这些问题上的意见大相径庭。由于监督者的过失行为,导致被监督者受到影响,最终产生了危害结果,这就是所谓的监督上存在过失,这一点毋庸置疑。有待商榷的是,尽管被监督者有故意行为,并且不构成犯罪,这种中间项是否能够成为监督过失成立的原因。学术界的一些观点就是,监督过失成立与被监督者的行为性质关系并不大。我国台湾地区学者廖正豪也指出,两个及两个以上有从属关系的人,若一个是监督者,另一个是被监督者,如果因为被监督者的故意行为或者过失行为造成了危害结果,那么必须追究监督者在刑事上应该承担的责任。② 我国大陆有的学者也非常认同这些观点。韩玉胜等认为,如果作业人员或者从业人员在有中间项的情况下,实际上不能够对其性质进行有效

---

① 刘期湘、刘练军:《高危行业监督过失犯罪研究》,中国社会出版社 2020 年版,第 42 页。

② 参见廖正豪:《过失犯论》,台北,三民书局 1993 年版,第 225 页。

约束。[1] 那么本书的观点则是,监督者不仅要对行为的过失负责任,也要对制度上的缺陷承担相应的责任。还有一部分学者对监督和过失的具体内涵进行厘清,并针对性提出了一个概念——“监督管理过失”。在这个概念下,监督过失被更多地认为是管理过失的原因,直接原因就是管理人员管理不当或者失职,并非全部基于监督者的监督行为。实际上,这两种过失——管理过失与监督过失,在有些内容上是有一定重合的,不应完全将二者割裂对待。

(三)基于监督过失理论实现生态环境监督过失犯罪主体的拓展

传统社会中,人们改造自然的能力有限,在社会生活中足以引发环境危险性的行为相对较少,基本上各种足以造成环境危险性的行为是易于预见的。在这种社会中以预见可能性来对过失犯罪进行限定是没有大的问题的。原来的旧过失论,也正是诞生于这种背景之下。但是,在当今的风险社会中,需要人们进行预见的现象种类及范围是非常有限的,传统的过失论逐渐失去了其适用的土壤。伴随现代社会生产力的井喷式提升,人类对于改造自然过程中所可能形成的危险越发难以预测,此时新过失论相对而言具有妥当性。原因在于:第一,新过失论改变了传统过失论的体系构成。传统过失论认为客观的因素都应该在违法性层面讨论,而主观的因素都应该在有责性层面讨论。可是其无法解决主观的违法性要素,如目的犯的目的决定了行为的违法性。第二,新型危险的容忍。随着科学技术的应用,能够促进社会发展的危险性行为开始出现,如高铁运营、高楼建造、矿山开采以及以上危险行为所隐含的环境风险等。在加以权衡之后,立法者在顶层设计层面进行了一定的调适。但问题在于,新过失论对于环境监管问题的处理也并非那么恰当。环境问题具有污染来源复杂、影响范围广泛、危害结果持久等特点,而且一些环境问题在早期虽然治理成本较低但是隐蔽性高,一个诱发因素会引起多个效应连锁发生。环境问题最好的解决方式就是早发现、早治理,边发现、边解决,从而尽量缩小影响范围,缩短持续时间,减少环境与经济上的损失。虽然我国在环境治理上高度重视,但是不可以避免的是环境监测标准仍会出现滞后以及部分环境监管人员怠于履职的情况。在环境监督这个领域,由于监督者的疏忽,就间接导致了直接行为人的严重后果。这个时候,许多监督者因为不具备预见的能力,并不能做到未雨绸缪,所以不被追究责任;同时,监督者本身会出现懈怠的情绪,可能忽视蕴含的环境风险,在环境危险显现时再做补救可能为

---

① 参见韩玉胜、沈玉忠:《监督过失论略》,载《法学论坛》2007 年第 1 期。

时已晚,并且很有可能造成无法估量的损失。这时,新过失论认为行为人尽到了结果回避义务,则不再追究其责任,这对于解决环境问题是非常不利的。此外,结果回避义务的大前提就是预见性,如果没有办法预见,那么就不需要承担回避的义务。所以说,新过失论由于受到预见义务的限制,无法实现既定的规制目的,所以没有办法避免危害结果的产生。

此时,监督过失理论的优势开始展现。这一理论以新的新过失论为基础,弥补了责任只能涉及直接责任人的问题,将责任主体拓展至监管主体;这对责任体系是一次重大的创新,也完善了生态环境领域在解决重大责任事故问题中的追责缺陷。其将旧过失论中一味强调的具体预见义务予以修正后,对于规避结果发生义务的要求更加严苛,并把认定过失犯的重心放在行为人是否遵循了避免结果发生的义务。行为人在生态环境领域中处于监督、领导地位,负有避免结果的义务,这为解决当代生活中的公害事件具有积极意义:有助于预防生态环境事故的发生,有助于明确生态环境重大责任事故中的监督者责任,为生态环境监督过失犯罪主体的拓展提供了可行的理论依据。

通过对过失理论进行溯源与梳理发现:其一,在预见性导致的具体结果是否可能发生方面,旧过失论与新过失论对此都认为可以预见会有具体结果的发生,但监督过失理论则无此要求。新过失论强调结果回避义务,但其与旧过失论一样,强调行为人与危害结果之间存在因果关系,只是在认定过失责任时由结果预见义务转向了结果回避义务,也就是只要行为人积极避免危害结果的发生,无论其是否对结果有预见可能性,都不构成过失犯。而监督过失理论则能更好地在生态环境领域进行责任追究。特别是在生态环境领域当中,有大量的环境污染问题是监督者间接导致的,但是监督者却因为被认定为没有预见义务而不用承担相应的责任,适用这一理论则能很好地弥补这个缺陷。其二,新过失理论认为只要当事人积极避免了结果的发生,履行了结果避免义务,就可以免于责任的追究。然而,从另外一个层面分析发现这都是行为人规避责任的借口:一方面,虽然行为人积极去规避结果的发生,但危害结果还是出现了,没有办法挽回;另一方面,我们目前并不存在一套科学可行的标准去评定行为人是否积极地规避了结果发生。并且更为重要的是,规避结果发生的前提是可以预见;若无法预见,就没有结果规避义务了。这就是新过失理论的局限性,即其根本无法达到当时设立的目的,也没有办法减少危害结果的出现。其三,监督过失理论以其坚持危惧感说从而区别于旧过失论与新过失论。这种“危惧感”主要有两个方面的特征:第一,其预见可能性只要求具有危惧感形态的预见可能性即可，不需要有具体的结果预见。一方面，有利于解决生态环境领域因技术落后而无法预见到其具体的危害结果，从而无法对行为人追究责任的问题；另一方面，在生态环境中经常出现的只追究直接行为人而无法追究间接造成危害结果的监督者责任的问题得到了很好的解决，扩大了追究过失的主体范围。第二，危惧感产生的结果回避义务只要求有一般的预见性即可。[①] 这样就比较完美地解决掉新过失论中一味强调以具体预见为基础的问题。此外，由于监督过失理论通常只强调相对概括的不安感、恐惧感，这在一定程度上也能提高对行为人的要求，从而更好地防止生态环境事故的再次发生，最终有利于国家生态环境治理目标的有效实现。

三、生态环境监督过失与过失的共同犯罪

(一)过失竞合与过失的共同犯罪

通常认为，监督过失属于过失竞合中的一种类型，而过失竞合是指“某种犯罪结果的发生，可能是由二人以上的过失行为所造成”[②]。在过失竞合的内部，又可以基于不同的原因区分为偶然的竞合型过失、组织内的竞合型过失、相互依存的竞合型过失。但整体来看，判断过失竞合的关键在于行为人各自是否违反了自己所承担的注意义务。与过失竞合(或者说监督过失)容易混淆的概念，便是过失的共同犯罪。二者之间存在怎样的关系，又如何对其进行界分，成为实现生态环境监督过失犯罪主体认定与拓展的一种重要问题。

刑法领域中，关于“二人以上的共同过失犯罪是否能够成立过失的共同正犯”的问题，一直纷争不断。这一问题其实与过失犯的本质具有紧密联系，并需要依托于对“共同实行的意思”的认识。在过去，犯罪共同说认为“共同实行的意思”是指数个行为人对特定的犯罪具有共同故意，因此过失的共同正犯理论并不成立；而共同行为说则认为，“共同实行的意思”是指数个行为人对犯罪行为具有共同意思，但这种共同意思并不等于共同故意，因而过失的共同正犯理论存在合理性，并且其认为故意犯与过失犯也可以同时构成共同正犯。随后，逐渐又有一些采取犯罪共同说的学者开始肯定过失的共同正犯理论，这使该问题的研究呈现更为复杂的境况。

如今，在刑法理论上，对过失的共同正犯基本形成了肯定说、限定肯定

---

① 参见刘期湘、张斌：《论食品安全监督过失责任》，载《法学杂志》2012 年第 2 期。

② 张明楷：《外国刑法纲要》(第 3 版)，法律出版社 2020 年版，第 210 页。

说与否定说等观点:(1)肯定说。肯定说不仅肯定过失犯与过失犯的共同正犯,而且肯定故意犯与过失犯的共同正犯。在肯定说内部,又基于对共同犯罪本质的不同认识区分为了行为共同说和犯罪共同说。如今,德国、日本在刑法理论上已经将肯定说作为通说,而日本的判例也基本肯定了过失的共同正犯。(2)限定肯定说。限定肯定说认为,即使承认过失的共同正犯,也应当对其成立的范围进行一定程度的限制。即只有当法律对共同行为人予以共同的注意义务要求,且共同行为人共同违反了该义务时,才能成立过失的共同正犯。(3)否定说。否定说对过失的共同正犯、故意犯与过失犯的共同正犯两个概念均予以否认。其认为:一方面,共同正犯要求各个行为人从主观上均具有相互利用行为实现结果的意图,而这种主观意图只有在故意行为中才能实现;另一方面,过失犯的本质在于对注意义务的违反,这意味着数个过失犯之间无法产生犯罪意思的联络,因此过失的共同正犯与过失犯之间存在本质上的矛盾。德国的判例采取的便是否定说立场。①

显然,过失竞合(或者说监督过失)与过失的共同犯罪并不一样。如前所述,在过失竞合情形当中,需要判断行为人是否具有各自的注意义务并违反了这种注意义务。而在过失的共同犯罪情形当中,则是数个行为人共同违反了同一个注意义务。简言之,前者造成危害结果的行为属于"偶然巧合",而后者则属于数行为人之间"有意为之"。②

(二)过失的共同犯罪之可能性证成

在生态环境监督过失犯罪当中,过失的共同犯罪完全具有现实可能。即当具有监督过失的行为人同时满足了"共同的过失态度""共同的注意义务""共同的过失行为"三个要素时,过失的共同犯罪成立。③

其一,共同的过失态度。在监督过失情形当中,监督者和被监督者均存在过失,二者在主观心态层面紧密联系且相互作用。尽管这种主观上的意思联络要弱于故意的共同犯罪,但由于这种共同的过失心态对共同注意义务的违反起到了强化作用,因而同样具有共同非难的可能。其中,这种共同的注意义务成为行为人之间形成共同导致危害结果发生的意思联络的重要因素,也使这种情形不同于普通过失犯罪中行为人之间未能达成意思联络的情形。毕竟,在普通过失犯罪当中,行为人之间不存在这种基于

---

① 参见张明楷:《外国刑法纲要》(第3版),法律出版社2020年版。

② 参见高星、王慧:《共同过失与过失竞合的界分——以数个监督过失竞合为视角》,载《社会科学家》2013年第4期。

③ 参见易益典:《共同过失视域下的监督过失犯罪》,载《江西社会科学》2016年第7期。

共同注意义务存在而产生的意思联络。

其二,共同的注意义务。本质上来看,过失行为就是行为人对注意义务的违反,而共同过失行为则是数个行为人对共同注意义务的违反。要将一个监督过失犯罪认定为过失的共同犯罪,即要求数个行为人之间存在共同的注意义务。这种注意义务的核心在于以下几点:首先,在于“共同性”,即各个行为人的注意义务之间是一种相互协作、相互补充、相互制约的关系。其次,在于职业性,如在生态环境监督过失犯罪当中,这种共同的注意义务均来自行为人对于环境有关行为进行监督、管理的职责。最后,这种共同性和职业性,使数个行为人之间的协作具有横向和纵向两个维度。在横向上,数个行为人之间具有平等地位;而在纵向上,数个行为人之间则具有不平等地位,即上级领导下级的关系。前者通常是指政府机关之间、企业之间的协作,而后者则是指政府与企业之间的协作。值得注意的是,在纵向关系的情形当中,似乎容易被认为不存在共同的注意义务。毕竟这种关系属于“上级领导下级”的情况,按理说应当是上级负有监督下级的注意义务而下级只有服从的可能。但事实并非如此,即便是上下级关系,监督者与被监督者之间仍然具有共同的注意义务。因为上级监督者无论是要对下级被监督者提出指导、命令还是其他要求,这些行为的最终结果都是要共同避免危害结果的产生,这显然就说明二者之间存在紧密的共同注意义务。

其三,共同的过失行为。共同的过失行为是成立过失的共同犯罪的客观条件,即是指由于数个行为人各自没有或者懈怠履行自己的注意义务,同时没有促成履行共同注意义务,导致危害结果发生的行为。在监督过失犯罪当中,监督者与被监督者之间存在协作关系,二者在行为上具有整体性和合作性,共同防范着危害结果的发生。一旦监督过失犯罪成立,便意味着各个行为人均没有良好地履行共同的注意义务,且未能有效阻止这种过失行为。其中,具体来看,这种情况的产生大致包括以下几种组合,即监督者的作为与被监督者的不作为、监督者的不作为与被监督者的作为、监督者的作为与被监督者的作为、监督者的不作为与被监督者的不作为,且这些组合在时间维度上既可以同时发生,也可以先后发生。

第四章　生态环境监督过失犯罪主体拓展的原则

从前章节梳理的环境监管失职罪的发展历程来看，环境监管失职罪一直属于环境监管领域中的渎职类犯罪，并且是过失型犯罪，主体是对环境保护负有监管职责的国家机关工作人员。由前文可知，在我国目前的刑事立法中，生态环境监督过失犯罪的主体过于狭窄且监督责任模糊，注重惩戒性而忽视预防性。在我国的经济结构中，监督者在生态环境领域的保护与预防工作中具有多重身份属性；单一国家监管者刑事主体的设置不符合社会的实际发展情况，更不能有效起到保护法益的作用。因此，生态环境监督过失犯罪的主体拓展符合现今及将来的社会发展趋势。

在现实制度的构建中，生态环境监督过失犯罪主体的拓展不能盲目而动，要紧扣相关原则对主体范围进行拓展；如此才能精准定位，准确地划定符合法理与社会实际情况的主体范围，既可以做到不疏漏内容，也能做到不盲目扩充。生态环境监督过失共有两种类型：一种是因缺乏对被监督者行为的监督所构成的直接监督过失；另一种是由于没有确立安全的管理体制所构成的间接监督过失。[①] 监督主体包括在上述两种类型中；但如果要区分其中的责任人罪状的话，则需要厘清责任与义务范畴。研究生态环境监督过失犯罪主体拓展，必须遵循几个主要原则：一是要对目前学界公认的几类监督过失的主体加以对照、匹配，描绘出生态环境监督过失犯罪主体拓展的基本轮廓；这是生态环境监督过失犯罪主体拓展的前置原则。二是在前置原则所划定的拓展范围中继续进行精准概括，揭示出拓展过程中的主体认定标准，对主体拓展认定进行精细化总结；这是主体拓展的认定原则。在认定原则中衍生出综合认定生态环境监督过失犯罪主体拓展的方法，为如何依据认定原则进行主体拓展进行理论归纳。三是为避免在主体拓展的过程中出现“矫枉过正”“极度收纳”的情况，则需剖析出生态环境监督过失犯罪的限制原则，对生态环境监督过失主体的排除原则进行研究：从作为过失类犯罪共性的主体回避类原则入手，从环境监管的角度进

---

① 参见张明楷：《刑法学》(上)(第6版)，法律出版社2021年版，第390页。

行论证,解决主体拓展过程中的排除类问题。四是归纳总结限制性原则,归纳出避免生态环境监督过失犯罪主体无限拓展的新路径。

第一节 生态环境监督过失犯罪主体拓展前置原则

2018年5月18日至19日,全国生态环境保护大会在北京召开。习近平总书记出席会议并发表重要讲话。习近平总书记在讲话中强调,用最严格制度最严密法治保护生态环境,加快制度创新,强化制度执行,让制度成为刚性的约束和不可触碰的高压线。党的二十大报告进一步提出:“必须牢固树立和践行绿水青山就是金山银山的理念,站在人与自然和谐共生的高度谋划发展。”随着“碳中和”“碳达峰”的等概念的提出,须强化问题导向,不断完善生态文明法律制度体系,为推进人与自然和谐共生的中国式现代化提供法治保障。生态保护面临的技术性难题与风险隐患不断挑战着传统治理范式,为了做好生态环境犯罪治理,我们需要将目光转向监督者,促使生态环境监督由重事后查处转向重事前预防、从国家管理模式转向国家和企业合作治理模式。传统生态环境监督过失犯罪的主体范围已经与生态治理范畴不一致,其主体范围的拓展已成为必然趋势。生态环境监督过失犯罪主体的拓展,既要立足于传统的监督过失犯罪理论,又要符合环境问题治理的实际需要。

生态环境监督过失犯罪主体拓展时,需要厘清一些前置性理论与概念,把握监督过失这一核心范畴。从司法实践来看,生态环境监督过失不仅涉及多数人参与过失犯罪的问题,还涉及单一过失行为或多数过失行为的竞合问题,而且由于不同的行为人往往违反不同的注意义务,再加上作为与不作为的区分、多重因果关系的认定问题,导致监督过失的法律适用更加困难。根据侵害的法益不同,生态资源环境类犯罪可以分为一般侵害环境类犯罪与有关环境保护的职务类犯罪。本书所研究的生态环境监督过失犯罪属于第二种。除此之外,生态环境监督过失犯罪还有一个重大特点,即它是一种监督管理类的过失,而不是一般的直接过失,在认定监督过失的责任主体时应当从主体所需要履行的监督管理义务出发。刑法的监督过失理论的诞生与发展经历了传统过失理论、新过失论与新的新过失论三个理论阶段,分别对应产生了结果预见义务、结果避免义务及修正结果预见避免可能性三个注意义务的判断标准。尤其是在新的新过失论中不要求过失主体的预见及避免义务是具体的,只要求过失主体具有对于危害结果发生的抽象认知即可,空前地扩大了监督过失主体义务的认定范围。

如若要准确认定适格的生态环境监督主体，就要在前置阶段找出真正适合生态环境监督犯罪主体的注意义务，从责任角度出发，对各个层面的义务主体进行原则上的规定。马克昌教授认为，监督过失是一种过失竞合，即指由复数过失引起危害结果的发生。① 有学者以极端情况为例，在纵向科层制的层层监督中，有局长对副局长的监督、副局长对处长的监督、处长对副处长的监督、副处长对科长的监督、科长对科员的监督等，只要任何一个环节的监督到位，均可能避免不法结果发生。那么面对某种极端的匪夷所思的不法结果时，局长、副局长、处长、副处长、科长、科员均需要因监督过失而被追责吗？② 在大多数生态环境事故案件中，组织体中的中高层负责人、基层管理人、直接行为人以及外部的一些行政人员往往存在错综复杂的责任衔接关系，事故往往是因为层层的责任漏洞而产生。多人的介入给判断监督者的结果预见义务、结果避免义务以及预见可能性造成了极大的困难。因此，在认定生态环境监督过失犯罪主体之前，应该对监督者的注意义务进行梳理，探析各层级监督者的注意义务，以明确在生态环境领域成为刑法意义上的适格监督者所需要具备的责任要件。由于在生态环境监督过失犯罪中存在多层级以及多个监督者，在一个生态环境监督过失犯罪成立之时，究竟该选择谁成为监督过失责任的承担主体？监督过失责任的最高层级在何处？合理运用向上追溯原则便是寻找监督责任承担者上线的主要方法。在运用向上追溯原则的同时，需要注意上下层级的监督者之间是否确实存在监督关系，这种关系是否存在实质内容。实质监督关系的界定实际上就是职务之间支配关系的界定，在职务关系中确切地存在支配关系就表明了监督关系的存在，为确定监督者的实际权限、认定监督者的范围提供了实际的依据。

一、生态环境监督过失犯罪主体的注意义务构造

（一）监督过失的注意义务功能定位

随着风险社会的来临，利益与风险共存，社会获取的福利越多，风险就越多。比如，在发生矿难事故、公共场所火灾事故、医疗卫生事故或环境污染事故时，都会出现重大的人员伤亡和财产损失的情况；仔细探究这些事故发生的原因，不难发现多数设施设备、管理体系存在缺陷（设备日常维护缺失、业务培训混乱等），监督者存在过失行为（滥用职权、玩忽职守、在事

① 参见马克昌：《比较刑法原理：外国刑法学总论》，武汉大学出版社 2002 年版，第 268 页。

② 参见姜涛：《监督过失的限缩适用方案》，载《清华法学》2021 年第 6 期。

故发生之时盲目指挥等)。但是,由于现代组织体的体系复杂,在确定主要监督者的刑事责任时,理论上难以找到依据从而导致实践中处理此类人员存在困难。从传统刑法理论上看,承担刑事责任的主体大多为现场直接作业人员,这类人员基本都是“打工者”,而监督者(上层)的监督过失责任通常可以通过各种理由予以免除,这种“地位越高,离现场越远,越没有责任”的追责结果不仅没有体现法律的公平正义,而且对于预防和减少事故类过失犯罪的发生有不利影响。由此,为了解决此类事故中监督者不用承担刑事责任的问题,20 世纪 60 年代末期,德日刑法学界开始对监督过失的犯罪理论进行探讨,并率先提出了监督过失这一概念。①

学术界一般认为,监督过失型犯罪从属于过失犯,注意义务是认定过失犯是否成立、承担刑事责任大小的主观要素,违反注意义务是过失犯的内在本质及外在表现,注意义务理论对注意的内容和范围有明确的限定。也有学者提出监督过失犯罪从属于不作为犯罪,作为义务是监督过失犯罪理论中的核心概念。② 过失犯罪和不作为犯罪是依据不在同一层面的标准而划分出的范畴,所以注意义务和作为义务既不是相互排斥的关系,也不是相互包含的关系。监督过失犯罪是注意义务和作为义务的竞合,这也不意味着注意义务具有作为义务的要求。本书认为,监督过失犯罪中的注意义务理论诚如日本学者大塚仁教授所言,对于过失来说,其本质不是出现法益被侵害的结果,而是懈怠了社会生活上必要的注意义务。③ 德国理论把客观的注意义务违反从责任领域中拿出来,归入违法性当中,并认为行为人在交往过程中一旦履行了必要的注意义务就具备了违法阻却事由。④ 注意义务本质上具有主观与客观相结合的属性,具有以下六个特性:第一,注意义务是连接行为人与过失犯罪的必要前提,其与过失行为、刑事责任是环环相扣的。存在注意义务是前提,讨论过失行为是否成立是确定行为人是否承担刑事责任的关键;如果没有违反注意义务,那么讨论过失行为就没有意义,遑论行为人的刑事责任。第二,注意义务有多种来源,但在特定案件中如果成为约束行为人的责任,注意义务就会演变成特殊主体必须履行的特殊注意义务。第三,注意义务具有可履行性,作为注意义务内容的基本要求,至少是社会平均人能够满足的要求。第四,行为人从注意义务中直接获取利益的可能性远远小于通过义务履行获取利益

① 参见尚勇:《监督过失犯罪理论中的注意义务研究》,武汉大学 2019 年博士学位论文,第 15 页。
② 参见刘丁炳:《监督管理过失犯罪研究》,中国人民公安大学出版社 2009 年版,第 5 页。
③ 参见[日]大塚仁:《犯罪论的基本问题》,冯军译,中国政法大学出版社 1993 年版,第 229 页。
④ Vgl. Heinrich Vogel, Strafrecht Allgemeiner Teil, Auflage Kohlhammer 4(2014), S. 421.

的可能性。第五,行为人可能履行注意义务,也可能不履行注意义务;履行的方式既可以是作为,也可以是不作为。第六,义务人若以明示或暗示的方式拒绝履行注意义务,则义务人需要承担一定的法律后果。①

我国刑法学界习惯把注意义务分为"注意义务的根据"和"注意义务的内容"来论述:前者有法律、法令及规章制度规定的注意义务,社会习惯、常理所要求的注意义务,以及基于尊重他人法益所产生的注意义务等;后者一般包括结果预见义务和结果回避义务。在德国过失犯罪理论中,所谓客观的注意义务大致与我国过失犯罪理论上所称的"注意义务的根据"相当。关于注意义务的具体内容,当今国外学界的理论通说认为,过失犯罪中的注意义务包含两个方面的内容:危害结果的预见义务与危害结果的避免义务。② 在环境监管类犯罪中,具有结果预见义务是生态环境监督过失的前提,以结果预见义务为前提才具有探讨结果避免义务的必要性。而设置环境监管类犯罪的目的之一是保护生态环境法益不受侵害,因此结果避免义务是生态环境监督过失的核心内容。由于生态环境监督职责多为行政权力,或者是政府行为的衍生权力,且环境保护的行政裁量权的自由幅度较大,因此生态环境监督过失中的注意义务的内容具有结果预见义务与结果回避义务判断的复杂性。

(二)生态环境监督过失中的结果预见义务

生态环境监督过失的结果预见义务包括监督主体的预见能力与预见内容两个方面。有学者认为,监督过失犯罪中的结果预见是指监督者对被监督者违法行为的预见,既不是对行为和结果的共同预见,也不是对危害结果的单独预见。③ 还有学者认为,管理型监督过失的预见对象既包括作为中介的被管理的物和被监督的直接行为人的违法行为,也包括危害结果。④ 由此可见,学术界目前对监督者预见被监督者行为的违法性是没有异议的,但对预见对象是否包括危害结果是有争议的。本书认为,生态环境监督过失中的结果预见义务应当将对被监督者违法行为的预见和对危害结果发生的预见纳入其中。具体有以下两点理由:第一,仅以被监督者的违法性行为作为结果预见的内容不符合过失犯罪的基本理论。根据认

① 参见周光权:《注意义务研究》,中国政法大学出版社 1998 年版,第 11 ~ 14 页。

② 参见程皓:《注意义务比较研究:以德国刑法理论和刑事判例为中心》,武汉大学出版社 2009 年版,第 52 页。

③ 参见王安异:《浅谈监督过失的注意义务》,载《华中科技大学学报(社会科学版)》2005 年第 6 期。

④ 参见王良顺:《管理、监督过失及其判断》,载《政法论坛》2010 年第 6 期。

定过失犯的必然要求，要成立犯罪就要出现法益被侵害的结果。如果将监督者的预见内容限定为被监督者的违法行为，而不要求是否确实发生法律上的危害结果，则从根本上否定了监督过失犯罪成立的客观要件。由此，便产生了监督者主观上不必对破坏环境资源的危害结果负责而客观上却对侵害法益的结果负责的要求，从而陷入主客观不统一的尴尬境地。第二，将对危害结果的预见纳入生态环境监督过失犯罪的预见义务范畴，是刑法法益保护的要求，也符合现行法律的规定。2006 年最高人民检察院颁布的《关于渎职侵权犯罪案件立案标准的规定》中，将对土地及水源的破坏直接确定为环境监管失职罪的立案标准，表明在司法实践中有将监督者对危害结果的预见纳入生态环境监督主体的预见内容中的要求，有利于强调监督者监督责任的重要性，进而增强监督者的监督意识，同时通过降低环境监督者过失行为判定的门槛以及提高监督者履行注意义务的标准两个举措完善预防机制，最终实现对法益的保护。结果预见义务要求明确预见内容，主张监督者在行使监督管理职权的同时，更要对职责范围内存在的隐患事项加以注意，即时刻保持一定的危惧感，为可能因业务过失导致的法益被侵害的结果随时做好准备，如果没有进行合理的预防则需要对损害后果的产生承担监督过失责任。

在监督者的结果预见内容确定之后，则需要对监督者的结果预见能力做探讨。学术界对于监督者的结果预见能力也是众说纷纭，目前已经有了主观标准说、客观标准说以及折中说。主观标准说要求将监督者个人的预见能力作为是否存在预见可能性的标准；客观标准说要求将社会一般人的预见能力作为一般预见可能性的标准；折中说要求在一定情况下，将具有相应适合预见能力人的反应作为一般通用的预见标准。目前，折中说通常被认为是学术界通说；在环境监管犯罪领域，折中说也必然有其不可比拟的存在价值。生态环境领域中的监督具有一定的行业特殊性及专业性，从业者相较于社会一般人定然有其专属的业务知识与能力，对其所期待的危害结果预见能力也必然高于社会一般人。因此，在生态环境领域内部建立一套贴切的监督者结果预见能力标准更具有客观性。

环境监管失职罪主体的注意义务中，运用监督者的预见能力来判定犯罪主体还需考虑生态环境监督过失中的预见可能性。对于预见可能性的判断，目前主要有具体预见可能性说和恐惧说。前者要求行为人应当对行为、结果及因果关系有预见，后者则要求行为人对会造成的某种危险具有不安感。为实现惩处环境监管失职罪的社会效果和法律效果，我国采用危惧感说对生态环境监督过失中的预见可能性程度进行判断。在生态环境监督工作中,监督者自身要具备判断预见可能性的能力;要符合这一高标准的要求,监督者的环境保护专业知识和经验就必不可少。加之监督者所面对的环境情况具有不确定性和复杂多样性的特点,所以只有具备上述要件,监督者才能在最短的时间内精准发现被监督者的行为中所存在的风险,及时对严重的法益侵害后果进行处理,降低影响。因此,危惧感说与一般过失要求的预见可能性的不同之处在于,危惧感说只要求监督者对被监督者和严重法益侵害后果具有概括预见即可,不要求对具体法益侵害结果有实质预见。监督者的行为与严重法益侵害后果之间介入了第三方即被监督者的行为。对于被监督者的行为与法益侵害结果之间的因果关系进程,监督者不可能面面俱到。如果以达到对具体法益侵害后果的明确预见为标准,实属要求过高,不仅难以做到这一预见标准,还容易造成监督者的出罪理由不当扩大化,不但没将环境监管失职罪的作用发挥到实处,反而将环境监管失职罪虚置。[①]

(三)生态环境监督过失中的结果避免义务

结果避免义务,是指监督者在已经预见到损害结果有发生之虞的情况下,应当小心谨慎并及时采取相应的措施,避免损害结果的发生或者尽可能保护受损的利益。只有监督者在履行预见义务的基础上违反结果避免义务,才能判定监督者的过失犯罪成立。监督者的结果避免义务具体可分为两个阶段:第一阶段是避免损害结果的发生。此时已经存在监督者因未恰当履行监督职责而造成的过失行为后果,但还没有损害法益,这时监督者就应马上采取合理有效的措施阻止损害法益的后果的发生。第二阶段是避免损害结果演变成法益实际受到侵害。在这种情况下,损害事实虽然发生了,但并未达到需要刑法规制的程度,此时监督者需要采取应急措施防止结果的演变,尽可能降低最终用刑法评价法益侵害后果的可能性。在监督过失的场合,结果避免义务主要表现在以下几点:

1. 制定安全体制并引导被监督者学习的义务。即为了避免发生事故,监督者应当采取一般性的事故预防措施。具体而言包括:(1)制度先行,即事前制定好相关的安全制度,并指导从业人员学习;(2)学习之后,对被监督者进行日常的指导训练,确保被监督者能熟悉并熟练运用预防措施;(3)事先规定被监督者不当行为引发危害结果的阻却机制,确保可能出现危害结果之时能迅速切断不当行为;(4)确保安全制度的落实和实施,并对执行情况进行检查,确保安全制度不被虚置。

---

① 参见侯艳芳:《环境监管过失的注意义务与司法认定》,载《政治与法律》2016 年第 12 期。

2. 履行好危害结果发生前的结果避免义务。在发生异常情况或者发现事故隐患时,应有针对性地采取具体措施或启动应急预案,视情况恢复正常状态或消除事故隐患,防止具体危害结果的发生。

3. 危害结果发生以后监督者具有消除危害结果的义务。如果危害结果不能完全消除,监督者也应当防止危害结果进一步扩大,要尽可能将危害结果控制住。危害结果发生后,监督者有义务也有责任积极作为,防止危害结果扩散。如果监督者没有组织抢救或者采取其他有效措施,乃至造成更严重的损失,可以考虑追究监督者的过失责任。追究监督者的过失责任,要满足以下两个条件:第一,监督者负有特殊义务,即监督者在现场或者明知结果已经发生却消极作为;第二,监督者能履行抢救义务有效防止危害结果的进一步扩大或者能消除危害结果却不履行。满足以上两个条件,才能追究监督者的监督过失责任。①

生态环境监督过失犯罪中的结果避免义务主要包括两个要点,即督促被监督者依法依规实施业务操作行为和避免侵害资源环境的危害结果的发生。前者是指监督者依据法律法规、行业规定等,依法依规履行监督管理职责,在自身责任范围内保障被监督者的正常业务行为;这是生态环境监督者工作的日常性特征。后者是指监督者发现被监督者的不当行为之时应当在其职责范围内予以劝诫、制止,并在发现明显威胁及环境资源安全隐患时及时采取措施,防止侵害结果的发生,或者在发现已经发生的危害结果时防止损害进一步扩大。根据以上理论,可得出生态环境监督者的结果避免义务应从督促被监督者依法依规履行业务职责和避免严重侵害环境资源法益的后果发生两方面出发,即生态环境监督者做到以上两点内容即可免责。

二、各层级生态环境监督者的注意义务原则的适用

监督者与管理者也往往存在一级监督甚至多级监督,如企业内部的总经理、副总经理、生产部部长、生产组组长、直接责任人员等。这就会带来监督过失归责范围上的宽窄不一;何种监督者当以过失追责,就是监督过失理论必须慎重对待的课题。不同主体的注意义务也是不相同的,如普通公民只需要履行一般的注意义务,无须履行特别注意义务;而具有特殊职务的人所履行的注意义务是特别注意义务,如酒店的经营者对其旅客因与酒店存在住宿服务合同而对其负有人身安全保障的义务。除此之外,其还

① 参见刘丁炳:《监督管理过失犯罪研究》,中国人民公安大学出版社 2009 年版,第 56 ~ 58 页。

要履行作为普通公民所要履行的一般注意义务。本书根据生态环境监督的不同类型，将各层级的生态环境监督者分为现场监督者、中层监督者、高层监督者，以及最具专业特点的公务人员监督者。

认定生态环境监督过失犯罪主体，首先要明确法律法规以及环境监督规范赋予相关主体的监督管理义务，还要实际思考监督管理人员是否确实拥有能够承担监督管理职责的权力。监督者是具有特定身份或享有一定地位的人，其与被监督者之间是上下级的关系，由监督者监督并管理被监督者，被监督者更像是一个服从者、执行者。[①] 环境监督从实质上来说，是国家对社会的监督、政府对企业的监督。由于我国的经济形态较为复杂，社会当中存在不同性质的经济体，如国有企业、私营企业以及国有的事业单位等，在部分企业内部也产生了相应的监督关系。我国的环境监督关系呈多层级状，主要表现为各级政府、环境主管部门因对社会经济体承担的行政监管职责产生的政府公务人员监督者，在各类企业内部依据法律法规等规范性法律文件以及单位内部规范、行业惯例等操作标准所产生的企业内部不同层级的监督者。由于在政府部门及企事业单位内部存在的错综复杂的职务关系，具体分布着多层领导可被评价为生态环境监督主体，不同层级领导在各自的责任范围内须承担不同程度的监督过失责任；因此这些监督者所承担的注意义务范围会因为职责的不同而有所改变，但是共通之处仍是存在的。

（一）现场监督者的注意义务

现场监督者也可以被称作基层监督者，是指对作业人员进行直接培训、指挥、组织、检查的基层监督人员，包括作业项目的班组长、项目的负责人、环保监察员、政府环境保护部门的基层公务员等。他们监督的对象为一线的作业人员，即直接实施业务活动的业务人员，如排污系统的操作工人、固体废料的处理人员、水源管理的直接责任人等。生态环境项目的现场监督者是危害事故发生后的直接责任人，他们是与一线业务及具体操作人员联系最为紧密的监督人员；他们是监督者，在某种程度上也是执行者，也是生态环境管理中最常见的监督负责主体。

在企业环保项目中的现场监督者一般为实施项目的熟练操作人员，他们精通技术，对于工作内容、各个环节以及损害后果具有精确的认知。他们的监督职责多半由企业或者行业内部的规则所赋予，因此他们的责任来源是职业性的。正是由于他们深入一线的特性，因此他们也是最容易对自

① 参见易益典：《监督过失犯罪中主体范围的合理界定》，载《法学》2013 年第 3 期。

己所监督管理的项目的实际操作行为进行判断和预估的监督者。根据前文可知,注意义务包含结果预见和结果避免两个方面内容,而结果预见又分为对不当行为的预见和对损害后果的预见,企业环保项目现场监督者的监督过失在此更偏向于对不当行为的预见失实。由于他们的监督职责更多地来自行业内部规则,缺少法律法规规定的强制义务,因此这部分监督者的责任感少于其他监督者。此外,他们的监督职责是因为其本身熟练的操作技能使他们具备了监督能力,因此他们擅长把控业务操作行为的正确性,而无法预估不当行为会造成何种程度的损害后果。

政府环保部门的基层公务人员也属于现场监督者,与来自企业环保项目的一线监督人员有着不同。一方面,他们是来自政府职能部门的监督者;另一方面,他们不是决策者,而是环保政策的实施者,也与一线环保部门有着最为密切的接触。但是,相比来自企业的监督者,他们的操作技术不具有优势,而是更擅长对他们所监督的项目工程进行整体性的预判。作为国家工作人员,其监督职责是法律所赋予的,具有更高的法律强制性,因此他们的责任内容大多来自企业的监督者。相比于政府环保部门的一般工作者,他们对结果预见的内容应当更加全面,既要及时对一线操作人员的违法违规行为监督到位,又必须做到对侵害法益后果的预判。

(二)中层监督者的注意义务

中层监督者是公司某组织部门经理或公司内部不同部门的协调者、分管某一领域的负责人等。一般管理着一个或者几个部门或者项目内容,负责一个或者几个方面的工作,与一线的操作人员一般相隔一两个领导层次,工作内容具有一定的决策性质。

中层监督者实际上是现场监督者的监督者。相较于现场监督者而言,他们对具体业务操作的熟悉程度较低,但是需要对所负责的工作进行整体性、宏观性的把握。中层监督者实际上负有两层监督义务,即对于基层监督者的监督管理义务和对自身上级监督者的报告、建议及形成决策的参与义务。中层监督者的结果预见义务包括对现场监督者监督工作的负责、及时预见现场监督人员的监督行为是否到位、对于现场监督者监督工作缺位情况下可能发生的损害后果的预估,也包括对参与制定的管理计划、组织实施的计划及项目实施进程的负责。其在参与这些规则的制定时,应当具有前瞻性,能够预见到制定内容实施后是否可能导致对于生态环境的损害以及何种形式、何种程度的损害后果。对于结果避免义务的适用,具体可认定为他们在发现下级监督人员的错误行为时是否对此进行了及时纠正以及是否采取了防止危害扩大的进一步措施，还有是否及时向上级监督者进行提示、汇报并提供建议，以及对制度的漏洞及时进行填补等。

(三)高层监督者的注意义务

高层监督者一般指行业组织体中的最高领导者，包括公司董事长、分公司经理、工厂的厂长、法人单位的法定代表人、非法人单位的重要负责人以及某项工程的主要负责人等，这些人主持所负责单位的全面工作，是单位的第一责任人及最高决策者。他们一般在形式上具有股东大会或股东的授权，是在政府职能部门登记申报的责任主体；在实质上，他们对某项活动具有最终决定权，对某个法益具有排他性的权利。高层监督者作为某个单位或者项目的最高管理人，其责任内容是对所负责工作进行宏观性把控。一个单位的运行或者一个项目的开展需要建立在一个健康的管理体制以及一个良好运行状态的基础上，因此高层管理者的注意义务主要来自管理体制的制定、正确指挥以及对中层监督者的管理三个方面。司法实践中，最高人民法院、最高人民检察院《关于办理危害矿山生产安全刑事案件具体应用法律若干问题的解释》[①](法释〔2007〕5号)将监督过失责任主体延伸至“实际控制人、投资人”等人员，证明高层监督者具有其相应的注意义务。

首先，高层监督者的最高决策权。企业应当对决策内容的作出整体负责，对于单位或者某项工程实施的管理机制，应当对其实时状态进行监督管理，随时预见机制运行的漏洞以及可能会出现的结果并及时进行填漏补缺，确保其不会出现危害结果是其注意义务的应有之义。其次，合理的指挥也是高层监督者的工作内容。在管理机制制定后，会出现活性的指挥工作，指挥的内容会随着传达机制一步步落实到一线的工作人员。操作人员大多数是指挥内容的执行者，他们由于职务范围的原因不会对上级指挥质疑。另外，一些操作在其所属的工作阶段来看是恰当的，并不会出现侵害法益的危害后果，但在不同环节中，各项操作联合起来有可能就会导致法律规定的危害结果的发生。因此，高层监督者在指挥工作的同时，需要深思熟虑，在发布工作命令之前应当及时对命令内容的疏漏进行排查，发现疏漏后能够准确地意识到其可能导致的危害后果，并及时地修改填充。当高层监督者因为不当指挥造成下级人员实际操作的不当时，高层监督者有义务及时发现并加以纠正。当这些不当行为已经导致危害结果发生时，高层监督者须及时采取补救措施，防止危害进一步扩大。最后，高层监督者

① 该司法解释现已废止。

位于组织体系中的最高领导地位，一般不容易了解一线的具体情况，因此他们需要通过管理中层监督者来掌握基层的情况。高层监督者需要注意中层监督者的履职情况，对于违反法律法规、行业规则等行为规范的中层监督者要予以及时处理，以防止其在岗位上因玩忽职守或者其他原因造成损失。高层监督者对于中层监督者所汇报的情况应当及时处理，并酌情参考中层监督者的提示与建议，以防止这些情况继续朝不良方向发展。如果高层监督者因自身原因，没有及时监控到中层监督者不履行职责的情况，以致基层监督者或者一线操作人员出现了不当行为，导致了危害结果的发生，且没有及时对中层监督者所汇报的不良事态进行处理，或处理不当而致使法律规定的危害后果发生，如此便是高层监督者违反了自身的注意义务。

（四）政府公务人员的注意义务

根据《公务员法》的规定可知，公务员主要是指依法履行公职、纳入国家行政编制、由国家财政负担工资福利的工作人员。刑法中未出现对于公务员的阐释，但存在对“国家工作人员”和“国家机关工作人员”的详细解释，如环境监管失职罪的主体便是负有环境监督管理保护职责的国家机关工作人员。我国现阶段的国情与社会结构比较复杂，能够行使公权力的除了行政机关还包括一部分事业单位以及得到法律授权或者行政委托的企业单位内的部门与人员。

生态环境监督方面的公务员，应是事实上享有生态环境监督职责的公职人员。站在法益保护的立场上，可知只有客观上对法益产生作用的行为才值得被刑法规制，由此就公职人员职务犯罪而言，主体须为实际掌握公权力的人。[①] 我国《环境保护法》第 10 条第 1 款规定：“国务院环境保护主管部门，对全国环境保护工作实施统一监督管理；县级以上地方人民政府环境保护主管部门，对本行政区域环境保护工作实施统一监督管理。”由此可见，负有生态环境监督管理职责的公务人员只限于《环境保护法》所规定的人员。

生态环境领域公务人员的监督对象有两类，不仅包括其监督的下级公职人员，还包括其在环境执法活动中的行政相对人。公务人员与其监督对象之间的监督关系，相较于其他监督者与被监督者之间的关系显得更为复杂。由于公务员的监督权力来源最为广泛，法律、法规、行政规章、行政规则与职位说明书、行政责任书与“军令状”等都是成文的依据，因此不同的

---

① 参见杜琪：《环境领域公务员监督过失责任研究》，载《江淮论坛》2012 年第 1 期。

领导级别、不同的岗位或者在同一岗位中不同的工作责任分配，都针对每个公务员个体产生了不同的生态环境监督责任。行政部门的各级公职人员中，并非每个人都持有某事项的最终决定权，有些监督者的职责就是把发现的问题在经过自己处理后报告上一级或层报上级监督者，由上级监督者作出最终处理行为，因而并不是所有监督者都要就监督不当行为对某些事件的发生承担责任，无最终决定权力的公务员的不当行为可能是其上级管理者的决定所致。在这种情况下，由于不能期待无最终决定权的公务员作出正确的行为，即因为没有期待可能性而否定其行为的违法性，不能让其承担监督过失责任。总之，负有监督职责的公务员只能就其监督职责范围内的事项承担过失责任。因此，环境领域公务员承担的注意义务严格来源于各类规范性文件所规定的不同职责，并且各类公务员所需履行的注意义务不尽相同。对于有决策权的公务员应该对其决策内容负责，能够预见到其决策的实施所可能导致的后果，并在后果发生前采取必要的措施加以避免，或者在后果发生后采取措施防止危害进一步扩大。对于一般监督者而言，他们需要对自己监督的下级公务员或者行政相对人的行为进行监督，及时察觉监督对象的违法违规行为并加以制止，对于自己监督职责内可能发生的危害后果有所预见，并能够在发生前及时制止，在发生后防止危害扩大，对于超出自己能力范围的情形发生时能够及时向上级汇报。对于具体公务人员的注意义务原则进行分析适用时，还需研究相关的法律法规、规章政策、岗位说明等具体文件，分析个体的责任内容，不能一概而论。

三、生态环境监督过失犯罪中向上追溯原则的适用

对生态环境监督过失犯罪主体的界定，往往是倒推追溯的过程，需要从整体上着眼解决监督过失犯罪主体范围界定的追溯深度问题，目的在于划定追溯的最终层级。由于生态环境损害后果或重大风险是由被监督主体的不法行为导致的，并非由相关监督责任部门及监督者的直接行为导致，因此需要向上追溯到监督过失责任人。向上追溯原则要求在认定监督过失责任人时，需要确定一个向上追责的出发点，这是追溯的前提。但是，如何确定该出发点，学术界有不同看法，一类观点认为应该从直接实施行为的人出发，另一类观点主张从损害结果出发，即主体回溯与结果回溯的争议。

有一部分学者认为就向上追溯的追责全面性而言，以损害后果为追责

的逻辑起点是较为合理的。① 因为监督者的监督职责贯穿在从不法行为到损害结果的全过程,包括事故前的教育培训、事故中的监督指挥以及事故后的防损善后,对被监督者的监督仅是其监督职责的一部分,整体而言是对损害事故全面的监督职责。另一部分学者认为向上追溯要对行为人追责,其要义就是主体的监督身份属性,要求其对单一事件监督主体的追责。② 后者观点认为,结果回溯最大限度地降低了追溯的逻辑起点,但是提高了在实际追溯操作中的难度,执行起来最为复杂。因为一起生态环境安全事故,所牵扯的行为人及监督者必然是一个庞大的群体,涉及每一个环节的参与人。如果将他们全部划分为追溯对象,则工作量庞大,也很有可能会出现“不当究却究”的现象,与此相匹配的则是真正的监督责任主体的法律责任被稀释,从而致使“当罚却不罚”情况的情况出现,使追溯范围盲目扩大化。前者观点认为以主体作为追溯起点的逻辑不够周延,无法精准地剖析出监管问题,也不符合生态环境事故预防性的要求。损害结果归责于监督者不仅有利于责任追究,也有利于构建预防性法律制度体系。③ 也有学者认为,以被监督者作为起点往上寻找责任承担主体时,可通过监督者背离其监督职责的程度、造成事故的严重程度以及监督过失行为致使危害结果发生所提供的原因力大小等因素确定,这种界定方式操作起来比较模糊,没有精确的认定标准,并且在理论上由于标准杂多而不成体系,实践中易使司法人员准确适用法律的难度上升或适用法律过于随意。④

在监督过失犯罪领域,普遍存在着上下级监督环环相扣的组织关系,主要是从监督者的监督内容或监督范围展开,也就是从监督者的具体监督权限展开,这是对监督者进行责任回溯的关键。由于监督者并不是因为积极实施一定程度的危害行为导致法律规定的危险后果产生,而是因为其行使监督职责具有重大过失或疏于履行监督职责使被监督者有机会实施对应监督内容的不当行为。监督者是一个立体的组织体系,每一层监督者的监督管理正是上一层监督者的监督内容,也可以说一级监督者的重大过失行为正是由上一级监督者的监督过失导致的,如此变成了一个从上至下的连锁反应。例如,在企业单位中,高级监督者的监督过失致使中级监督者

---

① 参见王德运、李秀沛:《监督过失犯罪主体的司法认定》,载《中国检察官》2011 年第 8 期;张贺:《论监督过失犯罪中主体范围的合理界定》,西南政法大学 2016 年博士学位论文,第 52 页。

② 参见张凌:《论过失犯罪中的监督过失责任》,吉林大学 1995 年博士学位论文,第 98 页;易益典:《风险社会中监督过失犯罪的刑法治理》,中国社会科学出版社 2014 年版,第 61 页。

③ 参见刘军:《预防性法律制度的理论阐释与体系构建》,载《法学论坛》2021 年第 6 期。

④ 参见刘雪梅、刘丁炳:《监督管理过失犯罪主体的认定方法》,载《检察日报》2009 年 4 月 6 日,第 3 版。

监督疏漏,从而传导至现场导致现场监督者不履行义务,最终引发了一线操作者的不当操作,致使危害结果发生。而在公务员体系中,领导关系更加复杂,某一级公务员的监督者或者相应的行政相对人的监督者往往呈树状分布,某个具体环境工程可能同时存在数个或平行或纵向的监管部门或者监督者,对于此类犯罪,一旦出现某一层次的监督过失,往往伴随上级监督者的违法行为,必须找到监督过失的源头,才能从根本上杜绝这一连锁的犯罪现象。同时,必须在追溯过程中对可能存在监督过失的监督者进行甄别,在查处犯罪的同时应当注意保护人权。

在企业单位中,一旦发生某种环境污染事故导致重大公私财产损失或者人员伤亡的后果发生,在追究监督过失责任时,首先要探究造成这种结果发生的直接原因出自何种行为,行为人是谁,随后再分析此次事故发生现场的现场监督者是谁,此次事故的发生是否属于现场监督者的责任范围,是不是由于现场监督者的监督过失才有可能出现损害结果。在确定现场监督者的责任之后,要明确中层监督者的责任大小,主要分为三点:第一,现场监督者是否及时向中层监督者汇报了一线人员的不当行为,在收到基层监督者的汇报时是否及时处理。第二,中层监督者有没有切实履行自己对于现场监督者的监督职责。在明确中层监督者是否承担监督过失责任及承担何种程度的监督过失责任之后,需要继续向更高层级的监督者追溯。由于高层监督者往往是最高决策者,在追溯到这一监督级别时首先应当观察其规则、制度的制定有没有出现错误或是漏洞;随后,可具体分析高层监督者的指挥是否得当,是否符合相关法律法规、行业准则的规定,甚至是否合乎常识。第三,明确高层监督者对中层监督者的监督是否得当,是否因高层的监督过失致使中层监督者无法正常履职。

对于负责专业生态环境职务监督的监督者而言,向上追溯原则的适用相比于企业单位则更加复杂。一方面,现场监督者这一监督层面包括一部分基层公务员,他们的上层监督者并非企业单位人员,而是他们所在职能部门的行政领导。另一方面,由于公务人员的权利义务来源比较广泛,具体的监督职责规定比较精确。一部分公务员拥有决策参与权或者现场指挥权,而另一部分公务员仅有向上汇报的权力,无法参与决策与指挥;公务员的组织领导体系并非单一的线性垂直形态,而是树状分布状态,某一级别的公务员会因为其监督工作内容的分类存在多个上级监督者。因此,在公务员监督者中适用向上追溯原则首先要明确被追溯对象的职权范围,研究其监督内容与危害结果的关联性,使公务员在自身监督职权范围内就自己的监督过失承担责任。此外,应当明晰已经发生的危害结果类型,根据具体危害情况向上追溯，找到相关法律法规、规章制度等文件所明确的监督线。

刑法的目的不只是惩罚犯罪，保障人权也是其目的之一，所以对监督者的追责需要有一个限度。第一，必须根据法律规定来进行追责。这是现代法治国家的要求，尤其刑法关系到一个人最重要的权利，不可随意处理，要严格依据法律进行追责。第二，承担责任的监督者必须拥有真实的监督权限。形式上是监督者而事实上没有监督权能的人，不能要求其承担监督过失责任。第三，各个监督权能作用的部分不同，权力的大小层级不同，意味着各自的义务内容是有区别的，没有最终决定权力的监督者的行为虽然与事故发生有直接联系，但由于其只是依照上级监督者的决定实施行为，因而不能追究其监督过失责任。

第二节　生态环境监督过失犯罪主体拓展认定原则

环境监管类犯罪是以保护生态环境法益为目的的监督过失类犯罪，因此在对其主体进行拓展时，要从其特性出发，从监督过失犯罪的主体理论中提炼出该类犯罪的主体认定原则。监督过失理论首先产生于日本，然而日本学界对该理论的认识并未达成统一意见，也存在诸多分歧。有日本学者认为监督过失是研究有关“负有监督义务的主体由于其过失的主观过错导致直接的法益侵害结果的情况下，使其承担过失责任的程度”的理论。[①]综合刑法学界对监督过失理论的研究，发现基本上存在狭义说和广义说两类理论观点。其中，狭义说认为监督过失是指监督者在业务工作行为中，因未对被监督者正确履行其监督、管理、指示权力，而导致被监督者造成损害后果发生的情形。狭义说又有两种不同的观点：第一种是被监督者没有履行适当合理的注意义务，这种情况下监督者与被监督者双方的过错行为共同发生导致了监督过失的损害事故；第二种是无论被监督者是否有主观的过失心理，只要监督者没有正确履行其监督职责从而致使被监督者的过失行为发生，最后造成损害结果就构成监督过失的犯罪行为。广义的监督过失理论也存在两类观点：一是监督过失理论，二是管理过失理论。前者是监督者不能对其直接管理人员的行为进行适当合理的监督、指导，而后者是指对自己业务范围内的组织机构、设施及监管规则负有监督义

---

① 参见赵秉志主编：《刑法学总论研究述评（1979—2008）》，北京师范大学出版社2009年版，第285页。

务的领导者未履行或未适当履行其监督义务,进而与其他人的行为结合导致危害后果发生的情形,是由于安全设施或制度的缺陷而使监督者负有责任。

负有生态环境监督过失责任的主体,主要是指在具有生态环境监督义务的日常或特殊职责的活动中,由于没有严格遵循其对被监督者的监督、管理及指导的相关规定,从而使被监督者实施了导致损害结果发生的过失行为的监督者。在生态环境监督过失犯罪中,监督者未正确地履行监督管理职责,大致表现为不履职、不正确履职或者违反相应的行为规范文件等情形,如果由于监督行为的缺失导致公私财物损失或者人员伤亡等损害后果的发生,那么在结果发生过程中作为原动力的监督者就必须受到处罚。鉴于本书所探讨的内容是对生态环境监督过失犯罪主体范围的拓展,有必要对相应的标准性认定原则进行厘清。

一、生态环境监督主体拓展的标准性认定原则

在认定生态环境监督者有无主观过失之前,需要明确对事故发生有监督管理责任的监督者的范围。目前,我国环境保护领域中的组织体较为复杂,各级政府的环境主管部门内部的行政关系、企业内部的职务雇用关系以及行政主管部门对企事业单位的监督管理关系都为纯正或者非纯正的生态环境监督者主体地位的形成提供了存在空间。

(一)主体符合性原则

主体符合性原则,是指在确定生态环境监督过失犯罪主体时,需要确保相关主体的确认条件与法律规定的构成要件相符合。在刑法理论中,符合性原则最早诞生于犯罪成立理论中的构成要件符合性理论,在阶层犯罪理论体系及构成要件理论体系中,我们都可以看到它的身影。

研究生态环境监督主体是否具有符合性应从主体的义务来源出发,在生态环境监督主体的认定中,只有行为人具备监督义务,才有可能成为环境监管失职的责任主体。由于我国生态环境监督主体存在身份上的差异,其所承担的注意义务大致来自规范性法律文件与非规范性法律文件两个方面。在规范性法律文件中,除《刑法》外,《环境保护法》《固体废物污染环境防治法》等法律都规定了具体的环境保护责任主体,或是行政职能部门,或是行政责任人员。单位组织内部通常规定了监督机制,用来保证其内部的环境监管效能得到有效发挥。这种监督机制包含行政单位、事业单位以及企业单位内部所有的规范性及非规范性文件,而只有单位内部规定的权力清单、责任清单、负面清单才可以进一步明确生态环境监督主体的

法律身份。当然，为了应对在各组织体中复杂的职务关系，缩减主体认定的风险程度及不确定性，组织体内部的非规范性文件也有必要作为责任依据来对待，主要有书面的会议纪要、口头协商约定、职位证明书、行政委派文件等，重点关注其中相关部门机构的任务委派以及机构暂时设置的工作安排。另外，给非常设性机构安排的工作任务也包含在内，都属于确认生态环境监督管理主体的依据。

在生态环境监督过失犯罪中，主体符合性原则的规范依据通常具有多样化的特点，既可以是正式的也可以是非正式的，但必须具有合法性、明确性及有价值性。其中，合法性是指所谓生态环境监督主体的内容应当符合比其法律位阶高的法律法规的规定。例如，《水法》中明确县级以上人民政府的水行政主管部门是本行政区域内承担监督职责的监督主体，那么乡镇人民政府及其工作人员就不可能依据其他下级法律法规或者单位规定自行成为水源环境的监督主体。明确性是指无论是规范性法律文件还是非规范性法律文件或者是单位内部的规定都必须有明确的内容，不但要对监督者的身份进行明确，还必须对其具体职责、责任深度进行详细说明。模糊的生态环境监督主体身份规定会导致主体认定的风险性增加，进而不具有参考意义。所谓有价值性，是指具体法律文件及内部规定所认定的监督主体必须符合法律精神及社会一般人的价值判断，不能强求低阶单位及工作人员成为与其工作内容及工作能力不相符合的生态环境监督者。行政体系具有明确且强势性的隶属关系，这种隶属关系要求监督者的监督顺位必须与其行政地位相匹配，否则便不可能形成良性的生态环境监督体系。包括在企事业单位中，金字塔式的职务关系为生态环境监督层级搭建了天然的模型，所有规定必须根据此模型而设立，否则便违背了正常的管理原理，也不符合社会的一般期待性。

（二）主体关联性原则

生态环境监督主体是环境监管失职罪的规制对象，在生态环境监督过失犯罪中，正是监督者的过失行为将监督者与危害结果联系起来，引出了因果关系问题的思考。因为行为是有意识的行为，只要某行为是为追求某种结果、达到某种目的而实施，就能将发生的某种危害结果归因于该行为，这种因果关系早于危害结果的发生，是其行为本身就内含的因素。然而，生态环境监督过失犯罪是一类结果型犯罪，是否发生法律规定的侵害环境资源的结果对于是否构成犯罪起着决定性作用。因此，在认定生态环境监督过失犯罪的主体时从犯罪结果往前倒推是最为符合犯罪学原理的方法，而这种推导路径的依据就是监督者与侵害结果的关联性原则,也就是主体关联性原则。主体关联性原则在结构上可以分为四个层次:(1)条件性关联,是指直观性的、常态性的一种关联,这种关联是四个层次中程度最低的;(2)合理性关联,这是为了让结果合乎行为目的且具有相当因果关系而构建的关联,是需要纳入刑法价值评判范围之内的关联;(3)危险性关联,其含义是行为符合刑法规范类型,危害结果也是刑法一般意义上所关注的内容,也就是说,刑法把这种行为与结果进行了类型化,因而存在重要联系;(4)保护目的性关联,这种关联强调从结果的角度来观察行为是否有违刑法保护目的的实现,若结果符合刑法保护目的就存在关联。①

生态环境监督过失主要有两种类型:一是直接监督过失,二是由管理体系缺失导致的间接监督过失。利用关联性认定生态环境监督过失犯罪的主体时,可通过直接行为人分析监督关系寻找监督者,也可通过分析事故整体面貌及发生原因,探究是单位体制问题还是监督者的履职问题。当生态环境保护安全体制未建立时,则可直接追究具有决策权力的高层监督者或公务员队伍中的监督者;而单位或者项目的生态安全体制已经建立的,则可以检视该体制是否符合法律规范和行业准则。如果已建立的生态安全体制发生了问题,那么就可以直接追究体制制定者,也就是追究高层监督者的过失责任;但如果生态安全体制不存在制定失误或者漏洞,则以直接行为人为追溯起点,分析监督关系,寻找卷入监督网络的监督者。从体制与行为人两条线路认定监督过失主体,这两条线路并非平行关系或者相互排斥关系,而可能是相互交叉的,往往在体制问题中就包含着多层面的线性监督过失反应,因此这两方面更多时候是同时或者交替进行的。

对于在生态环境监督中是否具有主体关联性的判断,要从监督者的实际监督内容出发,依据其监督层级、业务身份来确定其与危害结果之间究竟是以何种关联为纽带。例如,作为高层监督者,其职责是管理低层监督者与制定监督管理规则,因此在判断其与危害结果的关联性时就要从他是否适当地对低层监督者进行了监督管理以及他负责制定的监督制度是否合理完善出发。在政府公务人员领域,其监督依据主要来自法律或者行政法规的规定,如《环境保护法》与《水法》都规定了生态环境保护相关部门有权力对侵害生态环境的违规主体实施行政处罚或者其他行政行为。诸多法律都明确了政府相关职能部门及企事业单位对于生态环境

① 参见吴玉梅:《德国刑法中的客观归责研究》,中国人民公安大学出版社 2007 年版,第 135 页。

的监督职责以及具体监督权力、责任内容等。如果发生了生态环境破坏的后果，我们可以依据已经制定的监督职责体系向上追溯，逐一筛查环境保护监督责任主体。关联性原则存在的意义是建立了环境监管失职罪的主体判断体系，通过主观要素和客观要素两者的结合，达到了主观与客观的统一平衡。

（三）主体违规性原则

生态环境监督过失犯罪的主体违规性原则派生于大陆法系的犯罪成立学说，即构成要件该当性、违法性、有责性中的违法性原理。由于生态环境监督主体的义务来源较为广泛，包括但不限于法律法规、政府规章、组织规定等，因此称其为主体违规性原则。

主体违规性原则要求认定监督主体构成过失犯罪需有违反有关监管职责规定的行为存在，这是其行为构成犯罪的基本前提。如果监督主体的行为并未触犯相关监督规定，即使其监督行为与损害后果存在因果关系，也不应当对其定罪。监督者的违规行为，是在法律法规内部的履职不当，包括不履行与不正确履行。将这种履职不当限定在法律法规内部，是因为将监督者确认为过失犯罪责任主体具有法律意义上的可惩罚性。比如，某环境保护部门的一般公务人员属于现场监督者，只是相关法律政策的执行者不具有决策权，法律也不要求其必须向监督体制负责。如果他因为执行具有错误或者漏洞的监督体制导致了环境破坏的结果发生，那么就不能从法律角度认定其违规。而被监督者也体现主体违规性原则，即在危险现实化或者扩大化的进程中，这些具有一定职责的被监督者虽然无法直接根据自己的权限作出决定并采取必要措施防止结果的发生，但也需要向监督者报告，推动监督者履行结果回避义务。如果被监督者不履行此种范围内的作为义务，也可以成立监督过失。生态环境监督者所要遵守的规范分布于多个法律法规当中，如《固体废物污染环境防治法》第 26 条规定了生态环境主管部门及其环境执法机构和其他负有固体废物污染环境防治监督管理职责的部门作为监督主体的有关职责，以上部门若没有将排放固体废物的单位检查到位，没有及时对固体废物的来源、处理渠道等进行监督管理，则可以认定为存在监督过失。

判断监督者的行为是否违规，先要从国家的相关法律法规着手认定，之后才是寻找单位内部是否有对监督者提出职责要求的具体规定。实践中往往都要走到第二步，这主要是由于在各个社会行业活动中或者行业内部存在不同的分工，不同的岗位有不同的工作任务、职责要求，法律法规不能细致到这个程度。[①] 比如,《环境保护法》规定县级以上环保主管部门,应该会同相关部门就其辖域内的环境卫生情况实施调查评价才能制订环保规划,进而报请批准。而实际上某个县市的环境保护部门内部又细致分化着相关的调查部门、评价部门及决策部门,隶属于不同部门的公务人员所担负的监督职责也不尽相同。隶属于评价部门的人员,依据部门内部的规定负有对调查的实情、收集的数据进行总结评估的职责,但对于调查部门的人员因为调查内容失实而导致的环境状况评估的偏差,则不应该追究评价人员的过失责任。同理,评价人员的测评失误,也不能由调查属实的人员承担相应的违规性责任。最终是组织内部实际的分工与业务惯例。由于法律法规只是对环境监督责任进行指导性的划分,且组织的内部章程规定也并非十分严密,再者在环境保护业务的实际操作中也会出现惯例性的工作关系布局。这种分工与业务惯例虽然不同于法律法规、组织章程等,因为他们没有可见于文字的特定内容,在确认监督过失主体的过程中具有不小的操作困难,但是将其认定为违规性的规范来源更具有客观性、公正性的意义。不当的履职行为产生了监督过失责任,确认实际分工与业务惯例,能够更加准确、客观地找出具体的监督者,从而认定监督过失责任主体。

湖南省浏阳市曾经在2009年发生过环境污染事故,牵涉多个不同职责的生态环境监督主体。2003年,湖南省浏阳市某村通过招商引资引进×化工厂,次年4月,×化工厂没有通过政府审批就擅自弄了一条炼铟生产流水线,该流水线会产生工业废物,长此以往对其周边环境造成了大范围的镉污染,大量植物枯死,附近有相当数量的村民产生了体内镉超标的症状,有两名病情严重的村民死亡。2009年,众村民因无法再忍受这种毒害,聚集控诉化工厂到镇政府和派出所。然而,这起生态环境事故只追究化工厂负责人的刑事责任,相关生态环境监督主体负责人只受到行政处分。[②] 行政公务人员属于监督者序列,但是由于监督职责违法性不明确,所依据的义务来源不清晰,导致其不能构成环境监管失职罪的犯罪主体。该案显示了生态环境监督主体违法性原则在判定责任主体方面的积极意义,无论是招商引资的部门还是生态环境部门都需要履行规范所要求的义务,并对其监督过失负责。

---

① 参见易益典:《监督过失犯罪论》,华东政法大学2012年博士学位论文,第31页。

② 参见《浏阳镉污染事件:政府很“卖力”为何群众不“买帐”》,载央视网,https://news.cctv.com/china/20090805/111675.shtml。

二、监督主体行为与危害结果的直接性原则

生态环境监督过失犯罪主体所承担的是监督过失责任，其前提是该主体没有尽到监督职责而导致被监督者实施了严重损害生态环境的行为，并发生了能够成为过失犯罪构成要件的损害结果。从形式上来看，损害结果并不是由监督者的监督过失行为所直接导致，所以监督过失型犯罪的犯罪主体与犯罪结果表面上呈现间接关系。但就实质上而言，对于负有过失责任的监督者而言，并不是让他们对自己监督对象的行为承担责任，如现场监督者并不对一线业务人员的操作责任风险负责，高层监督者并不对中层监督者的工作过失负责，所以监督者的责任来源于其本人自身的监督职责，而非其下层监督者的监督职责，即其监督过失行为具有实行行为性质，换句话说就是正犯行为，无论其行为表现形式如何，都对犯罪的危害结果发挥了直接的作用。总之，生态环境监督过失犯罪主体对于构成犯罪的危害结果的直接性体现在由监督者的指示失误或监督不力等原因直接导致损害事故发生，这个原则也是监督者注意义务一体两面的反映，这也凸显监督者生态环境严格责任的价值导向。

在现实生活中，监督关系具体可分为两大类：一类是在同一社会组织体系的内部，由于业务上所产生的上下级职务关系所构成的监督关系网络主要存在于企业单位或事业单位内部，也可能存在于人民政府主管环境保护的行政职能部门内部；另一类基于国家行政部门对社会组织及个人的管理，主要的存在形式是人民政府主管生态环境保护的行政职能部门对社会其他组织体及个人的监督。这两种类型都存在管理层级的限制，上层监督者因为法律法规、业务惯例等所规定的职责而具有权威性，对下层被监督的相对人具有威慑作用，从而使监督者的意志能够通过被监督者从上至下进行线性的或者树状的贯彻和传递。这种贯彻与传递的前提是企业单位内部、事业单位内部、行政职能部门内部以及行政职能部门之间在一个有机的整体内，无论是横向还是纵向上都相互形成了明确的监督关系。由此，赋予了监督者对自己所监督的相对人及具体影响的实际影响，监督者具有了能够影响被监督者的行为以及事件发展具体进程的能力。也正因为这种影响能力，致使在监督过失的情境中，监督者与被监督者必须同时承担各自不当行为对导致违法侵害后果产生的风险义务，监督者必须及时预见自己行为发生危害后果的可能性、会发生何种风险后果以及风险后果发生后如何回避。

生态环境监督主体的行为对危害后果的直接性影响实际上要经历两

个阶段:第一,监督主体的行为对环境危害结果造成的直接性影响。第二,监督主体的行为对危害结果达到违法性程度的直接性影响。这两个阶段是直接性原则的应有之义,后者是前者的进阶标准,二者共同服务于一个主体认定结果。四川成都沱江水污染案件的审理始末诠释了监督者的行为对结果直接性作用的二阶段影响。[①] 2004 年,川化第二化肥厂员工察觉到技改项目的环保装置给料泵已经发生了损坏,便马上向上级进行层层汇报,从车间经理到副厂长最后到川化股份公司的副总经理、总经理。按理来说,该企业有六次机会来阻止事件往更为严重的情形发展,可该企业并没有及时采取相关措施,致使重大污染状态延续了 20 多天,造成附近数百万居民无干净生活用水,此次事件造成的直接经济损失高达 2.19 亿元。2005 年,成都市锦江区人民检察院对此次事故的监督者以环境监管失职罪提起了公诉。经法院审理,确认了监测站站长有检测大气、水土数据、为环保局执法提供技术支持的责任;监理所所长有寻查污染物的来源以及阻止污染源蔓延的职责。这些主体均是对该起事故发生负有监督责任的相关人员,其监督内容对沱江水源的状态具有直接的影响,由于其怠于行使监督职责直接导致了沱江下游水源的破坏,从而发生了重大财产损失。

总之,生态环境的监督者有义务利用自己的监督职责与能力,通过监督职务行为来降低被监督者对法益的侵害风险的扩大。当监督者履行职责不当时,其系以直接作用的方式违背法律法规、组织规章、实际分工与业务惯例,从而形成对环境事故发生的直接作用力,这是追究监督者法律责任的法律依据与理论依据。

三、生态环境监督过失犯罪主体拓展的面向

在前文中,我们讨论了生态环境监督过失犯罪主体的认定原则,无论是在符合性原则中的三性理论、关联性原则中的追责理论,还是违规性原则的红线把握,都是在生态环境监督过失领域的主体拓展中认定犯罪主体的原则性理念。但是,以上原则都是犯罪主体拓展的基础性理念,在日常社会生活中,以及立法与司法实践中,不容易被直接参考引用,而需经过一系列的分析认证才能运用。因此,在生态环境监督过失犯罪的主体拓展中,我们需要一个明确相关原则的综合认定路径。以下分别从行为主体和侵害法益两方面作出说明。

---

① 参见《四川沱江污染案 3 名涉案人经二审认定被判有罪》,载中国政府网,http://www.gov.cn/yjgl/2005-12/23/content_135788.html。

（一）环境监管犯罪主体的类型拓展

在研究犯罪主体理论时，要考虑主体是什么，或者应该是什么。在我国的刑法中，犯罪主体有两种情况：一类是自然人主体，另一类是法人主体（单位）。在前文中已经叙述了五种类型的监督过失犯罪中监督者的注意义务，这五种类型的监督者均为自然人身份。毫无疑问，自然人可以成为生态环境监督过失犯罪的主体。在研究生态环境监督过失犯罪中是否存在单位犯罪的情况时，首先要拿两者的法定要件做对比，观察两者是否兼容。如若法定要件兼容，那么证明单位可以成为生态环境监督过失犯罪的主体；如若不兼容，则证明不能。

在单位犯罪中，并非所有涉及单位的犯罪之犯罪主体都是单位，单位构成犯罪主体，有以下四个构成要件：(1)具备刑事责任能力是单位构成犯罪的主体要件。刑法规定了构成单位犯罪的组织体都应具备刑事责任能力，但有关规定却提出，无法人资格的一些组织体和个人为实施违法犯罪活动而设立的组织体及其设立后主要活动就是实施犯罪的组织体，都不具备刑事责任能力，即不符合构成单位犯罪的主体要件。实践中，也通常会对单位犯罪的主体资格加以限制。刑事责任能力是犯罪主体构成犯罪的资格，即单位承受刑事惩罚的能力。只有当一个单位同时具备独立财产、行为能力时，才可以说此单位具备刑事责任能力。主体的含义为单位的主管人员和其他直接负责的人员。主管人员，就是单位犯罪中负有直接责任的单位领导，其人数没有具体要求，但是必须要具备是单位领导和行为与危害结果间有直接的因果关系两个条件。直接责任人员也就是具体实施犯罪的人，他们的职位和人数也没有具体要求，但无论职位高低还是人数多少，他们的行为也必然要同危害后果之间有直接的因果关系。(2)通说认为故意是单位犯罪的主要罪过形式。单位的整体意志是由单位决策人员根据单位的制度与程序形成的，其与单位业务有牵连关系，并且目的是为本单位谋取非法利益或者维护本单位的利益。如果是为了谋取个人的利益，即使以单位的名义实施犯罪行为，也不构成单位犯罪。(3)单位犯罪的客体因不同的犯罪类型而有所不同，但无论侵犯了哪一类客体，在和自然人触犯同一罪名的情况下，单位犯罪与自然人犯罪的客体是一样的。(4)实施了法律规定为犯罪的危害社会的行为，是单位犯罪在客观方面的必然要求。换句话说，单位实施的行为既要求对社会有危害，又要求具有法律的明文规定，二者缺一不可。另外，具体实施的行为必须与领导的决策相一致，若实施犯罪的过程中系因个人意志导致危害结果的发生，也不会成立单位犯罪。

在生态环境领域，只有单位具有一定的独立财产与行为能力，才有对生态环境造成严重侵害的可能性。如果一个单位没有独立财产，那么在对其单位犯罪的行为实施处罚时，也没有实际处罚的可能性。而直接实施行为的单位负责人及主要责任人，其范围与监督过失犯罪中的高层监督者和中层监督者的范围相符合。因此，二者的主体条件在一定范围内是兼容的。实施行为的单位负责人及主要责任人，有可能就是单位的高层管理者或中层管理者。监督过失犯罪，顾名思义其犯罪的主观方面一定是过失，而单位犯罪中故意和过失都有可能成为主观构成要件。《刑法》第137条所规定的工程重大安全事故罪的犯罪主体是单位，存在主观要件为过失的可能性，而这种可能性也可以发生于生态环境监督过失领域。例如，某单位以一人公司的形式存在，因为其直接责任人的监督过失导致其他业务人员的违法操作，因而造成重大的环境事故。由此可见，在主观方面，监督过失犯罪与单位犯罪也存在兼容情况。至于单位犯罪的客体，涉及层面较大，几乎涵盖了刑法所规定法益的全部内容，其与监督过失犯罪客体的相融自不必言喻。在客观方面，几乎所有犯罪都具有规范与现实的双重危害性，否则就违反了罪刑法定原则。

综上所述，单位犯罪与监督过失型犯罪存在法定构成要件上的兼容性，因此单位可以成为生态环境监督过失犯罪的主体。在对生态环境监督过失犯罪主体进行拓展时，应当考虑自然人主体与法人主体两种情况。

（二）生态环境法益保护主体的拓展

生态环境监督过失犯罪所侵犯的法益内容是认定生态环境监督过失犯罪主体的重要方面。目前，我国仅有的一条生态环境监督过失犯罪的条款是《刑法》第408条有关环境监管失职罪的规定。由此条文可知，我国目前生态环境领域的监督过失犯罪的法律规定还是着眼于公私财产与人身安全，即社会的公共安全领域。但是，公共安全领域也不仅限于以上内容，还包括居民的居住环境等社会秩序方面的法益。并且，由于当前社会极度重视对生态环境的保护，我们也开始重视生态环境的损坏对国家安全的威胁。例如，大型的土地荒漠化可能会引来大规模的沙尘暴，沙尘暴会导致一个区域或者一个城市的毁灭；再如，海洋污染可能会导致国家近海的生态安全受到影响。所以，对生态环境有力保护与控制环境危机，实现对生态环境有力度、有成效的维护，成为生态治理的发展的方向。当然，这只是在理想状态下的居安思危，基于立法应当在一定程度上具有预见性的原理，将国家安全纳入生态环境监督过失犯罪的法益保护范围也未尝不可，其中就包含数据生态法益、国家安全法益，特别是对遗传资源、环境数据、国家生态安全的保护已经成为法益保护的重中之重。而且，随着生态修复理念与司法措施的落实，从事替代性的专业生态修复企业也需要被监督，若修复不到位，便可能造成生态毁损等，也需要对此进行追责，这也说明监督主体的监督内容会随着生态环境治理范式的转型而发生变化。

可以肯定的是，生态环境的监督外延将扩大。生态数据、国家生态安全、生态司法履行等新型生态环境法益，是生态法益新形态，也将是生态环境监督扩张的方向。生态环境监督不再局限于纯粹的客观环境，而是延伸到了生态数据的监督，在本质上也关系到国家安全、社会发展与生态保护，具有很强的现实性。早在20世纪50年代，生态环境领域就出现了"大数据"的思想，生态环境问题的解决需要长期的数据积累，大数据技术为解决当前复杂的生态环境问题提供了新的方案，也给生态环境监督提供了新途径。生态环境大数据是在集成多部门、多来源、多尺度的数据的基础上，经过对生态环境全要素"空天地一体化"的连续观测，收集了海量的信息，借助云计算、人工智能及模型模拟等大数据分析技术而得到的数据，①对生态环境的监督也具有更强的技术性与专业性。生态环境监督过失犯罪主体所侵犯的法益应当限于涉及生态的国家安全、社会安全的范畴，这些法益之外的法益被侵害的，应当归类于其他类型的犯罪，犯罪主体也应当归类于其他犯罪主体。

第三节　生态环境监督过失犯罪主体拓展限制原则

过失是刑法处罚的例外，监督过失则是例外之例外，并且其不作为的行为方式也是刑法处罚的特殊情况。监督过失责任冲击刑法的个人责任原则、责任主义原则。生态环境监督主体的盲目拓展不仅不会获得法律理论的支持，而且在实际的司法操作中也没有任何意义，反而会因为立法问题让没有责任的主体承担部分刑事责任导致司法不公的现象。因此，对表征上具备生态环境监督过失、实质上不需要进行犯罪追责的主体排除或限制入罪，是生态环境监督过失主体拓展理论在预防性与罪刑法定原则方面的应有之义。本节讨论生态环境监督过失犯罪主体的拓展限制原则，也就是主体限制性理论，或者称为责任阻却原则。此原则的立意就是对不属于生态环境监督过失犯罪的主体进行排除，提高主体拓展范围的合理性，并

---

① See Christopher K. Wikle, Scott H. Holan & Mevin B. Hooten, *Guest Editor's Introduction to the Special Issue on "Modern Dimension Reduction Methods for Big Data Problems in Ecology"*, 18 Journal of Agricultural, Biological and Environmental Statistics 271(2013).

且这种排除从另一个角度可视作对生态环境监督过失犯罪主体拓展的反向思维探讨，通过排除不适格主体来确认真正的适格主体。

一、主体排除性原则

生态环境监督过失犯罪主体拓展的认定原则意味着我们能够明确地勾勒出生态环境监督主体的拓展认定范围，但另外一个同样值得注意的问题是在实际操作过程中怎么去限定生态环境监督过失犯罪主体的范围？也就是说，在以直接行为人为起点追查监督责任主体的情况下，我们应该调查的监督者的级别范围问题。在确定生态环境监督过失责任主体时，我们要充分考虑危害结果、监督者违反监督义务，以及监督过失行为对危害结果的影响等因素。在前文中，我们具体划分了现场监督者、中层监督者、高层监督者和政府公务人员四个层面的监督者范围。当然，我们不能对监督过失主体的范围无限扩大、追究，对于生态环境监督过失犯罪主体拓展所适用的排除性原则，我们可以从以下几个方面来说明。

（一）过失中断原则

通过之前对向上追溯原则的探讨，我们可以观察出监督过失责任的追责体系是从下至上不间断的，直至追查到最终的责任主体为止。在向上追溯的过程中，总会有一个追溯的终点出现，这个将监督过失责任主体与非责任主体相隔开的节点，就被称作过失中断。

监督过失的通常表现是直接行为人和监督者的过失竞合。单项竞合属于简单的过失竞合，是指一个直接行为人和他的监督者的过失竞合；多向竞合则是相对复杂的，即多个直接行为人和他们的监督者的过失竞合。无论是从单个还是从多个直接行为人往上追溯，监督者都不一定只会出现在一个层级中，而是可能分布在多个层级之中。他们可能同时都发生过失，后果就是都被追究监督过失责任。但是，如果说其中某一个层级没有过失，这就是过失中断。在这种情况下，无论他的监督对象是否有过错，都不能去追究没有发生过失的上位者的过失责任，因为该上位者没有过失，不会对危害结果产生影响。反之，若该上位者越级指挥其他下位者时存在过失，监督过失则没有中断，同样应当追究该上位者的监督过失责任。[①]举例说明，某一企业单位内部存在一线业务操作员甲、业务班班长乙、主管相关业务的经理丙以及企业的总经理兼法定代表人丁。如果因为业务操作员甲的不当操作行为引起了法律规定的生态环境破坏的结果发生，向上

① 参见易益典：《监督过失犯罪论》，华东政法大学2012年博士学位论文，第37页。

追究监督责任的时候发现班长乙因为疏于监督，没有在相关规范所规定的责任范围内对甲的操作行为进行检查，从而发生了损害结果并扩大至对法益的侵害，那么就可以对乙追究其监督过失的责任。再向上追溯至经理丙，发现乙的监督过失行为的发生是因为丙对乙的相关培训、检查、指导及指挥有误，或者是出现了这些职务行为应当发生而没有发生的情况，从而导致乙对甲的监督过失行为的发生，那么可继续追责至丙这一监督层级。由于丙是中层监督者，对于其隶属的所有人员拥有一定程度上的指挥权，因此丙有权力越过现场监督者乙直接向甲发号施令，如果甲直接听从了丙的不当指挥命令并实施了行为，以致发生了破坏环境的法益侵害结果，那么可跳过乙直接向丙追责。同理，丁是企业的法定代表人，处于高层监督者的监督地位，如果经理丙的监督过失行为是丁的履行职务过失所直接导致的，那么追溯线路就可一路从甲到乙再到丙，最后一直到丁本人。如果丁利用其最高指挥职权，越过丙直接指挥乙，或者越过丙、乙直接指挥甲，又或许是利用一些决策对其产生不利影响，那么就完全可以越过乙或者乙与丙的等级直接向丁追责。

过失中断原则的出现是为在生态环境监督过失犯罪中适用向上追溯原则设计一个节点，通过这个节点可以判断追责脉络应以何形态出现。当过失中断这一节点出现之时，就应当考虑是否终止对生态环境监督主体进行追责，还是说越过节点继续追责。防止生态环境监督过失主体的拓展范围盲目扩大，避免对本没有责任的主体扩大追究其监督过失责任，这便是过失中断原则存在的意义。

（二）信赖事由

刑法中“信赖”的运用最早起源于德国。在1935年德国的一场交通事故刑事判例中，指出了行为人自身根据现有的交通规范进行交通活动，除非发生一些相反的特殊情况，那么行为人可以合理信赖其他人也和行为人一样遵守交通规范。日本后来吸收了这一理论，并从交通事故处理进一步扩展到刑法其他领域，如工业安全事故及医疗事故鉴定领域，并在最终将其归纳为限制监督过失义务的重要原则之一。

“信赖原则的适用不是一件简单的事情，我们不仅要对法律的精神加以充分理解，还要综合分析社会的观念，才能将其适用范围确定下来。”①作为上层建筑的法律的内容总是需要一定的物质基础作为支撑，不同的物

① 刘雪梅、刘丁炳：《信赖原则在监督管理过失中的适用研究》，载《中国刑事法杂志》2009年第8期。

质基础会让不同的法律内容产生不同的反应，信赖原则在生态环境监督过失中的适用也是如此。信赖事由在生态环境监督过失中的运转原理是排除了行为人的结果预见可能性。在存在信赖事由的场合，由于工作情境的适当，以及对被监督者业务能力的信任和日常信赖事由的积累，导致生态环境监督者作为上级会对下级的一些业务行为产生信赖，无法预见到通常情况下不会出现的状况，不能提供回避结果的动机。在生态环境监督关系中，监督者与被监督者之间并非彻底的服从关系，而是指导与委任的关系。被监督者并非监督者的手脚，而是一个相对独立的个体，监督者不可能完全使被监督者令出必行、令行禁止。由此，信赖事由情境下的生态环境监督中，可以允许监督者在一定状态下不用事必躬亲，监督者可以根据具体的情况合理信赖被监督者不会有出格的行为。因而，信赖原则成为免除注意义务的一般理论。

信赖原则在生态环境监督过失犯罪领域中的适用，还要有具体条件，以免监督者逃避刑事责任的追究。具体而言，需要两个方面的考虑：分工的确立与实质的信赖关系。生态环境监督过失犯罪中，信赖事由最重要的适用前提便是监督者与被监督者以及不同层次监督者之间的明确分工，并且这种分工已经融入日常的工作中，形成工作惯例，同时被普遍的行业或者业务内部所认同。这首先要求各个岗位必须分工明确，权力来源充分合法，且权责相统一。此外，对于权力与职责的分配也不得超出相关责任人的具体能力范畴，一旦赋予某监督者超出其能力范围的监督职责，当其履行监督职责时由于能力不足导致监督瑕疵致使行为人作出犯罪行为，最终产生了危害生态环境的犯罪结果，那么如要以此追究监督者的刑事责任也不具备过失犯罪的构成要件且不符合刑法的谦抑性原则。同时，分工职责不能只看职位与头衔，还要明确监督者具体的监督责任范围，即实际上各个人员在工作中的职责是如何安排的。如果一个人名义上处于最高管理者的地位，但是对本单位或者本部门的相关规章政策没有决策参与权，那么当高层管理者阶层出现监督过失问题时，如果要追究其责任，不但不符合权责相统一理论，也违背了罪责刑相适应的刑法原则。因此，考察监督者的实际监督责任范围至关重要，因为只有监督者实际承担责任，才能奠定刑法上的监督义务基础。可见，在生态环境监督过失犯罪中，如果横向监督者或科层制监督者并未与被监督者相互分工，从事生态环境管理事务，那么监督者不能主张危险分配以及信赖原则。而且，即使在有分工、合作的领域，也应必须建立权责明确的合理分工的管理机制与体系。也就是说，作为“上位者”的监督者要以信赖原则否认自己的监督管理过失，必须确定其已经事先在该组织机构中确立了合理的分工机制和健全的管理制度，否则信赖原则就缺乏适用的前提条件。正如有学者所言，“多重义务”与“分散责任”原理是适用信赖原则的心理基础，一旦相互间的责任分配不清，极容易导致将注意义务转嫁他人而造成缺漏及疏失。①

信赖事由必须产生于实质的信赖关系之下。所谓实质，就是确实存在的、长期形成的、已经形成的组织体内部的形式惯例与明文规定。其有两个特点：其一，它必然要经过一定的过程才能形成；其二，它必然是在相关体系内被接受且认同的。信赖事由需要长期的沉淀是因为其惯例性的形式特征，在信赖事由的形成周期内，其具体的内容被相关联系人所熟知，极大地降低了信息盲区出现的可能性。但是，如果某些习惯性事由是长期形成的，其不被普遍接受也不具有合理性，“法不强人所难”，违背正常惯例的秩序当然不符合构成信赖事由的要求。

（三）监督者的保证人地位

生态环境监督过失犯罪，不仅需要在过失犯罪领域正确把握生态环境监督过失犯罪所具有的间接性、复杂性与多层次性的特点，还需要对其监督主体行为的作为义务展开研究。监督者具有某种监督管理的职责，其怠于履行这种责任，从而导致直接行为人犯罪行为的出现，引发了犯罪结果的产生，这便是监督过失犯罪的行为逻辑。如果监督者不是不当履行职责，而是明知道自己的职责并且有意参与到直接的犯罪行为之中，那么其应当承担的就不是过失犯罪的刑事责任，而是故意犯罪的刑事责任。在不作为犯中，负有特定作为义务的人具有保证人地位。也就是说，不作为犯的成立取决于行为人是否担负有依法保证危害结果不发生的义务，这种保证或者管辖也被称为保证人地位。根据阻止义务功能说，为了建立不作为的阻止结果与作为的引起结果之间的等值性，要求不作为的行为人具有法益保证人的地位。根据其内容的不同，保证人的地位有两种类型，一是监督者的保证人地位，二是保护者的保证人地位。② 遇到案件，可以先判断行为人是否具有保证人地位，并且可以通过否定保证人地位，进而否定作为义务或监督职责。

过失犯罪中行为人的保证地位一般而言来源有以下两种：一种是原始的，这是由刑法规范赋予的固有要求所决定的义务；另一种是派生的，是由

---

① 参见谢雄伟：《论监督过失中信赖原则的运用——以风险社会下事故型犯罪为实证分析》，载《学术研究》2015 年第 10 期。

② 参见［德］乌尔斯·金德霍伊泽尔：《刑法总论教科书》，蔡桂生译，北京大学出版社 2015 年版，第 66 页。

行为人的某种先行行为以及特殊职责所产生的。例如,某人带领别人家小孩出去玩耍,他就有保障小孩的人身安全不处于危险境地的责任。特殊职责一般是职业赋予的,如预防山火的巡林员就具有及时发现山火源并及时采取措施预防或者向上汇报的职责。在监督过失犯罪中,监督者的保证人地位一般来说是来自后天派生的特殊职责。这种职责对于不同层级、不同身份的监督者来说,来源与内容也不尽相同。对于公务员领域的监督者来说,他们的保证人地位通常是由法律法规所赋予的,更加细致的划分也来自部门内部的规章制度与职责划分。对于事业单位与企业单位内部的监督者来说,他们的保证人地位更多地来自单位内部的管理层次分布与企业单位、事业单位根据其业务领域所划分的职责。当然,也存在一部分监督职责内容是被相关法律法规所覆盖的。但是,在学术界也存在另一种观点:“保证人地位的产生是一种形式上的作为义务,有学者认为要使作为与不作为一样承担责任,应该寻找一个实质的基础,即必须要有制造风险的另一个作为弥补,于是提出了危险的前行概念,甚至认为危险的前行为成为作为义务的唯一来源。”[①]按照这种观点,不作为犯要充足作为犯的构成要件,必须具备一个作为来弥补不作为中所欠缺的制造风险,这个作为就是先前的制造风险的作为。除此之外,使不作为和作为等价的其他事由都是没有说服力的。这个作为必须是在不作为之前就已经存在的,而不是与不作为同时存在的。按照该理论,由于行为人已经实施了一个危险的前行为,也就是制造了一个本来不存在的风险,因此才赋予行为人义务去控制风险流程。从刑法规范意义上讲,制造风险的人应当控制风险,这种对风险的控制使其处于保证人地位。因为行为人危险的前行为创造了法所不容许的危险,所以行为人基于保证人地位负有避免此危险现实化的义务。但其放任危险的存在及现实化,最终充足了相关犯罪的构成要件,所以损害结果要归责于不作为的行为人。此危险的前行为使不作为的结果归责被评价为与作为的情形等价。[②] 此理论认为任何不作为犯罪之前必须存在一个危险的前行为,但是没有具体说明这种“危险的前行为”是否必须是以不作为的形态出现。因为一般刑法理论都认为,危险状态的前置行为一般都是以作为的形式出现的。但是,一旦监督过失行为以作为的状态出现,那么就很难认定这是一个过失行为,很容易就变成了故意犯罪,如此一来便没有了监督过失行为存在的空间。因此,如果这种“危险的

---

① [日]日高义博:《不作为犯的理论》,王树平译,中国人民公安大学出版社1992年版,第111页。
② 参见孙运梁:《不作为犯中客观归责理论的适用》,载《清华法学》2016年第4期。

前行为”可以以不作为的形式出现，那么其无异于一般的保证人义务来源理论。

综上所述，监督者的保证人地位是生态环境监督过失犯罪主体较为明显的一个特征，其义务来源虽然由来众多，但是也比较明确。当一个主体只有处在保证人的位置之时，才有可能是监督主体。因此，在对生态环境监督过失犯罪的主体进行拓展时，一定要保证被拓展的主体处于保证人的位置上。

二、生态环境监督关系的实际支配原则

环境监管失职罪从其行为构成要件来看属于不作为犯罪，实际支配理论则是不作为犯罪中主体保证人地位的法理基础。实际支配理论最早是由德国慕尼黑大学的贝恩德·许乃曼（Bernd Schünemann）教授首创，贝恩德·许乃曼教授从结果犯的结果归责理论中推导出不作为可罚性的本质是人的控制中心与身体活动之间关系的物本逻辑。贝恩德·许乃曼教授强调，“实际支配理论”中的支配是一种实际的支配，这种支配是“实然”的，只有“实然”的不作为犯才具有可罚性。当然，贝恩德·许乃曼教授的实际支配理论还是不够完善的，他主要强调了这种支配是行为人对自己行动的支配，即“行为人对自己身体的支配是一种实际、绝对的支配”①，忽视了这种支配理论还适用于行为人对他人行为的支配。在监督过失犯罪中，这种行为人对相对人的支配力广泛存在，并且成了监督者的责任来源。

在监督过失犯罪的背景下，监督和被监督是社会组织体系中因为分工不同而产生的约束关系，这种关系是具体化或特定化的。监督者对被监督者的约束力即控制、支配权力，约束关系是双向的，被监督者必须依照监督者的指示、管理来进行业务活动。监督者在行使其控制、支配权力时应该依据对其职责的规定，不能滥用权力，只有这种情况下的监督行为才值得被监督者去服从，被监督者无例外规定不能对抗或忽视合法的监督行为，否则监督行为不当将承担监督过失犯罪的责任。②

（一）职务关系中的实际支配

由于监督关系中的支配性因素，监督关系多数体现为社会组织体中个体之间的层级关系，呈现科层制的特点，主要包括职务领域内的支配关系。在生态环境监督过失领域中有这样一个案例：一工厂在生产过程中排放了

---

① 徐万龙：《不作为犯中支配理论的法教义学批判》，载《现代法学》2019 年第 3 期。

② 参见易益典：《监督过失犯罪中主体范围的合理界定》，载《法学》2013 年第 3 期。

含有有毒元素的污水，工人过失地将污水排放进周围居民所饮用的河水中，造成严重的居民伤亡后果。排放污水的工人直接触犯了重大责任事故罪，负有监管排放污水工人行为之责任的领导由于没有尽到其监督管理职责，致使工人操作不当，存在监督过失。案例中，工厂的中层监督者如负责废水排放的主管，高层管理者如厂长，他们对现场操作人员都具有支配地位，这种支配地位源于一般企业的管理结构，以及企业所有人对所属财物的支配权力。在这种支配关系中处于支配地位的人员在享有权力的同时必然承担相应的义务，如工厂厂长有在工厂运行过程中获得盈利的权力，那么也必然要承担工厂运行的负面风险，为了规避这种风险，他就必须对工厂的运营是否合法进行监督，一旦工厂出现违法违规现象，厂长也必然是第一责任人。德国刑法学界有观点认为，行使控制支配权力的人所要履行的义务称为保护义务或监护义务，其与被监督者之间的支配关系被称为“基于权威关系、指挥关系的监督责任”①。在这种支配关系中的被监督者会因为这种职务上的权威而服从上级监督者的监督，当上级监督人员疏于履行监督职责时，就可能发生被监督者的服从缺位，进而产生危害后果，那么具有支配能力的监督者必然成为监督过失的责任主体。

（二）危险业务关系中的实际支配

刑法部门中的危险业务关系包括两部分内容。一部分是业务。业务是基于社会生活的需要而必须反复进行的活动，这项专门工作对整体社会而言是广泛的、持久存在的，社会成员对这项专门的工作技能必须经过专门的学习才能获得。反复性是业务的基本属性，由于社会有持续性的要求，赋予业务必须反复的需要，如建筑工人、学校教师、法律服务者等均是在日复一日的反复中开展业务活动。另一部分是危险性。业务活动中有些业务具有危险性，如化工作业，并且在其业务的反复过程中，这种危险发生的可能性会逐渐增加。而有些工作不具有危险性，或者危险程度低，不容易对社会财产及人的生命健康造成危害，如教学活动。在不会发生危险后果的业务关系中，即使处于支配地位的人疏于监督，也不会发生侵害法益的损害后果；但在危险业务关系中，如果支配人没有履行法律法规及其他规则所规定的监督职责，则很有可能发生法律规定的危险后果。因此，监督过失中的支配关系在危险业务关系中才有意义。

监督者必须处在危险业务关系中才能构成监督过失。一方面，表明监

---

① 李蕤宏：《监督过失理论研究》，载陈兴良主编：《刑事法评论》第23卷，北京大学出版社2008年版。

督过失犯罪是业务性质的，与普通的过失犯罪从构成要件上就有所区别，它与社会组织体系中的职务关系相联系，除开职务关系的一般社会生活中不存在监督过失的情况；另一方面，社会危险业务内部体系复杂，关系网络彼此相连，表现为多种横向及纵向的监督关系，这种复杂的监督关系给了监督过失存在的空间。同时，由于危险业务中危险后果发生可能性的存在，给予了追究监督过失的必要性。

（三）因果流程中的实际支配

因果关系理论的目的是解决行为人是否要为自己的行为承担刑事责任的问题，承担刑事责任要求这种行为与危害结果发生之间存在重要且实质的关联，通常是导致危害结果发生最直接的原因，或不是最直接原因但也是对危害结果的发生具有较大程度支配力的原因。监督过失犯罪的因果关系理论也一样，从监督者行为到危害结果发生，整个过程存在两个阶段："第一阶段是监督过失行为引起被监督者的行为，第二阶段是被监督者行为引起危害结果。监督过失犯罪的成立，显然以第二阶段存在因果关系为前提。"①这种监督行为与被监督者过失行为之间的因果关系是直接的，监督行为与被监督者行为所引起的不法结果之间的因果关系是间接的，但正如司法实务人员对此种间接影响的论断，"只要有不能绝对排除的危险和不可忽视的恐惧感就够了"②，尽管监督过失人员没有直接实施导致危害结果发生的实行行为，但是监督尽职能够排除的风险因为监督失职而得以现实化，监督失职行为与危害结果的发生存在重大且实质的关联，监督失职人员对行为与结果的因果流程具有重要的支配力。

关于因果流程实际支配问题的判断要着眼于事实和规范两个层面。因果关系并不是单纯的事实因果关系，而是规范因果关系，它服务于刑罚目的或刑事政策目标。监督过失犯罪中的因果关系必须存在两个层次：一是监督过失行为与危害结果之间的因果关系，二是这种因果关系必须在能够被刑法所评价的范畴当中。于是我们可以从事实与法律两个角度来阐释因果关系理论在生态环境监督过失犯罪中的适用，以实现生态环境监督过失犯罪主体拓展限制的目的。具言之：一方面，是监督过失行为与危害环境的后果在事实上的因果关系；另一方面，是监督过失行为与危害环境的后果在法律上的因果关系，这种因果关系属于能够被法律评价的内容。由此，便可得出这样一个结论：生态环境监督过失犯罪中的因果关系的最

---

① 谢雄伟：《监督过失中因果关系的"二阶判断"》，载《政治与法律》2016年第5期。

② ［日］西田典之：《日本刑法总论》，刘明祥、王昭武译，中国人民大学出版社2007年版，第209～210页。

大特点是监督过失行为和损害结果当中的因果关系既要是事实上的,也要可以被法律所评价。监督过失因果关系理论就是为了使监督者能够公正地获得刑法的评价,并承担与之相应的刑事责任。毋庸置疑,与直接过失型环境犯罪不同,监督过失型环境犯罪的最大特点便是有被监督者的直接污染环境等行为介入,这使监督者的监督过失行为与"严重污染环境"的结果之间存在规范评价上的"距离"。这也要求进行监督过失型污染环境犯罪的因果关系判断时,不仅需要以被监督者为出发点考察排污行为、排污源及污染结果等事实内容,还需要以监督者为出发点,考察监督者行为"诱发"被监督者行为的相当性、作为介入因素的被监督者行为的异常度和监督者行为与"严重污染环境"的结果之间的关联性等内容。

如何确认监督过失行为对因果流程的支配程度是值得或应当判处刑罚的程度呢？无须讳言,在事实和规范两个层面确认监督过失行为与危害后果存在因果关系后,监督过失对因果流程支配力大小的判断是必须讨论和探究的难题。关于监督者对因果流程实际支配力大小的判断,可以从过失行为之于危害结果原因力的大小来考察。刑事责任应要求行为人至少制造了或容忍不法结果的重大风险,原因力大小可以成为判断这种重大风险的根据。① 监督过失中引发结果的原因往往有很多,多种原因的原因力大小也不同,理论上称为复杂因果关系。一般认为,复杂因果关系具体表现为以下情形:(1)支配型复杂因果关系,即一行为人的违法行为支配另一行为人的违法行为,引起一个危害结果的发生;(2)并列型复杂因果关系,即两个或两个以上行为人各自独立的违法行为,共同引起一个危害结果的发生;(3)介入型复杂因果关系,即前一行为人的违法行为造成某种危险状态,此后又介入另一行为人的违法行为,引起危害结果的发生。②以上三种情形在生态环境领域的监督过失犯罪中均有体现。其中,支配型复杂因果关系呈现单一的线性发展趋势,在因果关系表现中较为常见。以现场监督者为例,如某地人民政府主管生态环境保护的行政职能部门的基层工作人员负有检查当地某企业固体废物处理情况的职责,如果其因为不当履行职责致使此企业有机会违法违规处理固体废物,破坏了生态环境,造成的严重后果达到了值得刑法处罚的程度,那么就可以依据监督过失理论追究其监督过失的刑事责任,这是支配型复杂因果关系的具体表现。不同于支配型复杂因果关系,并列型复杂因果关系中虽也存在着上级对下级

① 参见姜涛:《监督过失的限缩适用方案》,载《清华法学》2021年第6期。

② 参见侯国云:《过失犯罪论》(第2版),人民出版社1996年版,第431页。

的支配力，但是这种支配力不是单一发生作用的，而是有两个及以上的行为人共同对某一或者某几个人员拥有监督职权，并且这两个及以上的监督者对他们共同的监督相对人都存在监督过失的犯罪行为。此类因果关系中的危害结果必须是在两个及以上监督者的监督过失共同作用下才有可能发生的，如果只出现了某一位监督者的监督过失行为，那么在其他监督者正常履行职责的情况下，危害结果则不会发生。在介入型复杂因果关系当中，监督人员的监督过失中存在介入因素。监督过失往往并不能直接引起不法结果，只是直接引起不法结果的发生原因（直接的不法行为），在监督者、管理者的行为与法益侵害之间，往往会介入他人（过失乃至故意）的不法行为。这种情形下，由于介入因素利用了行为人的违法行为，造成了危险状态进而引发危害结果，故理论上比较容易肯定因果关系。在实际案例判断时，关键是看危险状态最终是否转化为危害结果，同时要利用"思维排除法"判断没有该危险状态，危害结果是否有避免的可能。① 例如，在某企业单位，因为某一监督者的监督过失行为导致某区域生态环境已经处于一种濒临破坏的危险状态，之后出现了另一位监督者的监督过失导致了这种生态环境濒临破坏的危险变为了现实。这种类型的因果关系与并列型复杂因果关系有两处不同：一是介入型复杂因果关系的多种监督过失行为是前后相继发生的，有明显的时间发展过程，而并列型复杂因果关系呈现一种多个监督过失行为是同时出现的情景；二是在介入型复杂因果关系中，即使没有后者的监督过失行为的参与，前者所造成的濒临危险情况也很有可能随时发展成为危害结果，而并列型复杂因果关系中只有在多个监督过失行为共同作用的情形下才会造成生态环境破坏的结果。

以上三种监督过失因果关系类型在"因"的作用力上存在差别，当某一危害结果能归因于某一具体或多个监督过失行为时，即使每个行为的原因力各不相同，但刑法范畴讨论的导致危害结果的"因"均是可归责的"因"，即作为导致危害结果的"原因"是整体性的"原因"。换言之，导致危害结果发生的可归责的监督过失行为，本质是对因果流程的支配力，而作用力的大小实际上就是支配力的大小。因此，我们是要通过监督过失行为对危害结果发生所起作用力的大小来考察监督过失对因果流程的支配力，而后予以刑法意义上的评价。

---

① 参见张贺：《论监督过失犯罪中主体范围的合理界定》，西南政法大学 2016 年博士学位论文，第 93 页。

三、横向监督主体与纵向监督主体的支配权确认

通过对环境监管犯罪的认定拓展原则的探讨，我们得知在生态环境监督过失犯罪领域，对于监督主体的认定需要确保其与被监督的相对人存在着实际上的支配地位，这种支配地位有职务关系与危险关系两个方面，也存在因果关系的实际支配。这种实际上的支配权既是一种对生态环境监督过失犯罪主体的确认，也是一种对于其范围的限定。因此，在对于生态环境监督过失犯罪主体拓展限定原则中，我们仍然需要从监督主体关系范畴的具体支配权理论进行阐述。目前，学术界关于监督关系类型的划分主流上采用了德国的相关学说，即横向监督关系与纵向监督关系两种类型。横向监督关系有人民政府的平行职能部门之间的相互监督关系，纵向监督关系有企业内部上下层级之间的监督关系。

横向监督关系一般存在于两个及以上组织合作实施的项目当中，各个合作方依照法律法规、合同规定等相互协作，彼此之间不存在隶属关系。但是，依据某些文件或者规则，不同主体之间承担着一定的监督、指导或者提醒的义务。当两个单位或者两个项目工程之间存在合作关系时，行业人员之间若出现明确的分工，那么必然就会有监督关系的存在。在这种情况下，如若出现监督过失的情况，那么就很有可能发生法律规定的破坏环境的危害结果。如今市场经济活跃，社会分工明确，两家单位或者多家单位的合作已经成为社会常态，这种单位之间的相互协作决定了他们之间存在的是地位相同的合作关系，但是由于工作分配的原因，也不免会出现指挥、检查、纠正等监督与被监督的关系。因此，就出现了以下情况：监督者不仅对自己所在的组织体内的成员有监管的权力，还对其他单位在临时的工作分配中具有监督权限。假如因为某监督者的监督过失造成其监督人员出现违法行为，进而导致危害结果的发生，那么即使监督者与被监督者之间不存在职位等级上的隶属关系，哪怕是平行的职务关系，监督者也应当承担监督过失责任，此监督者也就是所谓的横向监督主体。但是，也有学者认为“横向监督关系表面上似乎二人之间也具有相互提醒、协作以及监督义务，但其实质上仍属于直接过失，只不过是数人的共同过失直接引起了危害结果的发生。因此，平行监督关系中的数人主体违反的是一种共同的直接注意义务，即因果关系具有直接性特征”①。这也体现横向监督者追责主要因果流程的支配。

---

① 谢雄伟：《论监督过失的体系定位、本质与类型》，载《广东社会科学》2015 年第 1 期。

纵向的监督关系是在一般组织体系中最为常见的，其主要出现于有职位上的隶属关系的主体之间，主要是指互为上下级的监督管理人员，或者是督促和指挥一线业务人员的监督管理人员，这种监督关系通常是在某一组织体内部出现的，如人民政府的行政职能部门内部的级别领导关系、企业单位与事业单位内部的职务领导关系。具体来说，就是某一企业内部的一线业务操作人员具有直接对结果产生作用的行为能力，其上层的监督者除了与其直接发生监督关系的现场监督者，还有中层与高层两个监督层级的监督者。上文三个层次的监督者都对一线业务操作员有指挥、支配的权力，任何一个层次的监督者出现监督过失都有可能直接导致危害结果的发生。其中又包含着两种情况：一种是顺级的监督过失，也就是监督过失行为在多层级出现之时，存在上下级的连锁反应。也就是说，上层的监督过失行为导致了下层的监督过失行为，最终传播到直接行为人，并通过违法或者违规的直接行为导致危害法益的结果发生。另一种是越级监督的情况，如企事业单位中的高层监督者越过中层监督者，直接对现场监督者进行指挥，由于高层监督者与现场监督者之间仍存在上下级的隶属关系，因此这类监督者也属于纵向的监督主体。

无论是横向的还是纵向的监督关系，在确认监督者的监督职责时，最重要的就是确保监督者对被监督者拥有实际的支配权。如果在一对业务关系中，看似存在相应的监督关系，但实际上监督者拥有的只有建议、提醒等不具有强制力的权限，所谓监督者的名称只不过是虚衔，此时如果认定此类监督者为生态环境监督过失犯罪的主体则就是不尽合理的。在纵向的监督关系中，这种实际支配权的来源比较明确，由于这种纵向的监督关系一般存在于人民政府行政主管部门、事业单位或者企业单位内部，其组织体系相对比较稳定，因此用于划分职责的法律法规、部门规章、行业准则等也都比较明确，是否具有实际的支配权也都比较好判断。但是，在横向的监督体系中，由于这种监督体系的人员多数为临时组合而成的，配合工作时间比较短，不容易形成具体的机制体制，因此在判断这种监督关系是不是可以被刑法所评价的具有实际支配权的监督关系时，要实际考察监督者的权限。如果在横向的监督关系中，监督者实际上具有对被监督者进行培训、检查、决策、指挥的权力，那么其就确实存在支配能力，可以成为监督过失犯罪的主体；如果其所具有的仅是对被监督者的建议、督促、提醒等权力，那么就谈不上实际的支配权，因为其不存在刑法所规定的监督职责，那么就不能成为监督过失犯罪的主体。

综上所述，无论是认定纵向的监督关系还是横向的监督关系，监督者对被监督者的支配权的确认是一个重要的环节，它直接决定着所谓的监督者能不能成为监督过失犯罪的主体。在生态环境监督过失犯罪的主体拓展中，也必须要考虑纵向关系与横向关系中的支配权，只有在确认支配权确实存在时，相关监督者才有可能被纳入拓展范围，这是生态环境监督过失犯罪主体拓展的一条红线。

四、生态环境监督过失犯罪主体拓展限制的具体路径

在环境监管类的主体拓展过程中，仅依靠相关原则及理论的适用不免会出现不同语境下的解释方式，很容易导致为了拓展主体范围而进行拓展，进而导致许多拓展的新主体实际上是不合理的，这样做既破坏了生态环境监督过失犯罪主体拓展的初衷，也与“公正”这一法律的价值相左。因此，为了限制监督过失主体的无限扩张，我们需要以新制度评估监督实效，将监督主体限定在合理范畴，做到对监督主体有效追责。

（一）建立健全生态环境危害结果量化评估体系

在确定具体的监督过失责任主体时，我们要充分考虑危害结果的严重程度、监督者违反监督义务的程度、监督过失行为对危害结果的原因力大小、监督者卷入危害事件的程度等因素。刑法学者陈伟认为，对监督过失的主体限定有四个方面的要求应当考虑：第一，被监督者违反自己义务程度的深浅。一般来说，被监督者违反义务的程度越深，监督者越可能被归责。第二，危害结果的严重程度。危害结果越严重，越说明监督不力的行为可能涉及多层级领导，更高层级的监督者也更可能受责难。第三，工作过程中行为人的行为样态。如果在集体讨论、审批、决策过程中，监督者盲目表达自己的意见，或在相关审批文件上随意签名，因而造成危害结果的，相关领导人员都应承担监督过失的刑事责任。第四，行为人参与事件的程度。社会分工的细化使领导职责都相对明确，监督过失责任主要由直接负责的领导予以承担。但是，如果其他分管领导实际参与了特定业务，无论其是合法参与还是越权行事，只要造成危害结果，该领导者也应该承担监督过失的责任。①

一般而言，监督者违反自己监督义务的程度越深，就越容易被归责。但是，违反监督义务的程度往往判断起来比较主观，没有严格的认定标准；不同身份的监督者的监督义务来源也不相同，无法进行统一的评价。对于

① 参见陈伟：《监督过失理论及其对过失主体的限定——以法释[2007]5号为中心》，载《中国刑事法杂志》2007年第5期。

那些来自法律法规明确规定的监督义务，还可以依据相关法律文本写明的内容进行判断，法律也往往规定得比较明确。但是，那些来自事业单位与企业单位的监督者的监督义务，可能是来自行业准则或者业务惯例，是基于在职务上的直接支配关系所形成的监督网络，既不容易形成明确的监督责任内容，也没有专门的评估机构。对于危害结果的严重程度，我国目前立法上规定得也比较模糊。在环境监管失职罪中，此罪的危害结果有两种情况：一为重大财产损失，二为人员伤亡。并且，在相关立法解释与司法解释中对此罪的入罪标准作出了明确规定，如造成一定数额的经济损失、相关人员伤亡的情形以及影响局部民众的身体与精神状况等。但是，生态环境犯罪案件的经济损失难以估量，以近海排污为例，其造成的经济损失应包括附近渔民的直接收入，但是近海鱼类的捕获量往往因为年份的不同而有所波动，捕捞鱼类的价值也会根据当年的政策、市场和水文气候等因素上下波动。因此，破坏环境所造成的直接经济损失是难以判断的，但是经济损失的判断又影响着相关主体是否为环境保护监督过失犯罪的主体。此外，一定区域内居民的身心健康也缺乏一个一以贯之的标准，每遇此时，只能交由法官自由裁量。

部分危害结果发生时，很难辨别其是合理的工作疏漏还是法律所规定的监督过失，此时考量相关监督者在实际履行职责时的工作态度就显得尤为重要。一个环境危害事件的发生，所参与的监督者除了直接责任人外还有其他分管领导，他们都有可能是环境危害事件发生过程的监督者。不同的监督者所起到的影响结果的作用大小不一，有些人即使在监督工作中出现了疏漏，但其仅是在整个监督链条里无关紧要的一环，不属于导致危害结果发生的原因之一。因此，判断相关监督主体是否为真正的生态环境监督过失主体，需要判断监督者对于整个事件的参与程度以及对危害结果的最终影响。

综上所述，目前我国生态环境监督过失犯罪主体的认定主要存在软性的监督过失责任认定问题。这种认定弹性较大，并且评鉴尺度不统一，最后往往交由法官自由裁量。在接下来的生态环境监督过失犯罪主体的拓展中也容易出现范围把握不到位的情况，因此必须要用新的路径加以规范和限制。在这里，我们就需要对监督者的监督义务违反程度深浅、造成危害的具体估值、参与监督工作的行为态度和在一起环境破坏事件中所有参与的监督者对危害结果的具体联系建立一套特殊的评估系统，并在立法中细致规定。这种评估系统可以双重存在于刑法与环境保护法中，使其能够相互配合使用，这样一来对犯罪主体的判断就有了严密的考量依据。

（二）构建中立环境监督

一般认为，监督者之所以被归责，是由于监督者怠于监督或者错误、不当地监督，以致被监督者的过失行为造成了危害结果。对于环境监督者监督过失的认定，制定认定标准要以监督义务内容为依据，此标准往往涉及环境领域专业范畴。因此，有必要在建立一套完整、细化评估体系的同时设立中立的具体评估部门，这也是有效生态环境监督的核心。

第五章　生态环境监督过失犯罪主体拓展的路径

第一节　解释路径:生态环境监督过失犯罪自然人主体拓展

当前,环境保护领域的学者以及实务工作者都开始重新审视人与自然的关系。随着一起起环境犯罪案件的报道,刑法学界在认真审视生态环境监督过失犯罪现状及其治理情况之后,发现关于生态环境监督过失犯罪的刑法规制在制度层面仍然存在各种缺憾,有些属于立法层面的问题,但更多的是法律的理解与解读层面的问题。因此,在众多的生态环境监督过失犯罪的规制路径中应先以法解释学为基本方法,围绕已有的法律条文加以扩张探索。

一、环境监管失职罪主体拓展路径

环境监管失职罪是我国现行刑法中环境监管领域渎职犯罪的唯一罪名,对于该罪主体的教义学扩张解释,应当从多个视角展开。回顾环境监管失职罪的发展历程,1997 年我国《刑法》将环境监管渎职行为规定为环境监管失职罪,并以此形式将其纳入我国刑事法律的规制范围。2006 年,最高人民检察院和最高人民法院公布实施的司法解释,明确了环境监管失职罪的危害结果,并较为具体地规定了该罪的刑事责任追究标准。故而学术界主流观点认为:环境监管失职罪是一种过失犯罪,其主观要件是过失,也是特定的国家机关工作人员的渎职犯罪。我们可将环境监管失职罪中的"环境监管"定义为狭义的"环境资源监督管理",即国家机关的相关执法主体对被监督主体通过合法申请获得的环境资源使用权的监督、管理和控制。①

(一)拓展"环境监管"的责任主体范围

除了直接扩张主体内涵外,环境监管失职罪的主体扩张还可以从监管

---

① 参见吴隽雅:《论"环境监管失职罪"的局限性及其完善》,载《沈阳工业大学学报(社会科学版)》2015 年第 4 期。

内容方面展开。工业时代的到来,在很大程度上解决了生产力低下的问题,但也产生了许多污染环境事件。环境监管失职罪的理论基础应超越一般渎职类犯罪的法理蕴含,应当对环境法益进行全方位保护,环境污染的监督对象应当是该罪的核心要素之一。① 目前,环境资源监管领域主要包括对矿产资源、农业用地的保护与监管、水资源污染以及大气污染的预防和治理等,该罪在渎职犯罪领域主要有以下两种表现形式:

一种发生在日常的行政申请、审批环节。资源的开采一般由资源开采方向行政主管部门提出书面申请,经主管部门审核批准后才能实施开采活动。但是,在实际生活中会存在个别主管部门工作人员的渎职行为:有的对申请人的主体资格没有严格审查或者根本不审查就直接批准;有的更是利用手中的职权进行权钱交易,帮助其规避上级监管,以此获得大量的非法利益。

另一种发生在日常的行政监管环节。行政主管部门依法享有相应的行政执法权,其主要职责是在日常工作中对所负责区域的环境资源进行不定期的巡视和抽检,对于盗采、滥伐、占用以及其他破坏自然资源的情况进行及时制止,并依法进行行政处罚,对于情节严重构成犯罪的移送司法机关追究刑事责任。但是,个别行政主管部门在日常监管活动中并未严格执法,对所负责领域的监管对象放松监管;有的执法部门徇私枉法、收受贿赂,对被监督者盗采、滥采自然资源、破坏生态环境的行为处于默认状态;有的甚至以较轻的行政处罚来取代原本应当依法追究的刑事责任,这是一种严重的渎职犯罪。②

(二)拓展"监管失职"的责任主体范围

环境监管失职罪主体扩张的另一种方式是从监管职责角度展开,即从"监管失职"的内容变化入手。环境监管失职罪的法益是生态环境安全。所谓"生态环境安全",是指在国家所管辖的区域范围内自然生态系统能够良好地运行,生态资源能够得到合理的开发和利用,促使生态环境质量稳步提高,生态系统充满健康活力,营造绿色生态社会。生态安全最基本的准则是生态环境的无污染,而生态系统中的生物资源稳定、整个系统洁净、充满生机与活力是生态安全的最高标准。我国环境监管主体的监管是公权力对私权利的监管,即运用国家赋予的强制力手段监管自然人或者企业的自身生产经营活动,对可能破坏生态环境的行为进行监管。若公权力

---

① 参见李国庆、秦鹏:《环境监管失职罪归责的规范分析》,载《北京理工大学学报(社会科学版)》2017 年第 6 期。

② 参见白洁:《环境监管渎职犯罪相关问题探讨》,载《环境保护》2016 年第 23 期。

能够得到合理运用,则可在一定范围内保护公私权益;若公权力不能得到合理运用,监管主体出现失职行为,造成生态系统破坏、环境被大面积污染时,不仅公私权益受到侵害,甚至设立环境监管职责的最初目的(保护生态环境,遏制环境污染行为)也会遭遇空前的危机。因环境监管主体本身就具有民事法律主体和行政法律主体的双重法律性质,一旦出现法律所禁止的行为,即构成犯罪的同时违反行政法和民法中关于生态环境的相关规定,影响国家环境监管活动进而根本危害生态安全。①

环境监管失职罪是过失犯罪,构成此罪必须具有实害结果。为能足够引起执法主体的警觉,可强化其相关法律责任,我国立法机关可以参考《刑法修正案(八)》的相关法律规定,降低该罪的入罪标准,加强生态安全法益的保护。我国对环境监管失职罪中"严重不负责任"的相关司法解释还处于空白阶段,为更好地惩治相关行为,法律应对什么是"严重不负责任"、怎样才是"严重不负责任"规定具体的标准,明确范围,填补漏洞。②

(三)将"国家机关工作人员"拓展至"国家工作人员"

一般而言,环境监管失职罪属于身份犯,即只有具有国家机关工作人员身份的人才能构成该罪。但是,从法教义学视角来看,何为"国家机关工作人员"还需要进一步明确。通说认为,环境监管失职罪中的"国家机关工作人员"主要是指国务院环境保护主管部门、地方环境保护主管部门以及海洋、渔政、军队、公安、铁路、民航等领域对环境污染负有监管防治责任的人员。但这种将主体仅限定在国家机关单位的做法容易导致其他国家单位环保意识淡薄。事实上,很多国家在生态环境监督过失犯罪的主体方面都进行了扩充。例如,西班牙的有关法律法规在主体要件上对国家公职人员环境职务犯罪的主体范围有明确规定,主要包括公务员、拥有独立司法权的单位、司法机构或者社会团体,其主体与我国法律规定的主体范围相比更加宽泛。因此,本书认为可以从两个方面进行优化:(1)可将相关法律规定的"国家机关工作人员"改为"国家工作人员"。"国家机关工作人员"仅指国家机关中从事公务的人员,其范围过于狭窄,而"国家工作人员"包括了"国家机关工作人员",具体指国家机关、企业、事业单位和其他单位中依照法律从事公务的人员。此外,可将非国家机关如公益环保组织、公司或事业单位等划归本罪犯罪主体的范围,此举能够提升社会大众对环境保护的意识,促进环境保护,营造良好的生态环境。(2)当下,环境

① 参见吴隽雅:《论"环境监管失职罪"的局限性及其完善》,载《沈阳工业大学学报(社会科学版)》2015年第4期。

② 参见王良顺、胡玉川:《环境监管失职罪的反思与完善措施》,载《环境保护》2014年第13期。

影响评价的造假时常出现，导致出现了许多环境问题，故最高人民检察院和最高人民法院于2016年发布了相关司法解释，规定了追究关于环境影响评价造假的刑事责任的相关法律问题，因此本书认为可在环境监管失职罪的主体中加入环境影响评价机构及其相关人员，对故意或过失的环境影响评价造假、造成严重后果的机构及其相关工作人员定罪处罚。

根据我国《公务员法》的相关规定，可知公务员是指纳入国家行政编制、依法履行公职，并由国家财政负担工资福利的人员。我国刑法对于公务员并无明确的定义，大多以"国家工作人员"和"国家机关工作人员"等专业名词来界定。"国家工作人员"，是指所有在国家机关、国有企业、事业单位中依法行使公权力从事公务的人员和其他依法行使公权力从事公务的人员，主要包括国家各级权力机关、各级行政机关、各级司法机关、各级军事机关、国有公司、事业单位、人民团体中从事公务的人员，以及国家机关、国有公司、事业单位委派到非国有公司、事业单位、社会团体中从事公务的人员。其他依法从事公务并领取相应报酬的人员也属于国家工作人员的范畴。"国家机关工作人员"，是指在国家机关中从事公务的人员，主要包括在各级国家权力机关、行政机关、司法机关、军事机关以及监察机关中从事公务的人员。《刑法》中"国家工作人员""国家机关工作人员"的概念范围与《公务员法》中关于公务员的概念范围既有重合也有差异。对于在确定环境领域中公务员监督过失犯罪主体时所采取的定义不同，且意见各异，本书认为应对公务员的概念进行实质性的认定。现阶段，我国的基本国情和社会结构十分的复杂，国家权力的行使主体除国家公职人员外，还有一部分被授予或被委托行使国家职权的非国家机关工作人员。刑法从实质性的角度去界定环境领域渎职类犯罪的主体范围，并具体到环境保护领域的国家工作人员，这对于维护我国法律所保护的范围是十分有利的。依据我国《环境保护法》的相关规定可以得出，具有环境监管职责的公职人员可以是：国务院环境保护主管部门、县级以上地方人民政府的环境保护主管部门中从事环境保护工作的人员，国家海洋行政主管部门，港务监督、渔政渔港监督、军队环境保护部门和各级公安、交通、铁道、民航管理部门中依照有关法律的规定对环境污染防治实施监督管理的人员，县级以上人民政府的土地、矿产、林业、农业、水利行政主管部门中依照有关法律的规定对自然资源的保护实施监督管理的人员。综上所述，环境领域渎职类犯罪的主体范围应限于上述监管部门中负有环境监督管理职责的人员。

此外，我国以往"先污染、后治理"的理念需要进一步革新，不能等到环境污染结果发生之后,再试图通过刑罚的方法加以处罚与震慑,应探索以"行为犯"代替"结果犯"的方法达到事前预防的目标。具体理由如下:其一,污染环境罪与环境监管失职罪彼此是相互关联的,根据我国《刑法》条文的最新规定,已将污染环境罪中"造成严重后果"的构成要件删除,若坚持留下环境监管失职罪中"造成重大损失"的构成要件,必然会造成两个关联罪名的脱轨;[①]其二,环境污染本身具有蛰伏期长、修复期久、影响力强以及危害性大等特点,若出现危害后果必然会造成经济与环境等方面的巨大损失,应以对失职行为进行处罚的方式形成事先预防机制,提高环境监管人员的积极性,从而实现保护生态环境、促进经济健康快速发展的目的。因此,本书认为应将环境监管失职罪中"造成严重后果"的构成要件删除,只要出现环境监管者不负责任的行为即可构罪,而对造成严重后果可以作为加重情节,如此既能引起环境监管人员的重视,又能更好地保护生态环境。

二、生态环境监督过失犯罪企业人员主体拓展路径

近代以后,人类社会在政治、经济、文化以及公民的日常生活等方面都产生了巨大的变化,特别是科技发展所带来的巨大经济效应,大大提升了人们的生活质量,但随之亦出现了诸多生态环境风险,这些风险是多方面多领域的,如食品安全、环境污染、疾病传播等。我国近年来的环境恶性污染事件高频率发生,在诸多重大环境生态污染事故的刑事责任追究中,主体趋于多元化,不仅存在个人犯、单位犯,亦有渎职犯等,主体责任形式亦渐复杂。在此背景下,环境责任主体与环境责任形式的多元化发展趋势成为了学界的研究热点。

(一)明确企业环境监管"潜在责任人"地位

随着我国环境污染犯罪案件逐渐增多,法人、单位越来越多地成为刑事责任主体,这种情况在我国最近发生的一些典型的环境污染犯罪案件中亦有体现,这些案件中的环境犯罪主体主要是单位,较为典型的是现代社会中的大型企业。但从传统的责任主义原则来看,古典刑事法学中的人性预设是建立在自然人预设的基础上的,其预设人为"经济人"或"社会人"等,这一预设却难以规制法人的环境污染犯罪。因此,将企业作为组织有机体的"法人实在说"更能弥补其缺陷,与"法人实在说"相比,这种"社会

① 参见张霞、陈宇霄:《新时代背景下环境监管失职罪立法的完善》,载《山东农业工程学院学报》2019年第1期。

人性预设”有其自身的局限性——法人无法穷尽自然人的本性。例如，“经济人”侧重于人的私利性，“社会人”则侧重于人的公益性，如果单纯以“经济人”或“社会人”的思维方式看待具有经济聚合功能的企业，往往会产生企业生态环境监督责任异化或者极端化的可能性。在“法人实在说”的思维理念中存在一种以营业为目的的基本生存目标。也就是说，企业作为单独“个体”介入了生态系统的循环中，而非简单作为一个独立人工体系，单纯以自然人或者非自然人的思维方式评价其环境监管义务都显得过于片面，需要综合考量企业环境监管责任的内容。

于是，在企业环境犯罪的过失主体研究中，研究人性预设本身具有极大局限性，会在一定程度上降低法律制度对所欲规范对象规制的准确性，进而使环境刑法的教育与惩治功能遭到破坏。甚至有学者认为在当下运用“人性预设”无疑会成为人类过度向自然索取的推脱之词，逃避了对环境破坏的责任担当。强调刻板的、无动态的“经济人”，却可能无法准确判断环境犯罪的企业过失主体。在这种人性预设理论之下，以“社会人”人性预设为环境污染归责的理论依据，恐在制度设计层面上凸显企业的本质属性与特征，甚而不能体现刑法对企业作为“人”的关怀之感，最终无法提供企业承担环境污染刑事责任的依据。但是，也不能就此完全否定“经济人”人性预设在环境保护中的积极作用。在过去的特殊历史时期，“经济人”人性预设足以概括那一时代的犯罪主体特征，这种人性预设理论的根基是典型的“人类中心主义”理念，而具体的法律价值判断与制度准则都是以人类社会现实需求为基本出发点。

为了弥补人性预设的不足，克服传统的“经济人”或“社会人”人性预设过于理想化的缺陷，给予企业这类有机整体以人文关怀，“新生态人”理论得以被一些专家提倡，我们应该寻找一种既能平衡各方利益，又能保全生态属性、经济属性和社会属性，而非过于理想化的“个体”模式。这一人性预设理论还需结合伦理道德性与现实客观性的人性标准，做到不偏袒。于是，“新生态人”以主流的人的自利性为出发点，继承将法人与自然人一视同仁的主体理念，再次融合“生态人”的模式来建构环境污染中的企业责任，尤其是做到了环境道德、环境法律、环境伦理相结合，在经济、生态、人的三元化要素属性中建立有机整体性的人性预设理论。

这种“新生态人”的理念包含着更贴近现代的人道主义思维，与当代法国犯罪学家、社会防卫论的创始人马克·安塞尔的社会防卫思想十分契合。“新生态人”的主张相对于其他过去的理论，对于环境污染犯罪中企业刑事责任的承担问题有了新的关怀性看法，主张应该从人的本身角度配置行之有效的惩罚性措施和严格的刑事执行方案，尤其是要针对性地制定和完善预防企业环境污染犯罪的法律以及环境刑事责任方案。新社会防卫论作为一种指导刑法改革的刑事政策新理论，主张我们应该要用良好的社会政策对犯罪主体提供教育、改造、帮助，使他们能够重新社会化，单纯强行镇压、直接打击不符合人道主义理念，并非惩治和预防犯罪的最佳方式。

这种“新生态人”的理念包含着更贴合现代的动态化思维，尤其是在责任主体承担生态环境监督过失责任时，企业在生产经营的每一个环节上的每一个参与人都是一个连接体，在企业整体发展过程中发挥了企业自身的能动性、发展性、关联性，循序渐进且全面拓展地完成生态化进程。因此，应将企业环境保护所有参与者都划入企业环境法律责任这个体系之中，形成绿色企业发展观。

尤其是对于企业环境问题的潜在责任人，虽然企业中的环境犯罪责任人本就属于企业这个“个体”的组成部分，但割裂化的主体责任将带来严重后果，存在有权利无义务之现象，万不可因其属于集体利益而忽视了对具体责任人的处罚。此外，这种主体范围设计对于单位犯罪是否能认定为共同犯罪存在一定的理论争议，目前主要有“肯定说”与“否定说”两种观点。如果以企业“新生态人”作为指导理念，否定说似乎更具有合理性，有以下两个原因：一是否定说是以系统论的思维方式进行思考，充分考虑了整体与部分、系统与要素之间的关系。譬如，动物的四肢与大脑永远难以分开，属于不同层次，企业的生态环境监督过失犯罪属于单位犯罪，如果认为企业内部人员与单位本身共同构成该罪，则存在重复评价的嫌疑。二是否定说主张单位是被法律人格化的社会组织。否定单位与其内部成员的共同犯罪关系，是基于生态环境犯罪主体责任的可实现性，既有企业的内部成员，也有相关的责任人员，尤其是在环境问题上渎职的政府人员，因此最终责任的实现应以单位犯为主，并在单位犯罪理论之下追究具体工作人员的法律责任。

由此可见，这种“新生态人”理念应用于企业环境保护领域更贴近现代责任理论。从责任理论中道义责任向社会责任的转变来看，企业环境监督过失犯罪可能需要经历三个阶段，即从谴责或非难到预防和教育再到非难的发展。这种发展历程与我国环境污染者责任的承担形式具有一定的相似性。先是“谁污染，谁治理”原则，该原则下责任人与治理对象都过于狭窄；再到污染者付费原则，该原则虽使污染者得到惩罚，但并未起到让污染者负担的作用；最后形成了现在的污染者负担原则，这个原则更为全面，从污染者付费原则起，相关责任也开始包括在内，体现出从最终端的责任人治理污染走向全方位的责任人负责，这种环境污染者个体责任的扩大是保护公益权的社会责任体现，具有保护环境公益性和环境资源公共性的特殊意义，这使治污责任范围也不限于个体，还扩展至周围的整体环境。此外，环境犯罪的罪名与法律性质有所转化，“重大环境污染事故罪”修改为“污染环境罪”，从结果犯转变为行为犯。该罪的立法技术变革和范围的扩张体现了现代责任理论对于污染者环保责任的指导作用，其中蕴含的法治理念也是“新生态人”理念的实践证明。

并且，在实际生活中，“新生态人”理念的主旨在于运用了新社会防卫论的中心思想，人道主义思想得以延伸，在生态观上更有助于实现人与自然的和谐共生，使企业在社会中的生产能得到长远发展，进而实现社会与生态环境保护之间的平衡。并且，风险规制理论的应用可以推进生态环境监督过失犯罪预防和惩治双向发展，不仅可以加大环境监管力度和加深环境法律规范执行程度，而且可以在实际执行和纠纷解决中提高执行力与效率，也能真正发挥法律在解决企业发展所带来的环境污染问题与社会生态环境保护之矛盾上的关键效果。申言之，原先的环境治理观念不能适应现实发展的要求，只有做到预防与惩罚双管齐下，才能更好地控制企业的环境污染。①

（二）明确企业环境保护中的监督责任人范围

从企业中业务关系体系的角度来看，环境监督主体存在于企业的采购、生产、作业、销售全流程。但是，若以企业中发生的生态环境危害事故为中心进行探查，便可发现环境监督主体可以以环境事故发生时间为节点进行界定，包括环境事故发生之前的教育人与训练人，也包括环境事故发生过程中的相关责任人，还包括环境事故发生后负有义务的抢救人、补救人等，这些主体都有一定的责任。

在现实的企业环境监督过程中，往往会出现监督主体错位的情况。这种错位情况主要表现为监督者与监督权的错位，使法律监督关系网也有可能出现疏漏。导致这种错位现象的原因是多样的，现实中监督主体可能存在法律监督主体与事实监督主体不相符合的情况。例如，我们无法避免在企业中的人事管理调整与频繁变动，企业人事关系亦可能存在矛盾，这必然会出现实际权力人归属与规定权力人归属不一致的情况。同时，要注意

① 参见高清、赵彩凤：《环境污染犯罪中企业责任问题思考——以“新生态人”为视角》，载《法学杂志》2011 年第 9 期。

的是,在现实的企业环境监督过程中难以避免处于优势地位的上级监督者实施越权行为,在越权实施环境监督的情境下有必要追究其法律责任。因此,在这种状况下,有必要考察监督者能否实际享有监督权。换言之,判断监督过失主体的标准应该看实际权力归属,而不能限定于法律或是某些简单呆板的组织章程规定,只有能够真正掌握监督管理权限的人,才能以监督过失来追究监督者的刑事责任。当然,有合理合法的理由和客观存在的问题导致监督者不能事实上享有原本属于他的监督权时,理应免除或减轻其监督过失责任。

生态环境监督主体必须具有某种特定的地位或具有一定的身份,这种身份既可以是一种社会职务,也可以是一种隐性职务,只要能证明监督者与被监督者之间存在一种事实的监督关系,在采购、生产、作业、销售等流程的业务活动中居于监督管理地位,负有监督、管理职责即可认定其是监管人。具体主要表现为以下几大类:

一是现场监督主体。这是根据时间节点所做的分类。其具有基层性、基础性、广泛性的特征,是在业务活动中负责现场执行与指挥、训练与检查的操作人员。其一,普遍存在于企业基层,如建筑企业的班组长、服务企业的项目负责人、生产企业的安全监督员等。其二,常见于社会服务型人员,如医生、律师、教练、职能部门的公务员等。相对应地,被他们监督的是建筑工人、发生危害事故活动的组织者等。根据其特性,现场直接监督者就成为首先应该归责的监督主体。

二是中层监督主体。这是根据管理的层级所做的划分。中层监督者本身一般是相关组织体中的中层管理人员,其工作上具有宏观性和决策性的特征。他们有时需要管理多个部门、多个方面的工作,管理或间接管理基层作业人员。例如,部门主管、副主管、副厂长以及其他分管某一领域的责任人等,这类人员负有制定、组织、实施、检查、监督、落实生产作业中的环境污染管理措施的责任。

三是单位主要负责主体。这也是根据管理层级所做的划分。这是组织体内部的最高层监督者,其工作具有决策性、指挥性、领导性的特征,如单位的法定代表人、非法人单位的主要负责人、主办某项工程的主要负责人等。他们主持本单位的总体工作,对单位的安全工作全面负责,是单位的总指挥。如果他们出现不当履职、懈怠或错误性指挥,对于组织内部的相关条例不当设置,都可能被追究生态环境监督过失责任。

四是政府公务人员。由于政府的公共性,其对社会的各种组织单位负有重要的监督义务。政府监督具有诸多优势:首先,鉴于其相对于组织体的外部性，其能合理弥补组织体在风险管理上的内部的管理失灵、外部的市场失灵等“短板”；其次，政府监督能从全局出发考虑公共利益问题，兼顾与平衡各类主体，政府的公务人员在怠于履行职责或履行职责不当时，在损害公共利益的情况下，也应当被追究生态环境监督过失责任。①

三、生态环境监督过失犯罪其他自然人主体拓展路径

（一）厘定环境领域国家公职人员监督过失注意义务的来源

违反注意义务是环境领域的国家公职人员违反法律规定的必要构成要件。国家公职人员所应承担的注意义务，是指负有监督职责的国家公职人员应对其职责所属范围内的被监督者负有的法定的监督和管理义务。这种监督和管理义务属于国家公职人员职责的一个部分，根据我国《公务员法》的相关规定，国家公务人员具有忠于职守、勤勉尽责、遵守纪律、恪守职业道德等职责。由于我国特殊的基本国情和社会现状，公职人员的监督义务来源除了法律明文规定外，也还有一些其他的来源，如非国家机关主体在完成国家机关委托的一些工作任务时，并没有明确的规范性文件规定其对所属区域内的生态环境负有监督职责，但无论是被赋予职权的非国家机关工作人员，还是具有职权的国家机关工作人员，只要行使生态环境监督相关职权，便对所管辖范围内的生态环境负有监督管理职责。因此，我国环境领域国家公职人员的职责来源主要包括宪法、法律、法规、规章、职位说明书、行政责任书以及有关机关一些临时委派的工作任务和临时设立的机构的工作任务等，其内容十分广泛。②

具体来说，这些自然人主体的注意义务来源主要包括预见义务和信赖原则两个方面。

1. 预见义务

预见义务，是指行为人应当提前了解或注意危害结果发生的义务。通说认为，是否违反预见义务有两个标准：一是要具备预见义务的职务基础，环境监管失职罪的预见义务基础主要是指行为人的预见义务源于公务员监督过失犯罪中所强调的公务职责；二是行为人必须具备预见能力，预见能力与公民的行为能力相类似，如果监督者不可能发现环境污染事件的发生，那么相应的危害结果应该属于意外事件。并且，以上两个违反预见义务的标准并不难辨别，只要行为人具有身份外观即可，但预见能力的辨别

① 参见易益典：《监督过失犯罪中主体范围的合理界定》，载《法学》2013 年第 3 期。

② 参见杜琪：《环境领域公务员监督过失责任研究》，载《江淮论坛》2012 年第 1 期。

则涉及行为人的预见能力认定以及认定标准。实践中,通常以信赖原则作为考量标准,[①]此处要求行为人已经履行了合理的预见或预防义务,并信赖被害人或第三人将会采取相应的防护措施。

从预见义务的类型来看,通常可以分为一般预见义务和特殊预见义务两种,两者的区别在于是否有职业或业务要求。一般预见义务,顾名思义就是指法律对于一般大众要求的预见行为结果的义务,特殊预见义务指的是法律对负有特殊职责的人要求的预见行为结果的义务。在环境监管失职罪中,这两种义务类型同样有所体现,如果最终环境污染的危害结果形成的原因并非监督者的过失,而是监督者以外的第三方的介入,监督者所负有的特殊预见义务便可以凸显出来。而生态环境监督过失中的特殊预见义务不仅要考虑其行为可能造成的危害后果,还需要从社会公众视角出发考虑对行为人是否已经实施了监督行为以及对可能出现的危害后果是否采取了必要预防措施。因此,监督者负有对自身行为和被监督者行为的双重预见义务。

除了以环境监管失职罪中的预见对象作为一种扩张依据之外,预见程度也具有纵向扩张的可能性。预见程度的理论主要分为抽象说与具体说。两者的主要区别在于背后所依据的理论不同,前者背后所依据的理论为新的新过失论,后者背后所依据的理论为旧过失论以及新过失论。此处的"具体"指的是具体的危害结果,"抽象"指的是对结果产生的不安感、恐惧感。综上所述,本书认为对于监督过失应当结合其特点、性质以及目的,还有监督者在各种事件中的预见程度进行判断。前文论证了监督者的双重预见义务,事实上监督者的预见程度可以分为两个部分:第一部分是由于被监督者作出了错误的操作导致了监督者的疏忽大意,两者之间具有较强的因果关系,而对于此种情况的预见应当是明确具体并且严格的。第二部分是监督者的疏忽大意导致被监督者的行为造成了危害社会的实害结果,此类情况的关联关系较远,监督者对于被监督者造成的后果较难预测和掌握,不能及时作出反应,故在这种情况下的预见程度应是模糊、不太明确的预见。[②]

2. 信赖原则

信赖原则主要是指在涉及多领域、多数人的事件中,与该事件有关的人信赖其他有关人对该事件的处理行为是符合相关规定的,若其他人并未遵循相关规定,则相信人可以不承担因此造成的法律责任。[③] 信赖原则对

---

① 参见王冠:《我国公务员监督过失犯罪研究》,上海交通大学 2008 年博士学位论文,第 77 页。

② 参见王旻:《论刑法中的监督过失》,华东政法大学 2018 年硕士学位论文,第 18 页。

③ 参见马克昌:《比较刑法原理:外国刑法学总论》,武汉大学出版社 2002 年版,第 261 页。

环境领域国家公职人员监督过失责任的限制该以何种方式实现是个难题。日本刑法理论界的主流观点认为适用信赖原则需要具备两个条件：第一，主观条件，行为人的信赖即行为人对他人实施适当行为具备信任要素；第二，客观条件，即因信赖他人并根据当时的状况实施适当的不违法的行为。具体来讲，有以下几点要求：

首先，在监督主体范畴内要有权限分工。明确的权限分工使人人各司其职，由此能产生良好的信任基础。身居监督地位的人勤勉履行自己责任范围内的监督义务，就不用承担监督过失责任，而对于环境损害事故已经发生的，并非所有监督者都要承担监督过失责任。

其次，被信赖者值得信赖。被信赖者值得信赖的前提是其拥有让人信服的专业能力。将信赖原则融入监督过失责任的确定中，要求监督者具备一定的检验被监督者业务活动的专业能力，监督者对被监督者的信赖并非空穴来风。当然，此种信任并非完全由监督者以及被监督者的专业能力决定，此种信任必须建立在监督者有相关的责任、资质能力的基础上，若无此能力，则无此信赖。

最后，被监督者所从事业务的性质也应当视为考量因素。倘若业务性质变化大，发生过失的概率则会变大，相应监督者的注意义务就越重，那么监督者与被监督者之间获得信任的距离就变远，信赖原则的适用便会变得有难度。倘若被监督者所从事的业务发生环境事故的危险越大，则监督者的注意义务范围越宽泛，信赖原则就越难以融入。

总之，对于环保行政部门国家工作人员的监督过失责任的认定，要根据这些国家工作人员所在的职位及相关职责来作出，这些国家工作人员对于其下属的国家工作人员或行政相对人的合理信赖是合法有据的，如果信赖能够被社会所接受，那么对于因信赖发生的实害结果这些国家工作人员可不用承担相应的责任。①

（二）扩大生态环境保护行政监督领域

我国刑法体系中的环境犯罪大致可分为两种类型，一种是环境渎职犯罪，另一种则是破坏环境资源犯罪。其中，破坏环境资源犯罪又可以分为环境污染犯罪与环境资源破坏犯罪两种类型，这两种犯罪都是建立在违反国家规定的基础之上的。因此，无论是环境渎职犯罪还是破坏环境资源犯罪，都具有行政从属性。除《环境保护法》外，《大气污染防治法》《水污染

---

① 参见杜琪：《环境领域公务员监督过失责任研究》，载《江淮论坛》2012 年第 1 期。

防治法》也有相应的规定。刑法中关于环境犯罪的行政从属性原则，主要是指依照刑法中有关环境犯罪的规定，其可罚性主要是依据环境行政法的规定来判断。从而我们可以看出，刑法中关于环境犯罪的相关规定是体现了环境刑法的行政从属性的，基于刑罚的强制性、惩罚性等特点，本书认为，刑法中关于生态环境监督过失犯罪在主体拓展时应将环境刑法的行政从属性作为一个补充。并且，刑法中对于环境犯罪的相关规定具有一定程度的相对行政性，能够弥补行政处罚程度不足的问题，这样既可以满足刑法的谦抑性原则，又可满足其独立性原则。

近年来，随着我国在行政法上有关环境领域的规定不断完善与修改，我国单行法规的数量急剧上升，规定的环境保护要素也是越来越丰富，形成了较为完善的环境保护规范体系。以往我国环境保护的方式主要是防治，而现行的《环境保护法》则是包含了防治与保护双重手段。然而，我国现行刑法保护环境的方式一直停留在防治层面，以此设定的环境监管失职罪就显得过于狭隘，不利于保护环境目标的实现。并且，我国在刑法上对于环境犯罪的相关规定几乎没有修改，其原有的内容不能满足保护环境的现实需要，也不利于维护行政管理秩序。根据 2016 年由最高人民法院、最高人民检察院发布的相关司法解释可以看出，法律规定的"致使公私财产遭受重大损失或者造成人身伤亡的严重后果"不仅包括环境污染还包括自然资源的损害，也包括环境损害的要素。① 为了更好地保护环境，实现有序的管理与防治，我国刑法中关于环境监管失职罪中的"严重后果"应该扩大范围，实现与环境行政法的有效接轨，做到管理与防治双管齐下，以便充分发挥保护环境法益的功能。

（三）引入生态环境科技监管过失型犯罪

随着互联网、大数据、人工智能、云计算等信息技术的蓬勃发展，生态环境监督的法律义务也向科技化方向发展。在此情况下，环境监管部门通过建立相应的数据库，并在数据中心通过科学、合法、有效的方式获取与生态环境监督具有实质关联性的数据，从而用以预测未来环境将会出现的问题并找到一些相应的解决途径，这是未来生态环境监督科技化的必然趋势。特别是在面临严峻的环境保护形势时，环境数据库、数据平台以及数据价值的挖掘与应用，将会是未来美丽中国建设、环境治理体系和治理能力现代化的重要实现方式。生态环境刑事法治应当与时俱进，在环境监管

① 参见王哲：《论环境监管失职罪与环境法的衔接》，载《中国刑事法杂志》2018 年第 5 期。

失职罪中为更好地促进环境监管部门利用信息技术履行公职,可以从以下四个方面展开,探索环境监管失职罪行为样态扩张或者调整的路径:

一是要对收集并公开其所辖区域内的环境数据的公职行为进行规制。为更好地提高我国大数据环境监管的创新能力与应用能力,需要进一步地提高行政管理部门采集、整理与公开其所辖区域内的环保数据的真实性、及时性、全面性水平,改变以往的传统做法,实行环境数据透明制度,对于需要社会大众了解的行政行为,依法进行数据公开。一方面,要由政府主动带头进行数据公开,鼓励并支持各企业特别是大中型企业进行数据公开并上报,再由行政管理部门对所公开的数据进行整理与分析,并将已经处理好的数据分析报告通过图书馆、网站、报纸等渠道依法进行行政公开,确保利用大数据技术得出来的环境数据能够被社会大众查阅、了解与判断。另一方面,在借助互联网等信息技术手段收集或分析相应的环境数据时,要注重对负责生态环境监督的行政主管部门、社会环保组织等监督主体的履职行为进行检查,一旦发现存在违法违规行为,要及时指出、责令改正并追究相应的责任,确保生态环境监督主体能够时刻依法依规履行生态环境监督职责。

二是要对空气质量监测和预警的公职行为进行规制。大气污染是我国生态环境污染的"重灾区"。早在 1987 年,我国便制定了《大气污染防治法》,并经历了多次修正。为达到保护大气资源、有效实现空气预警与预报的目的,还需要对气象监测站收集到的数据、空气质量检测的数据以及有关污染源程度的数据等进行动态监测,并借助大数据分析其与生态环境保护之间的内在联系。此外,互联网、大数据、人工智能等技术还具有采集、分析、整合空气质量数据的功能,对于大气污染程度具有较好的预报、预警效果。因此,未来生态环境监督过失犯罪主体还可能会加入通过信息技术进行大气质量监测的技术人员,这样可以强化他们在大气数据采集分析与利用过程中的责任意识,通过以相应的监督过失责任"倒逼"其认真履行对空气质量实施监测与预警的职责。

三是要对利用信息技术采集与分析数据研判环境污染成因的公职行为进行规制。生态环境监督必须要对具体的数据进行分析,并建立起相应的指标管理体系。但是,环境保护指标本身具有复杂性与专业性,包括对企业排污的强度进行合理评估、对污染源分布区域情况及其对环境质量影响的强度大小等因素的预判。科技赋能生态环境监督成了环境保护指标体系建构的一种全新方式,在一定程度上也拓宽了生态环境监督过失理论监督层面的范围，技术人员与管理人员对相应的环保数据以及环境污染事件成因进行分析，可以认为是生态环境监督的核心内容之一，只有以全面、准确且合理的环境数据分析为前提，生态环境监督者才能作出正确的预判与应对措施。此外，科技赋能生态环境监督并非只是国家机关工作人员的职责，许多大型科技企业具有强大的技术研发与应用能力，其技术与环境保护相结合同样应是这些企业未来发展的应有之义，这对于我国生态环境治理体系与治理能力现代化具有良好的促进作用。

四是要对构建环境数据共享平台的公职行为进行规制。环境数据共享平台是将云计算、大数据等新兴信息技术与传统环境保护相结合而建立起的数字化平台，目前我国很多省市已经开始全面展开数字环保系统平台的建立。这些平台将各种专业模型通过大数据技术相互结合，深度挖掘环境资源问题的详细数据，为参与平台的所有管理对象、环保部门、社会公众按需提供服务。生态环境监督过失犯罪的主体拓展应关注平台内履行公职的国家工作人员，确保其对收集到的环境数据和环境问题调查进行全面整合，协同数据业务达成数据共享，通过数据分析得出针对性的决策措施，从而使环境污染等环境问题得到极大程度的解决。环保数据共享平台的一大特点就是开放性，平台用户既可以随时随地进行 API 访问，也可以随时下载相应的环保数据，并与平台其他用户之间进行良好的沟通交流。

整体而言，将电子信息技术应用到环境保护领域应当是国家解决环境公共性问题的方法之一，其主要彰显了政府对于解决保护环境方面问题的主动性。为更好地顺应时代潮流的发展，国家环保机关对于环境的监管方式也应符合国家治理体系和治理能力现代化的要求，重视信息技术在环境保护领域中的应用，并明确相应的技术伦理底线，实现新时代的生态文明建设，从而进一步提高国家治理体系和治理能力现代化建设水平。①

第二节　立法路径：增设生态环境监督过失单位犯罪

一、生态环境监督过失单位犯罪的拓展依据

（一）从环境权到国家环境保护义务的理念转型

我国对于环境保护的一大特点是，我国的环境治理一直以来是政府领

① 参见钭晓东、汪强：《大数据生态法治新常态下的环境监管义务推进》，载《人民法治》2015 年第 12 期。

头,政府既是环境保护主导者,也是环境公共物品的主要提供者。然而,我国环境保护存在诸多问题,如环境破坏难以有效恢复、稀有资源紧缺难以合理运用、环境的严重污染难以治理等,这些问题都需要政府有效行使自身的环境保护职能,转变我国环境保护理念,只有这样才能有效保护与改善我国的生态环境。

目前,生态环境监督过失犯罪主体主要是国家机关工作人员,其主要原因在于国家机关工作人员具有相应的监督职责,这是因为环境权具有社会权属性。从权利基本理念来看,法律权利与法律义务相反,是公民为或不为某种行为的权利,法律义务则是指法律所规定的公民为或不为某种行为的应当性。于是,拥有权利者可以视为拥有法律上的积极利益者和受益者,当其合法权益受到侵害时,公民有权向司法机关申请权利救济与保护。因此,公民的环境权要真正实现,最终还是得依托国家机关履行相应的环境保护义务,这种义务的承担不应局限于单位中的具体人员,还需要思考一个问题:如果国家机关单位是由每一个工作人员组成,会不会出现单位过失的情况,如果出现了国家机关单位的生态环境监督过失,能否以单位犯罪加以追究法律责任?对于这一问题的回应,需要考察环境权的形成以及国家保障公民环境权实现的可诉性程度。

权利与义务相对应,是法律的基本原则与逻辑起点之一。任何法律理论与规范均在这两个要素下展开,两者既有对立关系,也有统一关系。在制定环境保护方面的法律时,规定有关法律主体的基本权利与义务存在三个方向的路径:其一,法律仅规定环境法基本环境权利;其二,法律仅规定环境法的基本环境义务;其三,法律同时规定环境法的基本环境权利和基本环境义务。过于规定权利或过于规定义务的法律规范难以产生良好的法律效果,在制定环境保护法律时亦应该重视权利与义务的对等关系,让其保持协调与平衡。

我国于1989年制定的《环境保护法》中仅规定基本环境义务而并未规定基本环境权利,这种情况在我国最新制定的《环境保护法》中亦无改变。具体来说,我国环境保护的相关法律是从公民的自我意识入手,强调公民的自觉性、义务性、自我约束性,是以公民自发保护环境为权利实现的主要方式。可以说,在没有规定公民环境权利时,公民需要自觉主动地遵守环境法律义务。这种过于重视公民义务但弱化国家义务的立法思维,成为我国环境立法的整体技术基调。但在现实生活中,这种权利保护模式不仅极有可能因其特有的约束性与强制机制阻碍和抑制了民众保护环境、保护生态的积极主动心态,也影响了公民环境义务和权利的平衡性与协调性,影响了权利与义务之间相互转化的机制。因此,我们应该善于运用权利的特性,运用好权利特有的利益导向和激励机制。

我国现行环境保护方面的法律,迫切面临向国家环境保护义务的法的技术理念转型,这种转型有三个要点:一是需要从规范公众行为向规范政府行为转变;二是需要从规定政府的权力法到约束政府权力的责任法转变;三是向公众权利法而不是公众义务法转变。

总之,我们需要通过保证公民的环境权利与公民的环境义务的对等来提高环境法的正当性。我们应该在引入环境法相关刑事原则时,特别注重规定公民的基本环境权利,并明确规定公众享有环境权,也承担保护环境的义务,做到对公民环境权的肯定与维护和对公民环境义务的明确规定。

(二)单位污染环境治理的明显预防主义转向

时至《刑法修正案(十一)》制定,我国开始对环境保护领域的刑事政策方向作出调整,注重分层设计客观构成要件要素中的环境保护内容,其明显表现在对重大环境污染事故罪的罪名与构成要件的变动上。之前的环境刑法在内容上,要求认定构成犯罪需要具有违反国家的规定对土地、水体、大气三个对象有排放行为、倾倒行为、处置行为,这些行为涉及的废物包括具有放射性的、具有传染病病原体的、具有有毒物质的废物或者其他危险废物,且还需证明损失程度重大。在相应的刑法修正案发布之后,重大环境污染事故罪修改为污染环境罪,无须再证明造成重大环境污染所导致的生命健康与财产损失,存在严重污染环境之行为即构成此罪,在一定程度上降低了入罪门槛。同时,从污染物的范围上,把其他危险废物变为其他有害物质,这使刑法介入的时间点得以提前,适当地扩大了环境犯罪的犯罪圈,提高了刑法对广大人民群众生命健康财产保护的周延性。这是我国环境刑法立法理念的重大转变,我国环境刑法的立法价值观念已经从人类中心主义价值观逐步过渡至以环境为本位的价值观。

这一重大改变反映了刑法治理单位的污染环境行为时开始运用其预防功能。当然,我们判断刑法是否存有这一倾向需要保持谨慎态度,我们需要探讨实害犯与具体危险犯之间的变化过程是否为实然,即犯罪圈的扩张与刑法切入时间点的提前,是否真实扩大了环境犯罪的法益。简单地估量实害犯到危险犯的改变,无法彻底弄清楚这两者划分出来的成立条件的差异以及处罚范围的不同,我们需要关注环境犯罪的法益。简单地认为实害犯是构罪结果对该罪保护的法益有侵害性，或是认为危险犯是构罪结果对该罪保护的法益存在现实侵害都是非常不严谨的。就如污染环境罪，若其保护的法益涵括整个生态环境系统，那么侵害生态环境亦是属于生态环境的实害犯，实则是扩大了实害犯之所指，不再仅对人的生命、对人的财产而言，而是指侵害了环境生态系统。此理亦可以说明危险犯是以危险还是以法益来界定。

据此，虽然从实害犯向危险犯的转变难以判断刑法对污染环境行为的倾向调整的大小，且究竟污染环境罪所保护的法益为何，众多学者亦对此争论不一。但无法否认的是，人的基本生活需要以环境为前提，当人类不断地从中吸取所得时，则急需刑法保护环境法益。从污染环境罪的构成要件上看，生态环境监督过失单位犯罪所保护的法益与污染环境犯罪的法益存在异曲同工之处。

实际上，如果不再将污染环境罪保护的法益局限于人类的生产生活利益，那么无论是坚守纯粹环境中心主义的法益观，还是坚守兼具环境内容的人类中心主义的法益观，都不能否认我国刑法在环境犯罪方面向预防主义的转变。如前所述，环境污染犯罪的犯罪圈扩大以及刑法介入的提前，都意味着立法者具有预防治理的理念，运用预防主义思维，我们还需在环境保护多领域中更广泛地运用这种理念与思维。

（三）单位内部规范性文件明确规定的义务

关于生态环境监督，不仅需要重点关注立法所形成的规范体系，也要注意单位内部制定的环境保护规范性文件，相较于法律制度的宏观调控，这种内部规范性文件往往可能是最快、最有效、最直接的规范依据。但是，由于个体内部的复杂性，有关内部规范性文件如何规定与设置使个体内部监督更为合理地运作和长期有效地执行，成为法律规制的难点。

一般而言，规范性文件与非规范性文件两者共同组成了单位内部的监督机制。但是，这两类文件并不都是生态环境监督注意义务的来源，只有单位内部规定权力清单、责任清单和负面清单的规范性文件才能够准确规定生态环境监督注意义务。现代社会环境风险的高发性和不确定性，为本就在扩张的监督过失范围的适用增加了不确定性，如果一味追求过失犯罪的处罚范围，那么将会过分加重行为人的注意义务，扩大刑事处罚的范围。因此，不宜将所有的单位内部文件都认定为生态环境监督注意义务的来源，应当以注意义务的可行性为基本依据，将部分过于严苛的内部文件排除在外，这也是对监督过失注意义务扩大化倾向的一种反向限缩。以单位内部规范性文件作为生态环境监督注意义务的来源，通过统一的标准防止注意义务随着意志等因素发生变化。刑事法律适用的统一性和稳定性要求在规范性文件没有明确规定为生态环境监督职责的情形下，行政领导人的讲话、意志不能成为追究环境监管失职罪刑事责任的依据。

此外，单位内部规范性文件所规定的生态环境监督注意义务也并不都是具体的。虽然在权力清单责任制的施行过程中，政府职能部门之间对生态环境监督职责的分工可能会越发明确，但是在职能部门的内部职责分工合作中，仍然会不可避免地存在"制度夹缝领域"。因此，对于生态环境监督注意义务的确定还需要结合单位内部非规范性文件和规范性文件予以综合考量。简言之，如果存在多部门协同监督的情况，那就不能单独以某一单位的内部规范性文件作为认定生态环境监督注意义务的来源，而是要综合所有参与监督的部门所制定的内部规范性文件，并从责任人履职的实际情况出发进行实质判断；即使单位内部的非规范性文件未通过条文形式规定行为人的职责，但如果行为人在监督过程中实际行使了监督权力、履行了监督职责，仍可以从侧面认定生态环境监督注意义务的存在；相反，如果单位内部的非规范性文件对生态环境监督职责进行了约定、授权或者规定，行为人虽然形式上拥有生态环境监督的决定权，但实际上却需要通过申报等方式取得此种监督权力，则不能直接认定行为人具有此种监督注意义务。①

二、生态环境监督过失单位犯罪中的直接责任划定

（一）生态环境监督过失单位犯罪的归责思路

我国单位犯罪是双罚制，但是在立法上却没有对单位犯罪中的责任问题进行细化规定，如果将生态环境监督过失犯罪拓展至单位犯罪，还需要进一步明确相应的单位犯罪责任认定思路。

从我国《刑法》第31条以及最高人民法院、最高人民检察院出台的多部规范性文件来看，我国在单位犯罪中责任的划分认定与共同犯罪中对于正犯或者共犯的认定具有较大区别，不能将单位犯罪中的责任划分与共同犯罪中的责任划分相等同，而是应当通过是否对单位判处罚金、对直接负责的主管人员和其他直接责任人员判处刑罚来划分。而在国外，共同犯罪通常与单位犯罪中的自然人处罚被类比规定，并没有对单位犯罪人员的责任划分进行细化的认定，其处罚程度也与自然人犯罪的处罚具

① 参见王哲：《论环境监管失职罪与环境法的衔接》，载《中国刑事法杂志》2018年第5期。

有共性。[①] 这种国内外的立法差异,导致单位犯罪责任的认定很难实现本土化移植。就我国目前的双罚制而言,对单位处以罚金具有现实性与可操作性,但直接责任的认定思路还需要进一步明确。

(二)生态环境监督过失单位犯罪中直接责任的归责范围

关于"直接责任"这一概念的含义,我国刑法学界并未形成较为统一的观点,大多是对"直接责任"进行文义解释。有学者认为,单位犯罪中的"直接责任"与法人犯罪中的法人责任具有共同之处,故而认为"直接责任"就是法人应当承担的责任,[②]但这种解释方法忽略了法人的弱人格属性,与自然人有着天然的差异。也有学者认为,只要犯罪人的犯罪行为与单位犯罪之间具有引起与被引起的因果关系,[③]"直接责任"就应当被连带在单位犯罪的内容之中。可以说,仅就理论层面探讨"直接责任",生态环境监督过失中的刑法因果关系仍然较为复杂,难以真正实现"同案同判"与"类案类判",严重阻碍了生态环境监督过失单位犯罪的直接责任认定。

实际上,仅就生态环境监督过失单位犯罪的直接责任认定而言,还需要厘清两组相类似责任主体的概念,考虑是否要将这两类主体纳入生态环境监督单位犯罪的归责范围之中。

一是"直接负责"与"负有直接责任"两类主体的法律责任认定。可能在日常生活用语中,这两类主体是可以相互通用的,但从我国单位犯罪的刑事立法来看,直接负责人并不一定就是负有直接责任的人,这是由于单位本身就是各类工作人员所形成的自然人集合体。"直接负责"的主体在单位犯罪中往往是职责语境之下的主体,通常是领导、主管某一生态环境领域的行政工作的主体,但直接负责的领导可能只是将工作分解给下属,

---

① 关于法人犯罪中法人成员的责任,《美国模范刑法典》第207条第6款规定:"(a)无论何人对于以法人或非法人团体之名义所为或为了其等或引起其等所为之行为,要负与以自己之名义或为了自己而为之行为同一责任。(b)法律对于法人或非法人团体课以作为义务时,对履行义务负首要责任之法人或团体之机关,如因轻率而怠于为其作为义务时,需负与该法律直接课其履行其义务时同一法律上责任。(c)基于法人或非法人团体之行为之法律上责任被认定有罪者,以自然人对于同等级之罪被认定有罪时能科处之刑罚谕知之。"(《各国刑法汇编》,台北,台湾司法通讯社1980年版,第1913页。)可见,美国对法人犯罪中的法人成员的处罚与相同等级自然人犯罪的处罚相同。法国刑法的相关规定与美国刑法的规定大体相似。《法国刑法典》第121-2条规定:"除国家外,法人依第121-4条至第121-7条所规定之区别,且在法律或条例有规定之场合,对其机关或代表为其利益实施的犯罪行为负刑事责任……法人负刑事责任不排除作为同一犯罪行为之一正犯或共犯的自然人的刑事责任。"(《法国刑法典》,罗结珍译,中国人民公安大学出版社1995年版,第7页。)

② 参见赵秉志主编:《新刑法全书》,中国人民公安大学出版社1997年版,第317页;黎宏:《单位刑事责任论》,清华大学出版社2001年版,第308页。

③ 参见石磊:《论单位犯罪的直接责任人员》,载《现代法学》2006年第1期。

在落实时都是由具体的行政工作人员来实施，这就引出了“负有直接责任”的责任主体。如果出现了生态环境监督过失的情况，究竟是对直接负责的责任主体追责，还是追究具体实施工作的负责人，抑或者是对两者都以监督过失追责，仍需要进一步细化认定标准。本书认为，应当从过失产生的因果关系加以实质性判断，只有在“直接负责人”存在明显重大过失、相应的“负有直接责任”的人明确提醒确实存在监管风险、“直接负责”的人怀有侥幸心理认为可以轻易避免的情况下，才应当追究“直接负责”的人的监督过失责任，而对于“负有直接责任”的人，只有在穷尽提醒与规避风险义务的基础上才具有出罪的可能性。

二是“负有直接责任”与“起重要作用”两类主体的法律责任认定。直接责任除了“负有直接责任”的人之外，还有在因果关系链条上发挥促进作用的其他直接责任人。有学者通过对我国某省法院有关环境监管失职罪认定的147份判决书进行分析，发现“起重要作用”往往也是司法实践判断生态环境监督过失的重要标准，①在环境监管失职罪中对于直接责任的认定，不应只关注导致污染结果发生的责任主体，还应当对具体因果关系进行分析，明确其他直接责任人的法律责任。

（三）生态环境监督过失单位犯罪中直接责任的归责方法

生态环境监督过失单位犯罪的直接责任认定具有一定的方法性与逻辑性，正如人们对日常生活中过失行为的责难标准那样，通常是从责任性质判定与责任程度判定两个方面展开。②

责任性质判定是对具体环境监管失职行为的定性分析，主要是沿着“什么人做了什么事”的基本逻辑加以认定，学界主要是从行为与身份加以判断，即责任主体是否确实存在监管失职的行为，以及相应的环境监管人员是否满足该罪名的身份要求。其中，行为责任是指单位成员在具有罪过心理的基础上，实施了违反法律规定的禁止性行为，以刑法中的罪责自负原则为指导，要求行为人应当为其直接或间接实施的犯罪行为承担刑事责任，只是由于该行为是单位所作出而被归为单位犯罪，并且从刑法谦抑性和刑法效率价值追求的目标来看，行为责任是“无行为则无责任”的具体表现，在一定程度上也对其他没有实施行为的单位成员免予刑事处罚提供了评判依据。身份责任的判定同样具有出罪的功能，如果行为人不具备单位成员的身份，即使被其他人委托参与生态环境监督，也不应将其认定

---

① 参见晋海、郦筱迪：《污染环境罪其他直接责任人认定标准的反思与重构》，载《林业调查规划》2019年第4期。

② 参见王良顺：《论单位犯罪中直接责任与直接责任人员的认定》，载《法商研究》2007年第2期。

为环境监管失职罪的适格主体。因此,行为责任与身份责任两者相辅相成,既不能单纯以具有身份责任认定构成犯罪,也不能单纯以具有行为责任认定构成犯罪。但是,身份责任与行为责任并非简单的横向并列关系,而是一种逻辑上的递进关系,所以在认定行为人是否构成环境监管失职罪时,首先应当判断其是否具有单位成员的身份,若基本身份要件不符合则就应直接出罪,只有在身份责任得以明确的基础上,才能进一步对具体失职行为进行评价。

责任程度判断则是对具体环境监管失职行为的定量分析,主要是就行为人的过失行为对危害结果产生的影响力大小以及行为后果进行考量。"程度"一词意指在特定情形中,人或事物发展达到的状况。在单位犯罪直接责任的语境中,责任程度是指基于对单位具有管理、监控职责的单位人员以其法定的行为方式,实施法律上禁止的行为。对犯罪活动起着较大作用的,才能满足单位犯罪责任程度的要求。如果在单位犯罪中,即使对单位具有管理、监控职责的单位人员,以其法定的行为方式,实施法律上禁止的行为,但是对犯罪活动没有较大的促进、推动作用的,不能以单位犯罪定罪处罚。具言之,如果行为人作为单位的成员对于生态环境监督存在一定的失职,但其失职行为对于危害结果的产生并没有足够的推动作用,或者因其完全接收了上级领导的指令,最终出现了环境监管失职,都不宜将其认定为环境监管失职罪的直接责任人。此外,责任程度的判断也应考虑危害结果是否确实达到了需要刑法介入的程度,如果环境监管失职的最终结果符合《刑法》第 13 条"但书"中的规定"但情节显著轻微危害不大的,不认为是犯罪"。如此,即使行为人是直接责任人,也可以因行为后果的社会危害性不大出罪。

(四)生态环境监督过失单位犯罪中直接责任的归责对象

在明确了生态环境监督过失单位犯罪的归责思路、范围与方法之后,还需要进一步明确此类过失型犯罪的归责对象,即哪些主体有可能成为生态环境监督过失单位犯罪的直接责任主体。虽然学界通常是以"直接负责的主管人员"和"其他直接责任人员"作为单位犯罪的两类主体,[①]但"直接负责的主管人员"实际上应当分为"主管人员"和"具体工作人员"两种类型。基于此,本书将生态环境监督过失单位犯罪中的主体分为主管人员、具体工作人员以及其他直接责任人三种类型。

---

① 参见王志远:《超越行为责任:单位犯罪主体关系传统认识的批判与重构》,载《政法论丛》2022 年第 6 期。

1. 主管人员

早在2001年时，最高人民法院便在《全国法院审理金融犯罪案件工作座谈会纪要》对单位犯罪中的主管人员进行了界定，直接负责的主管人员，是在单位实施的犯罪中起决定、批准、授意、纵容、指挥等作用的人员，一般是单位的主管负责人，包括法定代表人。而在司法实务中，相应行为的入罪通常是以职务为准，即在单位犯罪中无论起到什么作用，也无论此作用的大小，都需要对结果直接负责。这种直接责任认定的归责方法在生态环境监督过失中的使用并不可取，主要有两点理由：其一，生态环境监督通常都是由单位具体的环保部门工作人员在实施，只有少数情况是单位主管人员在决策层面存在过失，而绝大多数过失型犯罪都是由具体工作人员的失误造成的，要以实际影响力作为评判主管人员过失的标准；其二，生态环境监督工作具有系统性，这一工作体系由上层领导、分管人员以及工作人员组成，很多分管型的主管人员对于最终产生的危害结果作用很小，甚至达不到负直接责任的程度，不宜将这类主体划到直接主管责任人的范围之内。

我国刑法关于单位过失类犯罪规定了重大劳动安全事故罪、工程重大安全事故罪、消防责任事故罪等13个罪名，将环境监管失职罪拓展至单位犯罪具有一定的规范基础。关于如何划定单位过失犯罪主管人员范围，学界大致形成了三种观点：一是以列举式的方法明确直接负责的主管人员，具体列举标准分为决策管理与放任自流两种情况。决策管理的过失，是指主管领导的决策对具体过失型犯罪的发生具有启发性、决定性作用，而单位下属仅是严格按照领导决策开展工作；而放任自流的过失属于主管领导的失职，虽然主管人员并未直接参与监督活动，但对于其职责范围内的监督对象不管不顾或者轻信可以避免，最终导致事故发生。① 二是以主管能力与主管范围来确定单位主管人员范围，通常认为单位中具有管控职能的主管人员都可以算作直接责任人。② 三是通过相关主管人员的决策对最终结果产生的影响大小来判断是否属于直接责任人。③

从一般归责理论来看，以上三种观点都具有一定的合理性，但第一种列举式方法属于对已有的环境监管失职问题中主管人员的整合，主要是对于过失形态进行了客观描述，未触及“监管失职”这一本质属性，并且存在

① 参见娄云生：《法人犯罪》，中国政法大学出版社1996年版，第79～80页。

② 参见冯军：《新刑法中的单位犯罪》，载高铭暄、赵秉志主编：《刑法论丛》第9卷，法律出版社2005年版。

③ 参见沙君俊：《单位犯罪的定罪与量刑》，人民法院出版社2002年版，第128～131页。

周延性不足的问题。第二种方法虽然考虑到了周延性的问题，但以主管能力与主管范围来定责容易扩大责任承担范围，在实践活动中很多主管人员虽然具有管理职责与能力，但并未实际参与到具体的生态环境监督工作之中，不宜纳入归责范围。本书较为赞同第三种方法，主管人员只有参与到具体的生态环境监督工作之中，才具有承担直接责任的可能性，并且对于监督过失所产生的后果还需要进一步判定其过失程度，进而划定具体的过失责任。

2. 具体工作人员

生态环境监督过失的直接责任不仅涉及主管人员，也涉及单位具体的工作人员。在一般情况下，一个单位的正常运行往往依赖多个部门各司其职，而各部门又是由数量众多的工作人员组成。但相较于具有决策职能与能力的主管领导层而言，实施生态环境监督工作的人员在日常工作中更有可能出现过失行为，经常会出现领导依照规章制度安排任务之后，具体落实人员严重不负责任最终导致重大环境污染事故。例如，2018 年湖北省罗田县环保监察大队工作人员张某、陶某因环境监管失职罪被追责。[①] 关于在具体工作人员过失责任的认定标准方面，虽然有过失论、新过失论与新的新过失论三种标准，但本书更倾向以新的新过失论加以判断，如藤木英雄所指出的，预见可能性并不是要求行为人能够细致地预见到具体的因果过程，只要有那种不忽视任何事情就不会有危险的危惧感存在就可以了，[②]其中的危惧感作为一种抽象的价值判断看似较为模糊，但却反映出了过失的本质特性，如果在生态环境监督过程中具体工作人员能够隐约感觉到可能会发生相应的后果，但未采取积极的监督措施，则就应认为其负有监督过失的直接责任。因此，单位具体工作人员成立生态环境监督过失不应以行为人具有“具体的预见可能性”为标准，只要具有抽象的预见可能性即可。

3. 其他直接责任人

其他直接责任人通常是指除单位直接负责的主管人员以外在单位犯罪中起重要作用的其他成员。[③] 由于我国司法实务中并未认可共同过失的存在，似乎其他直接责任人只适用于故意犯罪，但在实践中确实可能存

---

① 参见湖北省罗田县人民法院刑事判决书，(2018)鄂 1123 刑初 3 号。

② 参见吕英杰:《德日刑法上的监督、管理责任》，载陈兴良主编:《刑事法评论》第 31 卷，北京大学出版社 2012 年版。

③ 参见晋海、郦筱迪:《污染环境罪其他直接责任人认定标准的反思与重构》，载《林业调查规划》2019 年第 4 期。

在生态环境监督整个链条都有过失、最终因缺乏有力监督造成环境污染的事件，这是基于单位多个主体监督过失行为形成的“多因一果”的情况。

然而，生态环境监督中其他直接责任人究竟是指单位的哪些成员，由于学界关于其他直接责任人的研究相对较少，相关的立法与司法解释也并未明确界定，以至于司法实践中并无统一标准。本书认为，生态环境监督过失单位犯罪中的其他直接责任人的认定应当通过三个外观形态要件加以判断：其一，是否属于单位成员。无论是主管人员与实施具体工作的人员，还是其他直接责任人，都是在生态环境监督过失单位犯罪语境之下认定的，在判断其他直接责任人之前，必须先明确有关主体是否符合单位身份的基本要求，只有具有这一前置性要件才有归为其他直接责任人的可能性。其二，是否具有生态环境监督过失的行为。有行为才可能有责任，并且根据罪责刑相适应原则，行为人的责任承担应以其行为所产生的危害后果为重点考量对象，虽然过失行为的本质属性要求各类责任主体不具有共同意志，但对其在各自监督领域存在的过失行为应当予以系统性考察。其三，是否属于主管人员或者直接工作人员。这一要件是用于区分直接责任人与其他直接责任人的，只有不属于主管人员或者直接工作人员的单位成员才有可能成为其他直接责任人。

三、环境数据监测的单位主体

（一）采集环境样品的单位工作人员

2011 年 10 月 8 日，环境保护部办公厅发布了《关于加强污染源监督性监测数据在环境执法中应用的通知》，明确要求“环境执法机构人员负责对排污单位污染防治设施进行检查，将采样过程记入现场检查（勘察）笔录，并要求排污单位当事人确认。环境监测机构人员负责采集样品，填写采样记录，开展现场测试工作”。并且，《环境监测管理办法》《污染源监测管理办法》[①]等规范性文件中也专门规定了环境监测人员的法律义务。然而，对于现行刑法中的环境监管失职罪是否将环境监测样本采集人员纳入在内，理论界与实务界还并没有明确的意见，但需要注意的是，样本采集是生态环境监督实质化的主要方式，既是生态环境监督的“一线”工作，也是证明特定的行为主体构成污染环境类犯罪最直接的证据。认定环境样本采集人员是否具有生态环境监督过失，应当注意考察在最初的样品采集过程中是否有过失行为存在。

---

① 该部门规章现已废止。

然而，在生态环境监督的实践过程中，很多地方的生态环境执法工作除了采取监测机构与环保部门联合取样的形式以外，还存在一些其他形式。也就是说，环境样本采集人员并非一定是生态环境执法人员，如果生态环境部门没有在第一时间固定好企业或者个人的环境犯罪现场，监测机构由于缺乏相应的过失责任，可能在履职过程中更容易出现失职情况，使环境样本采集不准确，最终导致因证据永久性缺失或者不可还原，以致无法实施生态环境监督的情况出现。这就需要发挥程序正义的重要价值，根据《生态环境行政处罚办法》第24条的规定："执法人员有权采取下列措施：（一）进入有关场所进行检查、勘察、监测、录音、拍照、录像；（二）询问当事人及有关人员，要求其说明相关事项和提供有关材料；（三）查阅、复制生产记录、排污记录和其他有关材料。必要时，生态环境主管部门可以采取暗查或者其他方式调查。在调查或者检查时，可以组织监测等技术人员提供技术支持。"对于样品采集，也有学者认为，样品采集的本质就是取样，环境监察机构所拥有的取样权在这里也应当得到体现，并且这种过失属于职务型犯罪，也理应归属于环境监察机构所管辖的范围。但是，如果从生态环境监督与环境监察机构监管的两种属性来看，前者是对环境本身的一种监督，而后者则是对具体职务履行的监督，如果将环境监察机构也纳入生态环境监督的主体范畴之中，势必会造成生态环境监督主体的内部紊乱。并且，环境监察机构的取样与《环境行政处罚办法》[①]第29条的取样的内容与目的也不一样，环境监察机构取样是针对失职行为固定相应的证据，最终是为了处罚相应的国家工作人员；而生态环境监督人员的取样则是针对污染环境行为固定证据，是为了处罚污染环境的企业或者个人。[②]

此外，为了确保生态环境监督过失犯罪主体在监测层面不出现拓展过宽，或者出现相互推诿责任的情况，各类规范性文件与各个单位必须明确样本采集主体的权利与义务。换言之，环境样本由谁来采集、怎么采集等问题需要进一步细化，并且还要注重对监测机构中具体监测人员进行法律规制。一般而言，国家机关工作人员因畏惧环境监管失职罪所规定的法律后果，而不敢在样品采集过程中有所怠慢，但监测机构中的工作人员并不具备这一特定身份。本书认为，应当将这种监测行为纳入履行国家公务行为的范畴之内，从而以环境监管失职罪加以规制。

---

① 该部门规章现已废止。

② 参见涂龙科：《环境犯罪案件监测数据认可的实践困境与制度创新》，载《环境保护》2016年第21期。

（二）监测环境状况动态的单位工作人员

2021年，中共中央、国务院《关于深入打好污染防治攻坚战的意见》指出，建立完善现代化生态环境监测体系，建立健全基于现代感知技术和大数据技术的生态环境监测网络，优化监测站网布局，实现环境质量、生态质量、污染源监测全覆盖。感知技术与大数据技术的监测应用场景主要是通过数据与场景化模拟等方式对环境状态进行动态监管。但是，这种动态化数据监测主体的资格问题并未得到明确。有学者认为，我国的司法解释已有规定，出具监测数据的单位应当是县级以上人民政府的环境保护部门，因而在刑事案件中，不属于环保部门的机构出具的数据监测报告无法作为证据。[①] 也有学者指出，环保部门理应有权委托第三方监测机构出具环保监测数据，这种委托本质上也是公务行为的履行，所以可以应用于刑事案件当中。本书赞同被委托监测的人员实施的监测行为属于公务行为，这类主体应当纳入生态环境监督过失主体范围之内。问题在于，如果在目前的法律框架下承认环保部门授权第三方部门出具监测数据的行为属于公务行为，则会产生一系列法律上的障碍。例如，环保部门授权委托的依据是什么、委托的对象是什么、委托程度如何把握等。这些问题如不得到妥当解决，则势必会带来诸多隐患，影响后续刑事案件的审理。[②] 对此，还需从制度设计与实践操作层面进一步明确委托动态监管由哪些部门发起、所遵循的委托程序、委托边界以及法律后果等问题。

四、生态环境监督过失单位犯罪的限缩

（一）明确单位犯罪中“单位”的范畴

我国刑法中，污染环境罪的犯罪主体主要分为两类：单位与自然人。其中，单位是否能构成环境监管失职罪以及如何界定单位一直存在较大争议。目前，单位的法律含义主要有公司、企业、事业单位、机关、团体等，而在司法机关具体认定过程中容易将非公司类型的组织与公司等同起来，造成了单位犯罪的不当适用。例如，司法机关认为个体工商户也属于刑法意义上的单位，对那些向河流排放污水的个体工商户予以处理。其实，按照民法、商法等非刑事法律规范来确定单位的范围，难免有扩大立法原意之嫌。从某些地区的污染环境犯罪的案例判断，我国长三角、珠三角区域的

① 参见傅军、方路乡：《试论作为司法证据的环境监测数据认可审核》，载《环境保护》2013年第19期。

② 参见涂龙科：《环境犯罪案件监测数据认可的实践困境与制度创新》，载《环境保护》2016年第21期。

环境污染犯罪案件数量不断增加,有很大一部分原因就是司法机关不当地扩大了处罚范围。

但是,有关单位的界定应严格遵循文义理解方法,仅限于公司、企业、事业单位、机关、团体五种类型,而不能是其他个体工商户、合伙组织等。并且,如果将合伙组织、个体工商户等组织纳入单位犯罪的主体范围,则可能会影响其他合伙人的利益。因为即使对合伙组织中某一合伙人判处刑罚,对于民事责任部分其余合伙人仍应与其共同承担。①

(二)排除"合伙企业"的主体资格

根据《民法典》的规定,我国按照"法人—自然人"二元分立的模式确立了民事责任主体。与《民法典》相比,我国刑法也确立了单位与个人两种刑事责任主体。其中,单位明确为5种类型,即公司、企业、事业单位、机关、团体。对此,最高人民法院于1999年6月25日公布的《关于审理单位犯罪案件具体应用法律有关问题的解释》对单位的范围进行了说明。该解释认为,单位犯罪中的单位,既包括国有、集体所有的公司、企业、事业单位,也包括依法设立的合资经营、合作经营企业等公司、企业、事业单位。这意味着,单位犯罪的主体存在以下几种类型:

首先,国有、集体所有的公司、企业、事业单位。此类主体的性质系公有性质,国有公司、企业是指由《全民所有制工业企业法》《公司法》《企业国有资产法》调整的公有制的企业、公司等单位,国有企业一直是我国经济基础的重要支柱。对此,习近平总书记在党的十九大报告中提出,"毫不动摇巩固和发展公有制经济"。未来,我国刑法必须对国有公司、企业的犯罪持续关注。

其次,依法设立的外商投资企业。此类企业指的是《中外合资经营企业法》《中外合作经营企业法》调整的企业,但不包括《外商投资合伙企业登记管理规定》②规定的外商投资合伙企业。实践中,中外合资经营企业的组织形式往往是有限责任公司,当然也有少部分企业选择合伙形式。需要说明的是,由于2019年3月15日《外商投资法》的公布,《中外合资经营企业法》《中外合作经营企业法》已经于2020年1月1日废止,所以中外合资、中外合作的企业会受到《公司法》《民法典》等法律的规制。

最后,具有法人资格的独资、私营的公司、企业、事业单位。此类单位的性质属于非公有制,如民营医院、保险公司、社会服务组织等。这类单位

---

① 参见赵雷:《论污染环境罪之防控》,载《江西警察学院学报》2016年第5期。

② 该部门规章现已废止。

一般需满足两个条件才可以认定为单位犯罪的主体：一是具有法人资格，即按照我国《公司法》的规定登记注册，所以未经登记注册的，不是此类单位犯罪主体。二是股东系非公有制主体。民营经济一直是我国经济的重要组成部分，习近平总书记于2018年11月1日在民营企业座谈会上也提出："民营经济是我国经济制度的内在要素，民营企业和民营企业家是我们自己人。民营经济是社会主义市场经济发展的重要成果，是推动社会主义市场经济发展的重要力量，是推进供给侧结构性改革、推动高质量发展、建设现代化经济体系的重要主体，也是我们党长期执政、团结带领全国人民实现'两个一百年'奋斗目标和中华民族伟大复兴中国梦的重要力量。在全面建成小康社会、进而全面建设社会主义现代化国家的新征程中，我国民营经济只能壮大、不能弱化，不仅不能'离场'，而且要走向更加广阔的舞台。"所以，为了确保国民经济的健康运行与发展，在处理相关案件时必须审慎对民营企业的主体身份进行甄别，防范单位犯罪的扩大。①

（三）划定单位犯罪共犯范围

单位犯罪中的责任人认定问题，一直是理论与实践中的难点。一般认为，应当按行为人在单位犯罪中起到的作用大小认定其是否承担责任。负责单位工作的主管人员、责任人员，往往起到很大的作用。但是在污染环境犯罪中，需从实质角度对单位犯罪予以理解，按照行为人对犯罪所起作用、期待可能性有无等要素予以综合判断，而非简单"一刀切"。根据污染环境的具体行为，可以将犯罪行为划分为以下几类：

（1）生产、加工、排污行为。根据研究样本可以发现，只有不到1/5的污染环境犯罪追究了普通工人的刑事责任，可以说环境污染犯罪中的责任主体基本都是经营者与相关部门的负责人。司法机关主要考虑到普通工人都是听从经营者与相关部门负责人的指令从事职务行为，他们对犯罪的结果、流程等起到的作用不大。这里需要说明的是，受雇用的人员如果明知其生产、加工过程中有污染环境的行为，那么其是否构成犯罪？例如，在朱某污染环境案中，朱某作为胡某雇用的工作人员，其主要负责对产品进行镀锌，生产过程中，由于胡某经营的工厂没有污水处理设备，所以朱某将未经处理的污水直接排放。对此，法院认为二人构成污染环境罪。该案中，朱某主要负责对产品进行镀锌，并不是直接污染环境的行为；再者，朱某的排污行为主要受经营者胡某的指示安排，其对犯罪的结果、流程的控制能力较弱，所以严格来讲，朱某难以成立共同犯罪。

① 参见刘俊海：《合伙企业不是单位犯罪主体的法律逻辑》，载《法律适用》2019年第23期。

(2)受雇运输倾倒行为。司法实践中,受雇运输倾倒危险废物的司机、押货员也往往被认定为共同犯罪。例如,在包某污染环境案中,李某经包某安排,从事运输废旧机油的工作。对此,法院认为,李某与包某明知他人不具有处置危险废物的资质,仍将废旧机油出售给他人,二人共同构成污染环境罪。再如,在周某污染环境案中,周某明知他人不具有处理危险废物的资质,帮助他人运输硫酸铜废水,并进行加工、提炼,还将剩余的废水直接排放至江中。周某的行为已构成污染环境罪。通过上述两个案例,可以发现李某与周某都没有实施直接污染环境的行为,而是协助实行犯进行运输废物、废料的工作,理应追究其共同犯罪的责任。

(3)出租场地、设备行为。学术界有观点认为,在明知他人没有污水处理设备的前提下,仍然将厂房与设备出租给他人使用,而他人在使用厂房与设备的过程中因违法排放废物而造成严重污染环境后果的,只能将这一严重污染环境的结果归责于他人,并不能归责于厂房和设备的出租者。然而,在司法实践中却存在处罚出租者的情况。例如,被告人张某某,在明知"加工金属挂件脱漆工艺"根本无法通过生态环境部门审批的前提下,仍然将加工车间场地出租给被告人朱某某用于从事加工金属挂件脱漆的生产活动,而被告人朱某某将因生产活动而产生的工业废水未经处理就通过渗坑直接排放,从而造成了环境污染。法院在审理过程中,认为张某某与朱某某构成污染环境罪的共同犯罪。然而,司法实践中的大部分案例,都没有对场地、设备的出租者与实行人共同处置,因为他们并不是危险行为的源头,而只是犯罪流程的一部分。其中,出租者既不负有环境污染的法益保护义务,也不负有对厂房、设备危险源的监督义务,对于这些实际上完全属于承租厂房、设备者自我监督的事项,不应当追究出租方的刑事责任。

(4)投资行为。根据《刑法》的规定,为了犯罪而成立的公司、企业,不应当认定为单位犯罪的主体。但是,司法实践中有某些法院对单位的投资者也进行处罚的实例。例如,在某案件中,甲与乙、丙约定各出资 6 万元,共同建造电子废物加工厂,从事处置危险废物的工作。对此,法院认为,所有的投资人(股东)均是污染环境的直接行为人,故认定为污染环境罪。但是,通过该判决书可以发现,主要是甲、乙负责实际的经营活动,而丙并没有实际参与公司的经营、管理。所以,严格而言不能将投资行为也视为犯罪行为。①

---

① 参见陈洪兵:《环境犯罪主体处罚范围的厘定——以中立帮助行为理论为视角》,载《湖南大学学报(社会科学版)》2017 年第 6 期。

(四)审查生态环境单位监督过失犯罪因果关系

生态环境监督过失犯罪的原因通常是体制机制不完善或者监督者不尽责。前者是指单位内部控制机制没有得到充分发挥,由于监管漏洞导致单位内部人员触犯环境监管失职罪,后者是指单位内部控制机制较为完善,但相关人员没有尽到审慎的注意义务,导致污染环境的结果。可以发现,监督过失理论在上述两类情形中都有很强的应用价值。

在单位内部控制机制较为完善的场合中,由于单位内部的共同人员都有污染环境的行为,他们或基于故意,或基于过失,从共同犯罪的角度出发,都应当追究污染环境的刑事责任。需要讨论的是,在缺乏单位内部控制机制的场合如何对单位内部人员进行定罪处罚的问题。司法实践中,考虑到刑法中没有对共同过失犯罪予以确定,所以往往将单位的主要负责人作为重大责任事故人定罪处理。此种做法不太妥当,因为如果排除单位自身监督机制的因素而直接对相关责任人定罪,难免会出现刑责分配不统一的局面。

而单位之所以缺乏内部监督管理制度,说明它需要对其监督管理不力承担或大或小的责任。所以,对单位主管人员进行问责的主要原因就是:作为生产活动主要组织者、参与者的单位具有妥当监督、管理好自身人员的义务,以防止他们从事违法犯罪活动。在此情况下,如果怠于履行此监管义务,则受此影响的工作人员造成的过失结果也应当由单位承担,即业务上的过失刑事责任。可以认为,正是因为单位没有建构起审慎、充分的监督机制,才导致其工作人员处于可能犯罪的不利境地,由此导致的犯罪结果也应由单位承受。

第三节　共犯认定拓展路径:生态环境监督共同过失认定考察

监督过失有广义与狭义之分,广义的监督过失包含了管理过失与狭义的监督过失,这两种过失类型都可能共同导致危害结果的发生。也就是说,除去严格责任的主体入罪论外,监督过失主体拓展的基础就是监督主体之间、监督主体与被监督主体之间的共同过失理论。根据《刑法》第25条的规定,共同犯罪必须是故意犯罪,共同过失与部分过失的行为,不视为共同犯罪。冯军教授为了克服过失共同正犯法律适用的障碍,对“共同过失犯罪”与“过失共同犯罪”赋予了不同的内涵,但这不符合人们对语言文字的基本理解。正如张明楷教授指出,实际上“共同过失犯罪”与“过失共同犯罪”这两个概念在汉语中并没有什么不同,犹如故意共同犯罪与共同故意犯罪一样,[①]这是超出国民可接受的语义范畴的解读。司法实务中,监督者共同过失的认定往往会出现无法确定两个或两个以上监督者之间以及监督者与被监督者之间存在共同犯意联络的情形,此时能否认定为共同犯罪,或者是否以相同罪名予以认定?根据前文所述,多数监督者与被监督者的共同犯罪行为都被认定为污染环境犯罪或以被监督者的罪名处置监督者,形式上是共同行为导致犯罪,实质上是两者具有共同过失。因此,生态环境监督者的入罪与共同过失理论紧密相关,共犯认定路径需要将监督过失作为主体拓展的重要路径之一,这也是限制拓展范围的关键。

一、生态环境监督拓展至共同过失的正当性考察

虽说立法上没有规定共同过失犯罪,但并不妨碍理论上对共同过失的研究,相反并不是刑事立法制约刑法理论研究,而是刑法理论研究应当为刑事立法提供理性基础,基于对生态环境监督共同过失犯罪行为的预防和打击过失犯罪的现实要求,以及对过失犯理论的再丰富,使承认生态环境监督共同过失犯罪成为必然趋势。

(一)生态环境监督过失共同正犯

共同过失犯罪没有得到广泛认可的一个主要原因就是行为人之间缺乏"共同的意思联络",没有完全满足共同犯罪成立的条件,这只是理论上的争议。犯罪共同说与行为共同说是共同犯罪理论发展的两种流派,监督过失共同正犯成立与否的问题也就是犯罪共同说的否定说与行为共同说的肯定说之间的对立。犯罪共同说要求行为主体之间必须具有意思联络,即具有共谋性,但过失犯不存在对犯罪结果的认识,因而不可能存在对特定犯罪结果共同实现的意思联络,进而否定过失共同正犯的成立。后者是指共同犯罪是数人实施共同的行为,而不是实施特定的犯罪。也就是说,在行为上只要有构成要件的行为的共同性就可以成立共同犯罪。即只要具备共同行为,且行为都对结果具有决定作用,则肯定两者是共同犯罪关系。在主观方面,共同正犯的成立以具有构成要件行为的共同意思为必要,由于对结果的共同意思(故意的共同)并不必要,所以承认过失共同正犯的成立可以在行为共同说中找到理论依据。

德国理论中有一种过失的统一正犯理论否定共同过失犯罪,即过失犯恰恰具有不同于故意犯的结构特点,以致对过失犯只能适用扩张正犯概念

---

① 参见张明楷:《共同过失与共同犯罪》,载《吉林大学社会科学学报》2003 年第 2 期。

和单一正犯体系。[①] 过失犯不存在正犯与共犯的区别，不存在共犯理论，也就不存在过失共同犯罪的问题，进而否定过失共同正犯。[②] 以统一过失犯正犯来说，其是指通过违反社会生活上必要程度注意的行为来惹起非故意构成要件该当结果的人。放到生态环境监督过失情景中来说，生态环境监督者与被监督者中的过失犯作为惹起犯，其在行为对结果的因果性惹起上，无论惹起结果的原因程度的大小、直接性、间接性等样态，都具有正犯性。因而，两类主体违反了必要程度的注意义务的行为惹起了结果，是作为单独正犯性的基础。“在过失犯中，不存在教唆与帮助，因为根据《刑法》的明确表述（第26条、第27条），这两种参与形式只有在故意时才能实现。过失造成符合行为构成结果的人，也总是过失行为的实行人。”[③]“在正犯和参与之间划分区别的必要性，只是在于对于故意犯；对于结构上不同的过失犯而言如果要做这样的划分则是没有意义。”[④]统一的正犯概念以条件等价说为基础，因而也就具有条件等价说“无限溯及”的缺陷，进而会使过失犯的处罚范围无限扩张。

生态环境监督过失的场合，因果关系存在两个环节：一是监督者的过失与直接行为人的过失之间的因果关系，二是直接行为人的过失行为与危害结果之间的因果关系。这两个环节在形式上表现为“监督者的过失行为—被监督者的过失行为—危害结果的发生”这一因果链条，把双链条的行为的共同正犯关系理顺，也能进一步对监督者之间的过失行为进行论证。犯罪共同说认为，生态环境监督过失场合中的两个环节之间缺乏主观衔接，无法认定为共同犯罪，但实质上两者却共同促进危害结果的发生，这是因果关系的共同，也是行为的共同，本书认为共同正犯的成立并不以共同意思主体的形成为前提，这一点无论在故意共同正犯还是在过失共同正犯中都是相同的。另外，若都是作为监督主体，数个监督主体不过是平等地位上的分工者，由于两者的监督过失行为导致结果的发生，那也就意味着两者是过失犯的共同正犯。而西田典之认为：“基于横向关系上的相互

---

① Vgl. Claus Roxin, in: Leipziger Kommentar StGB, 11. Aufl. 1992, § 25 Rn. 217ff; Ingeborg Puppe (Fn. 14), Vorbem § § 13ff. Rn. 179.

② 安達光治「客観的帰属論の展開とその課題（二）」立命館法學 268 号（2000 年）261 頁以下参照。转引自谭堃：《过失共同正犯研究》，吉林大学 2014 年博士学位论文，第 17 页。

③ ［德］克劳斯·罗克辛：《德国刑法学·总论》（第 2 卷）（犯罪行为的特别表现形式），王世洲主译与校订，王锴、劳东燕、王莹、李婧、徐晓辉译，法律出版社 2013 年版，第 10 页。

④ ［德］约翰内斯·韦赛尔斯：《德国刑法总论：犯罪行为及其构造》，李昌珂译，法律出版社 2008 年版，第 281 页。

监视义务的一种监督过失,如果只是这样……构成过失同时犯即已足够。”①高桥则夫以规范论为基础,区分行为规范与制裁规范来分析刑法上的归属问题,认为由裁判规范派生出结果的归属,而从行为规范派生出相互的行为归属。② 生态环境监督主体的注意义务是监督被监督者以防止其过失行为导致危害结果的发生,而被监督者则承担直接的结果避免义务,生态环境监督者的归责原则关键在于义务的规范来源,若没有义务的规范来源,就不能构成共同犯罪,也就无法对监督者认定监督过失的共同犯罪。所以说,共同过失的拓展路径只是理论上的可能性,归根结底仍然是规范效力上的要求。理论上,肯定过失共同正犯的实质意义就在于各个过失行为与结果之间的因果关系无法证明的场合,或者各个过失行为的结果回避可能性无法认定的场合,满足共同正犯成立条件的行为也可能作为正犯予以处罚这一点上。③ 可以称之为过失犯罪中的客观归责理论。从生态环境监督共同过失正犯的共同性借助行为支配理论来看,则是生态环境监督共同过失主体的客观行为通过相互补充和促进来共同实现犯罪。

(二)生态环境监督共同义务的共同违反

共同义务的共同违反说承认过失犯的共同正犯以充足的事实为必要。不仅是危险作业的共同,在预测危险的状态下,判定存在基于相互补充关系而负有结果回避义务的共同注意义务者的共同义务上的过失时,应当认为具有过失犯的共同实行。具体来说,环境监督共同体,无论是业务中,还是职务中,对实施危险作业者的监督,不仅要就自己直接担当的作业动作不发生危害结果而采取具体的结果防止措施,同时负有对共同监督主体中同僚的作业动作产生危害结果予以防止而采取必要的建议、监督的协作义务。在防止事故发生的具体对策中的相互补充关系成为一体,这也就体现共同犯罪的共同性,对犯罪流程存在共同促进作用,重视客观行为的作用。但是,也有学者认为在数行为人不是处于法律上的平等地位,而是存在上下级关系的情况下,上级对下级具有监督义务,则不能构成共同注意义务。④ 但是,本书认为共同义务的重点不在于地位的平等性本身,而是义

---

① [日]西田典之:《日本刑法总论》,刘明祥、王昭武译,中国人民大学出版社2007年版,第317页。

② 高橋則夫「共同正犯の帰属原理」西原春夫先生古稀祝賀論文集編辑委员会编『西原春夫先生古稀祝賀論文集』(第2巻)(成文堂,1998年)346頁参照。

③ 大塚裕史「過失犯の共同正犯」刑事法ジャーナル28号(2011年)15頁以下参照。转引自谭堃:《过失共同正犯研究》,吉林大学2014年博士学位论文,第22页。

④ 参见[日]大塚仁:《刑法概说》(总论)(第3版),冯军译,中国人民大学出版社2003年版,第293页。

务内容的共同性，地位不同但是不能否定义务内容共同性的场合，应肯定过失共同正犯的成立。也就是说，对环境保护的共同义务违反后，环境危害结果的实现是由多人共同创设不容许的危险引起的，这肯定了过失共同正犯的构成要件该当性。

生态环境监督过失共同正犯中不存在故意共同正犯那样的意思联络，在监督者之间以及监督者与被监督者之间也不存在共同的犯罪目的。但是，却要求各行为人在共同违反共同的注意义务上存在共同心情，即虽然各监督者都应该自己注意并促使其他的监督者或被监督者也加以注意，但是正是因为各行为人都没有加以注意，才相互助长了对方的不注意，以致产生了共同的不注意。各行为人都在不加重视的心态下懈怠了对共同注意义务的履行，存在相互补充的心理事实，这是过失共同犯罪成立的主观基础。共同义务的共同违反的成立基础、具体内容、判断基准等诸方面的研究还不够深入。本书认为，生态环境监督共同义务的内容需要从纵横两个方面来进行界定，即认为共同注意义务是指各监督主体不仅负有防止自己行为产生危害结果的注意义务，而且负有督促其他监督者或被监督者注意防止发生危害结果的义务。具体来说，生态环境监督者具有两种义务：

一是确保获得从业资格的被监督者，即现场操作人员或下级监督者具有充足的规范遵守能力的义务。在生态环境监督者违反了注意义务、被监督者也出现了注意能力下滑的状况下，如果能力缺失状态已经脱离了监督义务避免能力所涵盖的范围，那么被监督者因过失而造成的损害结果就不能归责于监督者。较为典型的一种情形是：生态环境监督义务原本可以防止被监督者特定的过失行为的发生，但被监督者实施了性质更为严重的另一类过失行为，从而突破了监督义务的能力边界。在高某玩忽职守案中，[①]高某有义务排除的是经营者因常压锅炉质量不合格而引发的能力低下状态。假如是因常压锅炉存在质量缺陷而引发安全事故，则损害结果自然可归责于高某。但是，由于常压锅炉与大气相通、不承受压力，所以只要正常操作，常压锅炉本身并不存在发生爆炸的危险。这就说明，违章容许废旧常压锅炉继续使用的行为，只是为锅炉爆炸提供了条件，并没有对案件中具体引起锅炉爆炸的特定能力状态的形成发挥作用力。真正与爆炸事故相关联的能力下降状态，是由浴室经营者擅自改常压锅炉为承压锅炉

---

① 参见杨亚民、江建忠：《间接因果关系能否构成玩忽职守罪》，载《中国检察官》2007 年第 7 期。转引自陈璇：《过失犯远因溯责的规制路径：以渎职犯罪为中心》，载《中国法学》2023 年第 2 期。

使用的行为所导致的。事实上,即便高某按规定责令浴室经营者限期改正,业主也经过整改使常压锅炉满足了安全要求,随后违规将常压锅炉改装为承压锅炉使用的行为,依然足以引起爆炸事故。可见,被监督者实际出现的能力不足状态与高某的监督过失行为之间缺少规范关联,由该状态所引发的事故也就无法归入高某的负责范围。

二是避免使其他监督者或下级监督者的认知能力出现下降的义务。特别是在管理体系的监督中,我国现行环境管理体制中的大量事项由多个部门以流水作业的方式分工监管审查。监督工作往往是一条由多个环节组合而成的链条,下游环节的工作以上游环节的监督检查结论为基础,通常不再对其正确性进行复核。所以,上游环节的监督者应当防止不当的检验结论对下游环节工作人员造成误导,从而导致他们正确进行审查和监督的能力发生缺损。但是,监督过失追责的成立,要求后续部门的审查与前一部门的审查之间必须具有实体内容上的承接关系。如果二者先后独立地展开环境风险的查验,前一部门的结论对后一部门并无约束力,那么后续部门出现的错误就无法归责于前一部门。

(三)生态环境监督共同过失类型

生态环境监督过失的行为结构涉及三个要素:监督者、被监督者、危害结果。监督者故意促使被监督者造成危害结果的,如果被监督者对于危害结果也是故意的心理,监督者可能成立故意的共犯(共同故意心理)或片面的共犯(不同故意心理或无意思联络的同一故意心理);如果被监督者与危害结果之间是过失的心理或是无罪过心理,则监督者成立间接正犯。监督者的过失导致被监督者造成危害结果的,如果被监督者与危害结果之间是故意的心理,由于被监督者对于结果的发生处于完全的支配地位,客观上中断了监督者原来过失行为的进程,后者对于结果发生毫无影响,故监督者不应当对危害结果负责。只有当被监督者是过失地造成危害,监督者才可能成立监督的过失,下面要讨论的生态环境监督过失就属于这种情况之中的类型。

一是生态环境监督中的直接过失,一般是指相关机构或工作人员负有对环境污染监督的义务,但在履职的过程中,由于轻信可以避免或者疏忽导致环境污染的结果发生,其这种过失行为直接导致了环境受到了不可逆转的污染。这种直接过失通常发生在执行者身上,如环境监管部门对某企业实施监管的过程中出现了职务型过失,而这种过失并非机构的过失,而是该机构中具体负责监督的工作人员出现的过失,由此产生的便是该工作人员需要对因其过失产生的后果负责的情形。但是,无论是环境污染的监督机制还是其他监督机制，一般很少出现单一的监督方式，大多监督者是以复数形式出现，并且相互之间既有制约，又有配合。当这种直接监督者存在多人时，可能涉及共同过失犯罪，也可能是每个独立的监督者存在过失，需要根据具体情况和类型进行划分，而不能直接认定为共同过失或者不是共同过失。并且，因为责任难以进行量化，所以对于具体刑事责任进行"均摊"的做法也是不可取的。

二是生态环境监督过程中有时候可能存在间接过失，这种间接过失一般属于决策性过失或者管理性过失。具体来说，间接过失一般发生在领导者身上。决策性过失，是指由于其对于具体问题没有经过认真考察，作出了"拍脑袋"的决策，而作为被管理者没有及时提出具体建议，或者领导者未采纳相关建议，最终导致环境污染严重。而管理性过失，是指领导者作出了正确的决策，但被领导者在落实具体决策时"不作为"或者"乱作为"，领导者具有监督管理被领导者的职责，但其没有切实履行自己的职责，最终导致严重环境污染的后果出现。这两种过失都可能构成职务犯罪，但并非都能构成共同过失型犯罪，一般只有在出现间接过失中的管理性过失的情况下，领导者与被领导者才有可能构成共同的过失犯罪。

另外，还可能存在直接过失与间接过失相结合的情况，对于其是否构成共同犯罪存在一定的探讨空间。例如，直接监督环境污染的部门中的工作人员未切实履行职责，而对该工作人员负有主要的监督义务的主体也未进行监督，导致了严重环境污染的结果。对于此时这两者是否都构成过失型犯罪，本书认为，这两者应当构成共同过失，即使从形式上看，领导者与被领导者在注意义务上存在差别，但从实质层面来看，这两个主体最终的注意义务都是防止环境受到污染，只是监督的对象不同而已。另外，还可能存在既是领导者又是执行者的情况。[①] 这种情况可能不属于共同过失的范畴，因为对具体问题进行监督的只有一个主体，但该主体同时负有直接责任和领导责任。[②]

二、生态环境监督过失犯罪共同制造不被允许的风险

由前文可知，生态环境监督共同过失正犯是以客观归责理论为基础，以客观归责理论来说，生态环境监督过失共同正犯的特征是制造不被允许的危险，那么如何判断共同制造不被允许的危险便是认定共同过失的基础

① 参见余刘文、上官明志：《彩虹是怎样消失的？——綦江垮桥的背后》，载《四川建材》1999 年第 1 期。

② 参见谢文钧、张向忠：《论职务共同过失犯罪》，载《学术交流》2008 年第 12 期。

之一。生态环境监督过失危害结果的危险,是指因果流程支配的危害结果出现之前,就已经存在造成结果是可能的这样一种状态。可以说因出现共同监督过失,在结果出现之前,危险的状态实际上始终存在。任何结果的发生都不是巧合,而是共同促进的结果。正是由于任何结果发生之前都有一个可能发生结果的危险阶段,造成这个结果的任何一个原因也造成了这个结果的一个危险。[①] 以监督过失制造了危险来对结果进行客观归责,在客观构成要件上没有任何的限制。因此,监督过失制造的危险必须是不被允许的,进而制造不被允许的危险就成为客观构成要件该当性的一个条件。在监督过失共同犯罪的情况中,数行为人共同制造不被允许的危险也就成为过失共同犯罪客观构成要件该当性的一个条件。

(一)生态环境监督过失制造不被允许的危险的判断资料

如前文所述,与新过失论不同,违反行政法规、习惯、条例上的注意义务并不等同于过失犯的注意义务的违反。这些存在于刑法规范之外的注意义务都是在刑法上制造不被允许的危险的判断因素。

1. 法律规范

为了保证环境安全、企业有序运行,环境保护法规领域往往有由行政法规所确立的环境安全规范。环境安全规范分散于生产、运输、流通、监管等诸领域。例如,我国在上述相关领域就存在《道路交通安全法》《消防法》《医疗事故处理条例》《环境保护法》《安全生产法》《食品安全法》《水污染防治法》等法律与行政法规。以《安全生产法》为例,该法对安全事故的应急处理规则作出了具体规定。例如,单位负责人接到事故报告后,应当迅速采取有效措施,组织抢救,防止事故扩大,减少人员伤亡和财产损失;此外,还要按照国家有关规定立即如实报告当地负有安全生产监督管理职责的部门,不得隐瞒不报、谎报或者迟报,不得故意破坏事故现场、毁灭有关证据;负有安全生产监督管理职责的部门接到事故报告后,应当立即按照国家有关规定上报事故情况;负有安全生产监督管理职责的部门和有关地方人民政府对事故情况不得隐瞒不报、谎报或者迟报。但是,我国现阶段仍缺乏统一的环境安全法律法规,而且在《环境保护法》监管专章中生态环境监督主体也局限于国家公权力机关。

2. 行业、企业等的内部规范

行政法规的安全规范尽管对社会各领域的正常运行提供了指引,但是

---

① 参见[德]沃斯·金德霍伊泽尔:《故意犯的客观和主观归责》,樊文译,载《清华法律评论》编委会编:《清华法律评论》第4卷,清华大学出版社2009年版。

有的行政法规仍然是一般化规定，需要对其予以进一步的具体化。而且，还存在行政法规难以触及的领域，需要其他规范的协助。因此，大量存在于特定职业、企业内部、行业内部的安全制度性规范，是行政法规安全规范得以贯彻的载体，也是对其的有益补充。对这些安全制度的违反，也可能制造不被允许的危险。例如，相关生产企业内部所制定的安全操作流程、安全管理制度就包含着这种组织体的内部规范。

现代的工业生产分工极其细化，相关生产工序往往由不同的人员操作。这些操作尽管存在分工，但在生产过程中却形成了一个整体，为了保证生产的安全，需要操作人员严格按照安全操作规定来操作。相反，生产中普遍存在的分工也加剧了数人违反安全操作规定而共同制造不被允许的危险的情况产生。从发展方面、企业内部出发对环境安全的有关规范进行建设，将是生态环境监督风险防范义务的重要来源。

除了行政法规中的安全规范以及行业、企业等的内部规范之外，尚存在社会一般观念上的规范。“这类注意义务是根据社会共同生活准则形成的，当从事某项职业或处于某种环境时，由行为人的身份、能力及生活或工作常识自然产生某种注意义务。”①例如，高校导师必须对指导的学生在研究、实验上进行规范引导，甚至在道德、身心上进行合乎社会公共诚信的监督，如因其操作不规范引发实验安全或学术不端行为，其监督过失也具有引发风险的可能。

（二）生态环境监督过失共同犯罪中共同性的判断标准

1. 基于平等地位的判断

生态环境监督者之间实施了制造不被允许的危险的行为，是否只有在监督者之间处于平等法律地位的情况下，才可以认定他们的行为共同地制造了不被允许的危险，这在理论上存在分歧。冯军教授认为，“认定共同注意义务有无的关键，是根据各行为人职务行为的内容看各行为人在法律上是否处于平等地位。只有各行为人在法律上处于平等的地位时，才能说他们之间存在共同注意义务”②。在生态环境监督者与被监督者，或者上级监督者与下级监督者之间具有纵向的、垂直的分工的场合，在认定了行为与结果之间因果关系的范围内，基本上涉及的是过失竞合的问题。但是，在平等关系上进行共同认定时，即便职位不同，担当的具体职务内容不同，

---

① 姜伟：《罪过形式论》，北京大学出版社2008年版，第231页。

② 冯军：《论过失共同犯罪》，载高铭暄主编：《西原春夫先生古稀祝贺论文集》，法律出版社1997年版。

未必就不具有共同性。实际上，难以以法律地位是否平等来判断是否有存在过失共同正犯之共同性的可能性。实践中，即使处于不同法律地位的行为人之间依旧有相互监督的必要。生态环境监督共同过失，虽说监督者之间或监督者与被监督者共同促进环境事故中的损害结果发生的影响力不同，但基于二者共同的过失，会造成一个完整的符合构成要件的损害结果。本书认为，强调监督者法律地位不平等而否定共同过失正犯的成立，容易忽略生态环境监督者相互监督、相互指正的自觉主动意识，造成分工权限下的隐性渎职。因此，法律地位是否平等不是共同过失行为的实质要件，甚至上下级权限地位不平等的主体，仍可通过法律规范或者一些非法律规范的创设，为构建和维护共同的法秩序而形成一个紧密的相互监督的注意义务共同体，这能够保护环境法益，真正压实生态环境监督者的职责。

2. 基于共同义务内容的判断

基于对平等关系的否定，生态环境监督过失的共同性应当以相同的注意义务内容来判断是否具有共同性。存在两种理论下的共同性：一是共同过失。共同过失犯罪强调行为人之间存在一定的共同提醒和注意义务，[①]正好契合生态环境监督过失拓展理论。生态环境监督者需要对监督事项或共同预防管理的环境风险进行相互监督以及相互提醒与反馈，具体就是在最终的结果避免义务上多个监督者承担共同的义务。二是过失竞合，过失竞合的情况并不影响监督者之间或监督者与被监督者之间形成一个较为稳定的注意义务共同体。以上各主体之间的行为看似不具有整体性，但这种过失之间存在“监督”的客观需要，数个监督过失行为之间组成“行为整体”，完全可以认定为共同犯罪。

但是，注意义务内容的相同并非只是职责或岗位具有相同性，在生态环境监督者与现场操作员共同犯重大责任事故罪或工程重大安全事故罪的场合，不同的岗位职责所对应的注意义务在内容上不可能是相同的，也不应该是相同的。而正是不同岗位的注意义务，即“岗位义务”直接或间接事关最终的危害结果，并且是其各自的“义务不履行”或“义务懈怠”在相互补充、相互促进的关系状态之中“合力”导致了最终的危害结果即法益侵害，才形成“结果避免义务的共同性”的说法。这里的“结果避免义务的共同性”是对共同过失正犯的构成要件该当性评价的法律性前提。因此，判断共同义务是否存在需要确立明确的标准，这是共同过失拓展的

① 参见陈冉：《论污染环境罪共同犯罪的“规范”性归责》，载《法学杂志》2022 年第 5 期。

关键。

因此，生态环境监督过失共同正犯的共同性根据在于监督行为相互补充、相互促进的性质，参与生态环境监督职责在这种相互补充、相互促进的关系之中引发危险行为，共同制造了不被允许的危险。而如果不存在这种以各自行为相互补充、相互促进他人行为的关系，就不能认为是共同制造了不被允许危险的共同行为，而不过是过失单独正犯的竞合。

（三）生态环境监督过失共同犯罪中共同制造不被允许的危险的具体判断

客观归责理论是以制造不被允许的危险来判断过失犯的构成要件，是否制造了不被允许的危险，也要根据行为是否违反注意义务来判断。客观归责理论之下，违反了上述作为判断因素的各种义务在很大程度上就可以认定为制造了不被允许的危险，以行政法规中存在的安全规范为例，这些规范是根据一般生活经验以及社会总体运行规律对可能产生的不安全进行全面预测的结果。因此，违反安全规范往往就会产生危险，违反这些规定就会制造出不被允许的危险。本书认为，生态环境监督过失行为是否实质上制造了不被允许的危险还需要进行规范的判断。例如，《刑法》第408条规定："负有环境保护监督管理职责的国家机关工作人员严重不负责任，导致发生重大环境污染事故，致使公私财产遭受重大损失或者造成人身伤亡的严重后果的，处三年以下有期徒刑或者拘役。"这里所谓的"严重不负责任"，是指其对法律法规以及环境保护行政法规管理规范的不遵循。因此，行政法的前置规范应对生态环境监督职责予以明确，如违反前置法，无论是审批、评估还是整改中的不按程序操作、渎职，这些行为都制造了不被允许的危险。但有观点认为也不能绝对地将两者画上等号。① 有学者指出，在煤矿作业中，负有监督职责的主体虽然遵守了相关规定使矿井中的瓦斯浓度保持在低值，爆炸危险极低，但是在监督主体明显感觉当日空气压力过大、其他可燃性气体浓度异常、感觉到爆炸的危险明显增加的情况下，如果监督主体不及时命令井下作业工人及时撤离而酿成事故，仍然需要承担责任。② 另外，我国的环境管理与环境安全法律规范还需要进一步完善，而且实践中环境管理经验往往比规范更加可靠，这种危险的判断只是以客观的规范遵循为前提再去考量其他要素。

---

① 参见［德］约翰内斯·韦赛尔斯：《德国刑法总论：犯罪行为及其构造》，李昌珂译，法律出版社2008年版，第398页。

② 参见吕英杰：《客观归责下的监督、管理过失》，法律出版社2013年版，第116页。

三、生态环境监督过失犯罪共同实现不被允许的风险

生态环境监督共同过失行为制造了不被允许的危险，还需要该危险在结果中实现，才能进行拓展主体的客观归责。因此，客观归责理论的第二大支柱是实现不被允许的危险。而实现不被允许的危险的判断，也是通过一系列的排除归责来进行的。需要指出的是，尽管在制造不被允许的危险方面需要监督者之间或监督者与被监督者之间存在共同性，即共同地制造不被允许的危险，但是是否实现制造不被允许的风险，则是通过归责限定或排除的理论来判断。

（一）生态环境监督过失未实现危险

监督共同过失行为虽然制造了不被允许的危险，但是结果的发生并不是由危险所导致，而是偶然地与危险同时发生，排除结果归责。也就是说，其中介入非监督者所管控的第三方造成的结果，或者介入因素直接导致结果的发生。另一理论支撑则是传统的刑法因果关系理论，通常是根据未实现危险的规则进行判断，但由于危险实现的判断是以因果力的大小为事实基础的规范判断，因此因果关系流程偏离并不必然排除归责。

生态环境监督过失的实现风险以往都是通过因果关系的中断或者故意存否来解决，即存在超过监督者的注意义务范畴，被监督者故意危害环境行为，即使不存在直接故意，间接故意也能中断因果关系。按照客观归责理论，所谓共同监督过失因果关系的错误问题，关涉的是监督者之间或监督者与被监督者之间的行为与结果是否存在关联性的问题，进而是否要将结果归责于两者的问题。所谓因果关系的错误，并不是指监督者的认识与因果关系的流程不一致，而是监督者所制造的不被允许的危险没有经过相当的流程而实现。例如，由于不可预料的重大气候原因，造成监督共同过失因果流程的中断和环境工程由于监督过失造成危险等，但根据应急预案完全可以消解危险和由于不可抗力的介入因素导致结果的发生，都是排除归责的考量因素。

（二）生态环境监督过失未实现不被允许的风险

虽然生态环境监督共同过失制造不被允许的危险只有在该危险在结果中实现的前提下才能进行客观归责，但是如果危险虽然实现了，却并非不被允许，则仍可排除归责。例如，在德国著名的山羊毛案中，一家毛刷厂的厂长没有遵守规定事先消毒进口的山羊毛，就给女工们进行加工，结果四名女工因此感染上炭疽菌而死亡。后来查明，规定的消毒措施对当时

欧洲尚不知道的这种细菌本来就是没有作用的。该案中，如果根据事前的判断，则行为人的行为制造了不被允许的危险，可是事后查明，即使行为人遵守了规定也不能避免结果发生。也就是说，“因为行为人应尽的义务是无效的义务，因此虽然违反义务而制造了风险，但该风险未实现，因此如果老板有故意致女工受感染死亡，或成立杀人未遂，如仅属于过失，则完全不可归责”①。如在生产研发中，各种研发人员与监督者缺乏对研发产品环境危害要素的认识，或者微量添加剂具有不确定危害，但客观层面实际引起了环境直接破坏或间接危险。上述分工生产过程中包括职业行为、正常业务行为、技术行为等，虽然与目的有一定的差异，却都出现了对环境法益的侵害。而根据技术中立理论，某种研发的行为可能存在两面性，对研发性产品存在侥幸心理，追求企业经济利益最大化。另外，的确在职务上需要研制相应的化工产品，但这种化工产品被其他主体利用，而企业监督者仍是按照管理规定使用与管理，但却产生负面价值。前者行为不应当被评价为技术监督行为，其本身具备可罚性，而后者行为则完全是未实现不被允许的风险。

（三）生态环境监督过失结果不在注意规范的保护范围之内

如果生态环境监督共同过失所实现的结果并不在注意规范的保护目的范围之内，则由于结果不是设定的注意义务所要防止的对象，就不能认为是在该结果中实现了违反注意规范的行为所制造的不被允许的危险。“检验规范保护目的，就是在检验被实现的构成要件和防止构成要件被实现的安全规则之间是否有一致的目的关联，为了防止特定构成要件被实现，任何足以导致构成要件实现的危险自然包含在构成要件的禁止范围之内，而促成这种危险行为的模式自然也在禁止范围之内。”②相反，如果结果不在注意规范的保护目的范围之内，说明结果不可能由禁止规范范围内的行为所导致，则行为与结果之间的规范关联被排除，结果就不是该制造不被允许的危险的构成要件该当行为所引起的，应当排除结果归责。例如，监督者之间对环境法益的监督，被监督者利用管理机制漏洞实施其他违法行为，如偷盗公司财物、挪用公司公款等没有涉及危害环境情况但具有全面监督责任的主体对此也具有监督义务却过失的渎职行为。但是，依据罪责自负原则，被监督者对自己的违法行为罪责自负，监督者也不应对

① 许玉秀：《主观与客观之间——主观理论与客观归责》，法律出版社2008年版，第197页。

② 张亚军：《刑法中的客观归属论》，中国人民公安大学出版社2008年版，第91~92页。

生态环境监督过失负责,虽然这些财物涉及生态环境监督的注意义务,按照结果并不在注意规范的保护目的范围之内则排除归责的原理,由于有关生态环境监督的规定的目的在于避免监督者造成环境保护的渎职事故,而不是为了让被监督者避免非涉环境的直接法益侵害。因此,被监督者的行为所制造的危险没有在与行为相关联的构成要件结果中实现,所以不能对监督者进行归责。

结　语

党的二十大报告提出“中国式现代化是人与自然和谐共生的现代化”。当前我国恶性环境案件时有发生，如“洞庭湖矮围案”“秦岭别墅事件”等，涉及人员广，后续影响大。然而，在对这些案件进行司法审理时，由于传统生态环境监督过失犯罪主体范围过窄，难以有效应对社会转型期所产生的环境监管问题，导致负有监督义务的人员仅受行政问责，而鲜有受到刑事司法的追责，这不但与国家要求的“最严密环境法治”不相符合，而且在法治实践中也留下漏洞。因此，深入研究生态环境监督过失犯罪主体拓展问题，切实保证具有实质环境监督义务者履行职责，对守护绿水青山蓝天、建设美丽中国具有重要理论价值和现实意义。

从方法论角度出发，主要是通过拓展环境监管失职罪主体内涵、环境监督者外延，以及拓展与环境监管相关的主体范围三条路径。具体而言：其一，立足于现有法律制度，利用法教义学方法进一步挖掘生态环境监督过失犯罪主体的应然范围；其二，修正现有制度；其三，在监督过失犯罪中引入共同过失理论，对于生态环境监督过失犯罪主体进一步扩张。

第一种方案是针对生态环境监督过失的自然人主体予以法律解释的延展。应着眼于我国现行刑法中环境监管领域渎职犯罪的唯一罪名即环境监管失职罪，对该罪主体进行教义学扩张解释。首先，考察生态环境保护领域行政监管边界急剧扩张的现状，以及引入生态环境科技监管过失型犯罪的现实需要，厘清相关领域公职人员监督过失的注意义务来源。其次，在吸收域外相关立法经验以及考察国内立法动态的基础上，将本罪中的“国家机关工作人员”拓展为“国家工作人员”，并且将环境影响评价机构及其相关人员纳入本罪主体范围，对故意或过失的环境影响评价造假、造成严重后果的机构及其相关工作人员定罪处罚。并且，克服传统“经济人”的理论缺陷，引入“新生态人”概念，平衡企业的生态属性、经济属性以及社会属性，强调企业中环境监管潜在责任人的主体地位。

第二种方案是对生态环境监督过失犯罪的主体予以立法论的拓展，将犯罪主体由自然人拓展至单位。我国目前的污染环境犯罪司法判决大多以自然人责任替代单位责任，将环境污染犯罪直接归为自然人犯罪，失去了对单位的惩戒作用。长此以往,企业出于追求经济利益的目标,很可能会出现单位强迫或者利诱自然人承担刑事责任,从而躲避对单位的制裁,如此单位环境犯罪的成本就更加低、代价更加小,客观上将导致环境法益遭到更大侵害,环境犯罪的追责效果将大打折扣,环境犯罪也将屡禁不止。虽然说在对单位进行追责时要将单位的决策视作单位的意志,但是在实际执行的过程中,单位毕竟只是一个抽象的概念,不可能实际"做"出某些行为,而只能依赖于单位负责人、主管人,那么单位负责人、主管人二元犯罪主体的行为性质的认定就成为定罪的关键,而这个问题在我国司法实践中还没有厘清。

将监督过失的主体范围扩大到单位有两点需要注意:其一,要厘清"直接负责的主管人员"和"其他责任人员"的界限。首先,在单位主体的认定上,要坚持单位意志原则。单位的意志是单位内部决策的结果,从始至终都要被单位的利益所左右,最终作用于单位。单位意志与其内部成员的意志有很大的不同:第一,单位的意志要高于自然人的意志,不能是某个单个自然人意志的表示,其代表的是整体性的单位意志;单位意志的独特性不仅表现在独立于其他单位,也表现在独立于内部单个自然人的意志。第二,单位的意志要从单位的整体利益出发,将个人的意志经过一定的程序进行整合,上升为整体意志,这种意志虽然由单位的成员产生,但是从产生的那一刻就不再属于自然人的意志,自然人后续的行为就是由整个单位意志产生的执行行为,应该归属于单位的行为。因此,要认定是否构成单位犯罪,应当从单位意志的产生、是否以单位的名义、违法所得归谁所有以及是否经过特定程序所产生来判断是否为单位行为。其次,法律规定在某些情况下,对单位和主要责任人员实行"双罚",那么"主要责任人员"的范围也是应该予以明晰的,不应因为其认定困难而放弃对单位追责转而变成对自然人的刑法追责,应借鉴其他国家的司法实践完善上述人员的认定,在单位犯罪的认定中,直接负责的主管人员和其他责任人员应该包含具有单位领导职位的人(包含董事、经理以及其他具有决策权的人)、受前者委托或者与业务职责相关的实际操作人,这些人都应受到刑罚处罚。其二,主观罪过的认定要引入相对严格责任原则。随着我国环境污染犯罪高发,尤其是环境污染已经从单纯的排污污染转变为含有化学物质等高科技的环境污染,这种污染取证、固定证据难度大,加之司法人员的环境专业知识和检验手段缺乏,导致对环境污染企业的过错认定存在极大困难,从而导致对于很多重大污染环境的追责无法实现。本书认为,我国应当在主观责任的判定方面引入严格责任原则,先行推定环境污染犯罪的主观过错,由相关责任人予以抗辩。严格责任制度没有否定主观方面，能够做到环境犯罪主客观相一致，从而能够更好地对环境犯罪进行追责，达到环境修复的目的，从而更好地实现环境法益的保护，但是严格责任的适用范围不宜过于宽泛，其适用应该集中到对公共利益产生较大影响的污染环境的犯罪上面，在惩罚污染环境犯罪的同时保留刑法的谦抑性。①

第三种方案是引入共同过失理论，将生态环境监督拓展至共同过失犯罪。对于此拓展路径有一个前置性问题需要解决，即共同过失在我国目前并未适用，因此在该理论基础上的拓展还是一种理论上的假设，但此种理论性探索并非标新立异，而是具有一定的现实价值。本书认为，不能仅因当前我国刑法排斥共同过失犯罪就对其敬而远之，随着风险社会的形成，共同过失行为普遍存在，应立足于客观事实和司法实践，积极讨论共同过失犯罪成立的可能性和必要性。现有的共同犯罪理论是基于主体间的意思联络，但此前提亦有讨论的空间，共同过失犯罪中行为人虽没有共谋，但其对共同注意义务的违反亦可视为主体间的一种互联、互动关系。在明确了生态环境监督过失属于共同过失范畴后，须明确生态环境监督过失犯罪的三个基本要素，即共同注意义务、共同过失行为以及共同过失心态，阐述了其应然内涵。针对生态环境监督共同过失在实务中呈现的横向监督与纵向监督两种常见样态，本书论述了主体间横向的独立性以及纵向的干扰性，重点论述了当监督过失共同义务违法时，共同促进危险或结果的发生。在各监督者与被监督者不能成立环境监督共同过失犯罪的特殊情形下，否定监督过失的存在。

生态环境监督者监督职责的缺失使被监督者造成严重危害生态环境的结果或危险，在这一前提之下，对监督者所应承担的是监督过失责任的认定，就是强调监督者之间或监督者与被监督者的共同过失行为造成结果。但是，监督过失犯罪责任并非局限于被监督者的过失行为。换句话说，这一单一因素并不直接导致监督者的刑事责任成立，从形式上来讲，监督过失责任表现为一定的间接性，但实质上监督过失责任恰恰与之相反，监督过失责任界定范围应该是监督者承担因自己监督管理过失而产生的责任，这种责任并不是代位责任，监督过失责任更多表现为一定的严格责任。简言之，监督者的职责本身的履行成为抗辩事由，可以不再以共同犯罪为基础。

---

① 参见赵睿英、李倩：《环境污染中单位犯罪刑事责任研究》，载《中国人民公安大学学报（社会科学版）》2020 年第 2 期。

生态环境监督过失犯罪主体拓展是在保持刑法谦抑性的前提下，进行实质的监督者刑法责任认定，保证生态环境职责的履行。本书研究的是生态环境监督过失犯罪的主体完善之举，是在理论上作出的刑事治理新探索。生态环境监督是一个系统工程，不能仅是刑法倒逼生态环境监督体制改革，对涉生态环境生产全过程、全环节予以关注，重点审视环境影响评价审批、执法督查、固体废物管理、环境监测、专项资金申报审批等环节，在发现监管问题时，监管者与被监管者须同步建立整改工作台账，深化“一台账、两清单、双责任、双问责”生态监管整改机制。以最严格的要求夯实生态责任，促进政治生态和自然生态双提升。

参考文献

一、著作

（一）中文著作

1. 习近平：《论坚持人与自然和谐共生》，中央文献出版社 2022 年版。

2. 中共中央宣传部、中华人民共和国生态环境部：《习近平生态文明思想学习纲要》，学习出版社、人民出版社 2022 年版。

3. 张明楷：《外国刑法纲要》（第 3 版），法律出版社 2020 年版。

4. 刘期湘、刘练军：《高危行业监督过失犯罪研究》，中国社会出版社 2020 年版。

5. 习近平：《习近平谈治国理政》（第 3 卷），外文出版社 2020 年版。

6. 张文显主编：《法理学》（第 5 版），高等教育出版社 2018 年版。

7. 唐代兴：《环境治理学探索》，人民出版社 2017 年版。

8. 中共中央文献研究室编：《习近平关于社会主义生态文明建设论述摘编》，中央文献出版社 2017 年版。

9. 张明楷：《预防刑与责任刑》，北京大学出版社 2015 年版。

10. 胡卫：《环境侵权中修复责任的适用研究》，法律出版社 2017 年版。

11. 劳东燕：《风险社会中的刑法：社会转型与刑法理论的变迁》，北京大学出版社 2015 年版。

12. 孟庆垒：《环境责任论：兼谈环境法的核心问题》，法律出版社 2014 年版。

13. 易益典：《风险社会中监督过失犯罪的刑法治理》，中国社会科学出版社 2014 年版。

14. 蔡枢衡：《刑法学》，中国民主法制出版社 2013 年版。

15. 周振杰：《日本刑法思想史研究》，中国法制出版社 2013 年版。

16. 吕英杰：《客观归责下的监督、管理过失》，法律出版社 2013 年版。

17. 李瑞生、热依木江、徐疆：《当代经济刑法学》，中国人民公安大学出版社 2013 年版。

18. 曹菲：《管理监督过失研究：多角度的审视与重构》，法律出版社

2013 年版。

19. 苏雄华:《犯罪过失理论研究:基于心理本体的三维建构》,法律出版社 2012 年版。

20. 韩德培主编、陈汉光副主编:《环境保护法教程》(第 6 版),法律出版社 2012 年版。

21. 李希慧主编:《刑法修改研究》,武汉大学出版社 2011 年版。

22. 刘明祥主编:《过失犯研究:以交通过失和医疗过失为中心》,北京大学出版社 2010 年版。

23. 韩忠谟:《刑法原理》,北京大学出版社 2009 年版。

24. 程皓:《注意义务比较研究:以德国刑法理论和刑事判例为中心》,武汉大学出版社 2009 年版。

25. 赵秉志主编:《刑法学总论研究评述(1978—2008)》,北京师范大学出版社 2009 年版。

26. 刘丁炳:《监督管理过失犯罪研究》,中国人民公安大学出版社 2009 年版。

27. 姜伟:《罪过形式论》,北京大学出版社 2008 年版。

28. 张亚军:《刑法中的客观归属论》,中国人民公安大学出版社 2008 年版。

29. 许玉秀:《主观与客观之间:主观理论与客观归责》,法律出版社 2008 年版。

30. 黄宗智:《经验与理论:中国社会、经济与法律的实践历史研究》,中国人民大学出版社 2007 年版。

31. 栾莉:《刑法作为义务论》,中国人民公安大学出版社 2007 年版。

32. 吴玉梅:《德国刑法中的客观归责研究》,中国人民公安大学出版社 2007 年版。

33. 汪劲:《环境法学》,北京大学出版社 2006 年版。

34. 蔡枢衡:《中国刑法史》,中国法制出版社 2005 年版。

35. 王安异:《刑法中的行为无价值与结果无价值研究》,中国人民公安大学出版社 2005 年版。

36. 王廷惠:《微观规制理论研究:基于对正统理论的批判和将市场作为一个过程的理解》,中国社会科学出版社 2005 年版。

37. 杨震:《法价值哲学导论》,中国社会科学出版社 2004 年版。

38. 张明楷:《法益初论》(修订版),中国政法大学出版社 2003 年版。

39. 黄霞、常纪文主编:《环境法学》,机械工业出版社 2003 年版。

40. 柯耀程:《变动中的刑法思想》,中国政法大学出版社 2003 年版。

41. 卢风:《启蒙之后:近代以来西方人价值追求的得与失》,湖南大学出版社 2003 年版。

42. 沙君俊:《单位犯罪的定罪与量刑》,人民法院出版社 2002 年版。

43. 马克昌:《比较刑法原理:外国刑法学总论》,武汉大学出版社 2002 年版。

44. 黎宏:《单位刑事责任论》,清华大学出版社 2001 年版。

45. 王利荣:《行刑法律机能研究》,法律出版社 2001 年版。

46. 俞可平:《治理与善治》,社会科学文献出版社 2000 年版。

47. 曲新久:《刑法的精神与范畴》,中国政法大学出版社 2000 年版。

48. 蔡守秋主编:《环境资源法学教程》,武汉大学出版社 2000 年版。

(二)译著

1. [日]大谷实:《刑法讲义总论》(新版第 5 版),黎宏、姚培培译,中国人民大学出版社 2023 年版。

2. [德]英格博格 · 普珀:《德国刑法总论:以判例为鉴》,徐凌波、喻浩东译,北京大学出版社 2023 年版。

3. [日]山口厚:《刑法总论》(第 3 版),付立庆译,中国人民大学出版社 2018 年版。

4. [德]乌尔里希 · 贝克:《风险社会:新的现代性之路》,张文杰、何博闻译,译林出版社 2018 年版。

5. [日]平野龙一:《刑法的基础》,黎宏译,中国政法大学出版社 2016 年版。

6. [德]乌尔斯 · 金德霍伊泽尔:《刑法总论教科书》,蔡桂生译,北京大学出版社 2015 年版。

7. [美]乔尔 · 范伯格:《刑法的道德界限》(第 2 卷)(对他人的冒犯),方泉译,商务印书馆 2014 年版。

8. [德]克劳斯 · 罗可辛:《德国刑法学 · 总论》(第 2 卷)(犯罪的特别表现形式),王世洲主译与校订,王锴、劳东燕、王莹、李婧、徐晓辉译,法律出版社 2013 年版。

9. [日]山口厚:《刑法总论》(第 2 版),付立庆译,中国人民大学出版社 2011 年版。

10. [美]约书亚 · 德雷斯勒:《美国刑法精解》,王秀梅等译,北京大学出版社 2009 年版。

11. [德]约翰内斯 · 韦赛尔斯:《德国刑法总论》,李昌珂译,法律出版社 2008 年版。

12. [意]贝卡里亚:《论犯罪与刑罚》,黄风译,北京大学出版社 2008 年版。

13. [日]西田典之:《日本刑法总论》,刘明祥、王昭武译,中国人民大学出版社 2007 年版。

14. [韩]金日秀、[韩]徐辅鹤:《韩国刑法总论》,郑军男译,武汉大学出版社 2005 年版。

15. [意]加罗法洛:《犯罪学》,耿伟、王新译,中国大百科全书出版社 1996 年版。

16. [意]杜里奥·帕多瓦尼:《意大利刑法学原理》,陈忠林译,中国人民大学出版社 2004 年版。

17. [日]大塚仁:《刑法概说》(总论),冯军译,中国人民大学出版社 2003 年版。

18. [意]贝卡里亚:《论犯罪与刑罚》,黄风译,中国法制出版社 2002 年版。

19. [日]野村稔:《刑法总论》,全理其、何力译,邓又天审校,法律出版社 2001 年版。

20. [美]埃莉诺·奥斯特罗姆:《公共事物的治理之道:集体行动制度的演进》,余逊达、陈旭东译,上海译文出版社 2012 年版。

21. [英]安东尼·吉登斯、[英]克里斯多弗·皮尔森:《现代性:吉登斯访谈录》,尹宏毅译,新华出版社 2001 年版。

(三)外文专著

1. Robert L. Glicksman et al. ,*Environmental Protection:Law and Policy*, 9th ed. ,Aspen Publishing,2023.

2. Richard J. Lazarus, *The Making of Environmental Law*, 2nd ed. , University of Chicago Press,2022.

3. Rosemary Rayfuse, *Research Handbook on International Marine Environmental Law*, 2nd ed. ,Edward Elgar Publishing,2023.

4. David R. Case et al. , *Environmental Law Handbook*, 21st ed. , Government Institutes,2011.

5. Tomas M. Koontz et al. ,*Collaborative Environmental Management: What Roles for Government*,2nd ed. , Routledge,2010.

6. Mark J. Smith & Piya Pangsapa, *Environment and Citizenship: Integrating Justice,Responsibility and Civic Engagement*,Zed Books,2008.

7. Frank B. Friedman, *Practical Guide to Environmental Management*, 8th ed., Environmental Law Institute, 2003.

8. Leslie B. Curzon, *A Dictionary of Law*, Macdonald and Evans, 1983.

9. John Burke, *Jowitts Dictionary of English Law*, Sweet and Maxwell, 1977.

10. Max Radin, *Radin Law Dictionary*, Oceana Publications, 1970.

11. Timothy O'Riordan, *Environmental Science for Environmental Management*, Routledg, 2014.

二、论文

（一）中文论文

1. 刘长兴:《环境损害惩罚性赔偿的公法回应》,载《政治与法律》2023年第10期。

2. 王慧:《个人环境保护义务的实现进路》,载《法商研究》2023年第5期。

3. 刘期湘:《第三方环保服务机构犯罪的刑法评价困境及其破解》,载《法商研究》2023年第5期。

4. 周全:《环境治理中行刑衔接机制的现实困境与完善路径》,载《湖北大学学报(哲学社会科学版)》2023年第5期。

5. 陈禹衡:《理念趋同、法益契合与规范衔接:环境法典与刑法典的协调适用》,载《北京理工大学学报(社会科学版)》2023年第2期。

6. 刘军、江雪:《损害结果归责于监督者是如何可能的?——以公共安全风险预防为视角》,载《山东大学学报(哲学社会科学版)》2023年第2期。

7. 习近平生态文明思想研究中心:《深入学习贯彻习近平生态文明思想(深入学习贯彻习近平新时代中国特色社会主义思想)》,载《人民日报》2022年8月18日,第10版。

8. 刘辉:《环境资源案件中刑民责任统筹的制度逻辑》,载《法律适用》2022年第12期。

9. 董邦俊:《环境保护检察专门化之新时代展开》,载《法学》2022年第11期。

10. 郝诗楠、李明炎:《运动式治理为何“用而不废”——论作为一种治理工具的运动式治理》,载《探索与争鸣》2022年第10期。

11. 别涛、季林云:《生态环境损害赔偿制度化的新阶段——〈生态环境损害赔偿管理规定〉解读》,载《环境保护》2022 年第 9 期。

12. 吴凯杰:《法典化背景下环境法规范的类型区分与体系归属》,载《法学》2022 年第 6 期。

13. 罗雨荔:《以过失实行行为为核心的监督过失认定》,载《甘肃政法大学学报》2022 年第 6 期。

14. 叶小琴、李静:《重要江河环境犯罪系统治理的优化》,载《中国人民公安大学学报(社会科学版)》2022 年第 6 期。

15. 吕稣:《环境法典中环境污染行刑衔接路径的规范化构建》,载《南京工业大学学报(社会科学版)》2022 年第 5 期。

16. 焦艳鹏:《基于司法大数据的生态环境犯罪刑法惩治分析》,载《重庆大学学报(社会科学版)》2022 年第 5 期。

17. 李瑞杰:《单一正犯理论证成:从共同过失犯罪切入》,载《中国政法大学学报》2022 年第 5 期。

18. 陈冉:《论污染环境罪共同犯罪的"规范"性归责》,载《法学杂志》2022 年第 5 期。

19. 昌敦虎、白雨鑫、马中:《我国环境治理的主体、职能及其关系》,载《暨南学报(哲学社会科学版)》2022 年第 4 期。

20. 李梁:《危害性原理的解释困境及自然秩序化建构》,载《中国地质大学学报(社会科学版)》2022 年第 3 期。

21. 侯艳芳:《环境权利之刑事立法批判功能的实现》,载《政法论丛》2022 年第 3 期。

22. 樊建民:《污染环境罪司法适用的困境及其破解》,载《法商研究》2022 年第 3 期。

23. 杜群:《环境法体系化中的我国保护地体系》,载《中国社会科学》2022 年第 2 期。

24. 王充:《类型化的思考与多元保护法益——兼论污染环境罪保护法益的实践转向》,载《政法论坛》2022 年第 2 期。

25. 宁清同:《刑事生态修复责任初论》,载《深圳社会科学》2022 年第 1 期。

26. 关海玲、王玉、张华玮:《政府、企业、公众三者间的演化博弈——基于环境规制视角》,载《商业研究》2022 年第 1 期。

27. 焦艳鹏:《污染环境犯罪的司法效能提升与多元治理机制构建》,载《中州学刊》2021 年第 12 期。

28. 朱军、杜群:《党内法规视域下生态环境保护法律责任与政治责任的功能协同》,载《理论月刊》2021 年第 10 期。

29. 龚宏龄、吕普生:《环境执法权为何“逆流而上”? ——基于环保案例的质性分析》,载《中国行政管理》2021 年第 10 期。

30. 韦尧瀚:《我国环境犯罪非刑罚措施的完善——以我国生态修复或恢复原状刑事判决为切入点》,载《社会科学家》2021 年第 9 期。

31. 张万洪、胡馨予:《“美丽中国”的实现迫切需要对环境犯罪匹配生态修复责任》,载《河南社会科学》2021 年第 7 期。

32. 姜涛:《监督过失的限缩适用方案》,载《清华法学》2021 年第 6 期。

33. 刘军:《监督过失责任:公共安全事故预防的一种特殊指向》,载《政法论丛》2021 年第 5 期。

34. 陈海嵩:《生态环境治理现代化中的国家权力分工——宪法解释的视角》,载《政法论丛》2021 年第 5 期。

35. 王勇:《再论环境犯罪的修订:理念演进与趋势前瞻》,载《重庆大学学报(社会科学版)》2021 年第 5 期。

36. 文宇、竺乾威:《农村生态环境共生治理:机理、演进及挑战》,载《广西大学学报(哲学社会科学版)》2021 年第 5 期。

37. 孙昭宇:《生态环境损害赔偿制度的问题检视与体系重塑》,载《江苏大学学报(社会科学版)》2021 年第 5 期。

38. 刘军:《监督过失责任:公共安全事故预防的一种特殊指向》,载《政法论丛》2021 年第 5 期。

39. 魏汉涛、盛豪杰:《偏差与纠偏:污染环境罪单位责任人的刑事责任——以 200 份裁判文书为样本》,载《青海社会科学》2021 年第 4 期。

40. 于文轩、冯瀚元:《基于生态文明理念的环境犯罪行政从属性研究》,载《南京工业大学学报(社会科学版)》2021 年第 4 期。

41. 石艳芳:《我国环境犯罪刑事规制的检视与完善》,载《中国人民公安大学学报(社会科学版)》2021 年第 4 期。

42. 汪明亮、于浩:《污染环境犯罪的功能性定义及其价值》,载《中国特色社会主义研究》2021 年第 3 期。

43. 苏永生:《环境犯罪违法性判断的特殊性及标准》,载《甘肃社会科学》2021 年第 1 期。

44. 刘蕊:《环境犯罪治理中刑事和解扩张适用及法律规制》,载《理论月刊》2020 年第 7 期。

45. 刘艳红:《民法典绿色原则对刑法环境犯罪认定的影响》,载《中国刑事法杂志》2020年第6期。

46. 张霞:《生态安全犯罪的实证研究及问题反思》,载《中国法律评论》2020年第5期。

47. 史蔚:《组织体罪责理念下单位故意的认定:以污染环境罪为例》,载《政治与法律》2020年第5期。

48. 刘艳红:《人性民法与物性刑法的融合发展》,载《中国社会科学》2020年第4期。

49. 包智明、石腾飞:《牧区城镇化与草原生态治理》,载《中国社会科学》第2020年第3期。

50. 穆斌:《生态环境的法益观研究》,载《中国政法大学学报》2020年第3期。

51. 王雨彤:《质疑、破除与转向:污染环境罪行政从属性的再思考》,载《中国石油大学学报(社会科学版)》2020年第2期。

52. 杨继文:《污染环境犯罪因果关系证明实证分析》,载《法商研究》2020年第2期。

53. 赵睿英、李倩:《环境污染中单位犯罪刑事责任研究》,载《中国人民公安大学学报(社会科学版)》2020年第2期。

54. 王树义、赵小姣:《恢复性司法治理环境犯罪的澳大利亚经验与中国镜鉴》,载《国外社会科学》2020年第1期。

55. 田宏杰:《立法扩张与司法限缩:刑法谦抑性的展开》,载《中国法学》2020年第1期。

56. 杨德伟、谭青松:《生态环境修复中的刑法保护》,载《中国检察官》2019年第23期。

57. 李紫阳:《监督过失型污染环境犯罪因果关系的判断》,载《河北法学》2019年第8期。

58. 徐本鑫:《刑事司法中环境修复责任的多元化适用》,载《北京理工大学学报(社会科学版)》2019年第6期。

59. 高铭暄、郭玮:《论我国环境犯罪刑事政策》,载《中国地质大学学报(社会科学版)》2019年第5期。

60. 李挚萍、刘畅:《虚拟治理成本法在环境刑事司法实践中的运用》,载《中州学刊》2019年第2期。

61. 张颖:《论基于生态安全法益保护的环境刑法的优化》,载《环境保护》2019年第2期。

62. 李飞:《建设项目环评制度中社会许可法权化探究》,载《华东理工大学学报(社会科学版)》2019 年第 1 期。

63. 耿佳宁:《污染环境罪单位刑事责任的客观归责取向及其合理限制:单位固有责任之提倡》,载《政治与法律》2018 年第 9 期。

64. 沈坤荣、金刚:《中国地方政府环境治理的政策效应——基于“河长制”演进的研究》,载《中国社会科学》2018 年第 5 期。

65. 王哲:《论环境监管失职罪与环境法的衔接》,载《中国刑事法杂志》2018 年第 5 期。

66. 蒋兰香:《生态修复的刑事判决样态研究》,载《政治与法律》2018 年第 5 期。

67. 苏永生:《环境犯罪的独立性和体系性建构》,载《中国地质大学学报(社会科学版)》2018 年第 5 期。

68. 易益典:《监督过失型渎职犯罪的因果关系判断》,载《法学》2018 年第 4 期。

69. 何静、张嫱:《生态环境犯罪司法治理机制的创新——以认罪认罚从宽为视角》,载《长白学刊》2018 年第 3 期。

70. 徐春:《环境治理体系的主体间性问题》,载《理论视野》2018 年第 2 期。

71. 徐翔:《生态环境的刑法保护路径》,载《重庆社会科学》2018 年第 2 期。

72. 邢捷:《生态安全视阈下环境警察的定位与实践问题思考》,载《环境保护》2018 年 Z1 期。

73. 李国庆、秦鹏:《环境监管失职罪归责的规范分析》,载《北京理工大学学报(社会科学版)》2017 年第 6 期。

74. 张明楷:《共犯的本质——“共同”的含义》,载《政治与法律》2017 年第 4 期。

75. 刘明祥:《区分制理论解释共同过失犯罪之弊端及应然选择》,载《中国法学》2017 年第 3 期。

76. 周兆进:《恢复性司法在环境犯罪中的应用》,载《广西社会科学》2017 年第 2 期。

77. 范如国:《“全球风险社会”治理:复杂性范式与中国参与》,载《中国社会科学》2017 年第 2 期。

78. 孙国祥:《行政犯违法性判断的从属性和独立性研究》,载《法学家》2017 年第 1 期。

79. 侯艳芳:《单位环境资源犯罪的刑事责任:甄别基准与具体认定》,

载《政治与法律》2017 年第 8 期。

80. 白洁:《环境监管渎职犯罪相关问题探讨》,载《环境保护》2016 年第 23 期。

81. 谢雄伟:《论监督过失的限缩:以被允许的危险为视角》,载《社会科学》2016 年第 10 期。

82. 易益典:《共同过失视域下的监督过失犯罪》,载《江西社会科学》2016 年第 7 期。

83. 谢雄伟:《监督过失中因果关系的"二阶判断"》,载《政治与法律》2016 年第 5 期。

84. 李兴锋:《对合犯视角下的环境犯罪研究》,载《中南民族大学学报(人文社会科学版)》2016 年第 5 期。

85. 陈世伟:《犯罪学的绿色视角:西方绿色犯罪学的发生、发展及借鉴》,载《国外社会科学》2016 年第 3 期。

86. 张霞:《生态犯罪案件中恢复性司法应用研究》,载《政法论丛》2016 年第 2 期。

87. 刘彩灵:《国家安全视野下环境犯罪治理途径探寻》,载《上海大学学报(社会科学版)》2016 年第 1 期。

88. 李至:《行政犯处罚的反思与限定》,载《中国刑事法杂志》2016 年第 1 期。

89. 谢雄伟:《论监督过失中信赖原则的运用——以风险社会下事故型犯罪为实证分析》,载《学术研究》2015 年第 10 期。

90. 石聚航:《刑事政策司法化:历史叙事、功能阐释与风险防范》,载《当代法学》2015 年第 5 期。

91. 谢雄伟:《论监督过失的体系定位、本质与类型》,载《广东社会科学》2015 年第 1 期。

92. 范红霞、李巧玲:《生态风险社会背景下中国环境犯罪的刑法规制》,载《求实》2015 年第 1 期。

93. 王良顺、胡玉川:《环境监管失职罪的反思与完善措施》,载《环境保护》2014 年第 13 期。

94. 宋小海:《法律监督考》,载《浙江学刊》2014 年第 3 期。

95. 韩玲:《共同过失犯罪观念之破与立》,载《辽宁大学学报(哲学社会科学版)》2014 年第 2 期。

96. 王曦:《规范和制约有关环境的政府行为——为〈环境保护法〉修改建言》,载《环境保护》2013 年第 16 期。

97. 刘期湘、方国强:《论监督过失注意义务》,载《求索》2013 年第 7 期。

98. 吕忠梅:《中国生态法治建设的路线图》,载《中国社会科学》2013 年第 5 期。

99. 刘期湘、廖剑聪:《论食品安全监督过失犯罪风险防控法理基础》,载《湖南社会科学》2013 年第 4 期。

100. 刘期湘、廖剑聪:《略论食品安全监督过失犯罪中的注意义务》,载《法学评论》2013 年第 4 期。

101. 易益典:《监督过失犯罪中主体范围的合理界定》,载《法学》2013 年第 3 期。

102. 杜琪:《环境领域公务员监督过失责任研究》,载《江淮论坛》2012 年第 1 期。

103. 曹呈宏:《"监督"考》,载《华东政法大学学报》2008 年第 5 期。

104. 林荫茂:《单位犯罪理念与实践的冲突》,载《政治与法律》2006 年第 2 期。

105. [德]沃斯·金德霍伊泽尔:《故意犯的客观和主观归责》,樊文译,载《清华法律评论》编委会编:《清华法律评论》第 3 卷第 1 辑,清华大学出版社 2008 年版。

(二)外文论文

1. Ramon Sala – Garrido, Manuel Mocholi Arce & Maria Molinos et al., *Monetary Valuation of Unsorted Waste: A Shadow Price Approach*, 325 Journal of Environmental Management 116688(2023).

2. Moses C. Liando, Victoria Z. Tirayoh & Lady D. Latjandu, *Analysis of Environmental Accounting Application of Waste Management Operational Costs at RSU Gmim Kalooran Amurang*, 2 Jurnal Ekonomi dan Bisnis Digital 143(2023).

3. Haoyue Yang, Zhizhao Wang & Zechun Huang et al., *Development and Validation of Diffusion – Controlled Model for Predicting Polycyclic Aromatic Hydrocarbons from Baking – Free Brick Derived from Oil – Based Drilling Cuttings*, 325 Journal of Environmental Management 116497(2023).

4. Mark A. Camilleri, *The Rationale for ISO 14001 Certification: A Systematic Review and a Cost – Benefit Analysis*, 29 Corporate Social Responsibility and Environmental Management 1067(2022).

5. Ipek Kazancoglu, Muhittin Sagank & Sachin Kumar Mangla et al.,

Circular Economy and the Policy: A Framework for Improving the Corporate Environmental Management in Supply Chains, 30 Business Strategy and the Environment 590 (2021).

6. Yefei Yang et al., *Efficacy of China's Strategic Environmental Management in Its Institutional Environment*, 39 International Journal of Operations & Production Management 138 (2019).

7. Rebecca Bates, *Global Environmental Governance: Law and Regulation in the 21st Century*, 26 Journal of Environmental Law 161 (2014).

8. Christopher K. Wikle, Scott H. Holan & Mevin B. Hooten, *Guest Editor's Introduction to the Special Issue on "Modern Dimension Reduction Methods for big Data Problems in Ecology"*, 18 Journal of Agricultural, Biological and Environmental Statistics 271 (2013).

9. Jens Newig & Oliver Fritsch, *Environmental Governance: Participatory, Multi-Level-and Effective?*, 19 Environmental Policy and Governance 197 (2010).

10. Aseem Prakash & Matthew Potoski, *Racing to the Bottom? Trade, Environmental Governance, and ISO 14001*, 50 American Journal of Political Science 350 (2010).

11. Duncan French, *Finding Autonomy in International Environmental Law and Governance*, 21 Journal of Environmental Law 255 (2009).

12. David Walker, Michael Pitt & Urmila J. Thakur, *Environmental Management Systems: Information Management and Corporate Responsibility*, 5 Journal of Facilities Management 49 (2007).

13. Michele M. Betsill & Harriet Bulkeley, *Transnational Networks and Global Environmental Governance: The Cities for Climate Protection Program*, 48 International Studies Quarterly 471 (2004).

14. Joe McMahon & Joanne Scott, *Law and Environmental Governance in the EU*, 57 International & Comparative Law Quarterly 996 (2002).

15. Roger L. Burrit, Tobias Hahn & Stefan Schaltegger, *Towards a Comprehensive Framework for Environmental Management Accounting—Links Between Business Actors and Environmental Management Accounting Tools*, 27 Australian Accounting Review 39 (2002).

16. Joseph L. Sax, *The Public Trust Doctrinein Natural Resource Law: Effective Judicial Intervention*, 68 Michigan Law Review 471 (1970).